高效招聘法

桂穗湘 著

中国经济出版社
CHINA ECONOMIC PUBLISHING HOUSE
北 京

图书在版编目（CIP）数据

高效招聘法 / 桂穗湘著. -- 北京：中国经济出版社，2022.5

ISBN 978-7-5136-6873-6

Ⅰ.①高… Ⅱ.①桂… Ⅲ.①企业管理－招聘 Ⅳ.①F272.92

中国版本图书馆 CIP 数据核字（2022）第 056080 号

责任编辑　张梦初
责任印制　巢新强
封面设计　卓义云天

出版发行　中国经济出版社
印 刷 者　北京柏力行彩印有限公司
经 销 者　各地新华书店
开　　本　710mm × 1000mm　1/16
印　　张　15.75
字　　数　200 千字
版　　次　2022 年 5 月第 1 版
印　　次　2022 年 5 月第 1 次
定　　价　65.00 元
广告经营许可证　京西工商广字第 8179 号

中国经济出版社 **网址** www.economyph.com **社址** 北京市东城区安定门外大街58号 **邮编** 100011
本版图书如存在印装质量问题，请与本社销售中心联系调换（联系电话：010-57512564）

Foreword | 自　序

数字化时代的组织战略与人才变革

2021年11月19日，教育部、人社部在京召开2022届全国普通高校毕业生就业创业工作网络视频会议。据介绍，2022届高校毕业生规模预计1076万人，规模和增量均创历史新高。在2021年底召开的中央经济工作会议强调，“解决好高校毕业生等青年就业问题”“抓好重点群体就业，落实落细稳就业举措”。当前国内外经济发展的不确定性和我国经济增速放缓等都对就业造成了一定冲击，制定出台新的就业政策对于缓解就业冲击、稳岗保就业具有积极意义。2022年全国两会在京召开，国务院在吹风会上再次提及，要将城镇失业率控制在5.5%以内，比2021年的要求更高。这主要考虑到就业攸关民生与社会稳定，必须进一步突出就业优先导向，压实各方稳就业的责任。

而与此同时，疫情对就业的影响仍在持续：部分行业和企业生产经营还未恢复到疫情前水平；就业市场用人需求存在不确定性，部分中小企业吸纳就业的能力下降，招聘市场和招聘形势也发生了很大改变，线下校园招聘锐减，往年春季招聘旺季不可避免地受到波及；互联网大厂在经历了高速扩张与发展后，也开始回归常态，招聘数量放缓，甚至出现减员的现象......

事实上，我国劳动力市场长期存在着就业的结构性矛盾，人力资源供给与岗位需求之间不匹配问题日益突出，如何破解“招工难”与“就业难”这一结构性矛盾，是摆在政府、社会机构、企业与个人面前的一个重要课题。

作为一名长期专注于人力资源领域的实践者，我有幸先后在海内外多家知名人力资源机构担任高管职务，带领团队为企业客户提供人力资源招聘整体解决方案，涉及企业人力资源招聘与配置、组织变革以及雇主品牌建设等，其中不乏世界500强企业、跨国公司驻华总部、知名大型国企与民企，服务领域覆盖金融、科技、汽车、高端智造、航空以及大健康等行业。这些经历也让我有机会从人力资源甲乙方的角度深度思考市场变化对人才招募带来的挑战，以及人力资源部门可以如何更好地服务业务，帮助企业找到更有效的解决方案，并付诸实践，产生价值。

在二十余年的职业生涯中，我一直潜心研究人力资源管理与企业可持续发展的关系，致力在企业与人才之间搭建一座双向选择的"桥梁"：既为企业匹配到符合其战略发展需要的优质人才，帮助企业获得持续竞争优势；也为社会就业群体尤其是高校毕业生提供实习、培训与工作实践的机会，帮助他们在迷茫中找到目标，实现自己的职业理想。也正是基于此，内心深处常怀敬畏之心，时刻警醒自己认真对待这份事业，对待每一个基于信任接受我帮助的人。

在从事人力资源工作的过程中，我有幸结识了许多令人尊敬的企业客户、人力资源领域的专家与先行者，还有很多优秀的候选人。大家从合作共赢的商业伙伴，成为志趣相投的莫逆之交，使我获益良多。与此同时，越来越多的企业高层管理者也向我表达了他们的焦虑与担忧：随着数字化时代的来临，无论是外部的商业环境，还是内部的组织形态正在发生深刻变革——易变性（Volatility）、不确定性（Uncertainty）、复杂性（Complexity）、模糊性（Ambiguity）的趋势越来越明显。职场中年危机、外资撤离、国进民退、互联网崛起、科技创新等因素都成为众多职场人士焦虑的来源。

诚然，激烈的竞争市场、颠覆性的商业模式、空前的技术变革、挑剔的资本市场，不断增长的客户期望以及政策的频繁更替迭代……这些因素都是企业管理者在VUCA时代不得不面对的挑战。

数字化技术应用的浪潮正在全球范围内席卷而来，这是一个不可逆转的趋势。全球经济正从工业经济向数字经济加速转型。当今世界正在经历百年未有之大变局，以新一代信息技术为核心的新一轮科技革命和产业变革加速兴起，以传感器技术、移动通信技术、人工智能、云计算、大数据等为代表的新兴技术，不仅颠覆了我们的沟通和生活方式，对企业生产的影响同样不容忽视。在新兴技术的影响下，劳动力群体更依赖于社交媒体，具备更强学习能力且劳动力资源愈来愈倾向于全球化、多样化、数字化。与此同时，企业的人力期望和需求也会随之改变。

Google X（谷歌公司的实验室）的首要负责人Eric Teller曾经提出一个理论：在技术不断革新的过程中，个体、企业以及社会政策等也会不断进行适应，不过三者适应的速度各不相同，个体适应的速度最快，企业进行变革的速度稍慢，社会政策的变革则最为滞后。因此，在技术变革与企业生产力变革之间，人为因素发挥着至关重要的纽带作用，而人力资源部门所应该扮演的角色主要包括两个维度：一方面，人力资源部门作为企业的重要组成部分，需要推动企业以及主要的管理者适应技术领域的变革；另一方面，人力资源部门作为企业中直接与员工对接的部门，应该帮助员工进行新职业和工作模式的过渡，以此推动企业的变革，进而最终促进社会政策的变革。

因此，面对新兴技术变革带来的机遇和挑战，人力资源以及企业实践的内涵和外延进行重构是十分必要且极为重要的。而重构的最主要目的是创造出一系列行之有效、经得起时间考验、又能够自我升级的工具、流程以及平台等。为了达到这一目的，首先需要对企业在数字化时代的人力资源管理新原则进行讨论。

如同工业时代和信息时代一样，数字化时代的到来，在带来巨大社会变革的同时，必然会使得企业人力资源在内的众多业务拥抱新的原则。企业进入到一切数字化的时代后，从岗位定义到工作环境再到用人需求等维度均会发生转变，而这些转变也就决定了企业中员工的行为将与此前不同。比如，数字化时代的特点，决定了适应于企业发展的员工应该具有一定的数字化技能，因此，为了推动员工的成长和企业的革新，就需要企业投入大量的精力于组织生态系统、人才发展以及职业策略等领域，积极拥抱数字时代的到来。

以往，企业人力资源部门工作的重点往往聚焦于招聘、培训或员工关系，而数字化时代的特点则需要人力资源部门能够推动企业采用全新的视角看待和分析员工体验、技术应用、组织架构以及领导力提升等多个方面。目前，为了应对新兴技术所带来的不断变化的环境，人力资源管理领域的一些实践者已经快速转变了自己的职业思维和行为，并归纳出一系列"新原则"。他们相信这些"新原则"能够满足企业在数字化时代吸引、管理、激励、组织以及领导人才等多个方面的需求。而对这些"新原则"进行了解和剖析，不仅有助于及时了解技术变革对企业带来的影响、对人力资源管理提出的要求，而且有助于企业基于自身的实际情况制定新的人力资源战略及管理方法。

数字化时代的到来，使得企业所面临的技术变革是前所未有的，这对企业的固有模式无疑会带来巨大的冲击。但我们仍然有理由相信，具有强大适应能力和变革能力的企业能够快速适应新时代。面对席卷而来的数字化浪潮，企业是会淹没于此还是能够乘风破浪，关键取决于企业能否获得与时俱进的人力资源管理策略以及思维，以人力资源激发出企业领导者以及员工对于新时代的适应能力和进化能力，培育企业的核心竞争力。

在《高效招聘法》这本书中，我试图从企业招聘的角度，来解构数字化时代的人才挖掘、选拔与培养的策略路径与实战技巧，具体阐述了企业在全新的商业环境下如何超越固有的基因局限、重构人才管理基因，有效激活组织内部的惰性细胞，以增强其"适应性、创新性和协调性"，实现组织系统的进化之路。

我由衷地希望本书能够给企业高层领导者、部门负责人及人力资源领域的伙伴们有效构建企业的招聘策略提供一些有益的思考与启示。由于水平有限，作者在本书创作的过程中难免有不足之处，敬请广大读者及同仁批评指正，以使本书更为完善，更好地为广大读者服务。

最后，我想借此机会感谢我的太太，她不仅是我生活中相濡以沫的伴侣，更是我生命中难得的知己，一直给予我无私的支持与照顾；感谢我的两个孩子，工作忙碌对他们疏于照顾，但从他们呱呱坠地、牙牙学语、蹒跚学步，到现在可以一起谈古论今、运动锻炼，内心的喜悦一直是我前进的动力。我还要感谢父母们，是他们的无私奉献给予了我们小家最坚定的支持，让我可以心无旁骛继续努力前行。想要表达感谢的人还有许多，恕不能一一列举。正是众多朋友的鼓励与帮助，让我还可以保持初心，不念过往，不惧未来，把握当下！

桂穗湘

2022年3月5日

中国·深圳

Preface | 前　言

在一次论坛活动上，一家知名企业的老总问了我一个问题：怎样判断招到的人适合岗位需要呢?

原来，最近半年该企业的一个重要管理岗位一直处于空缺状态。前负责人被其他企业挖走后，人力资源部门历经千辛万苦招到一个看上去很合适的人，但其表现却不尽如人意。经过一个月的“鸡飞狗跳”，双方没有磨合成功，新招聘的负责人主动离职，此后就一直未招到合适的人，导致企业的业务发展受到很大的影响。这一幕是否觉得似曾相识呢？如今，越来越多的企业确实因为招聘的问题挠头抓耳，甚至可以说苦不堪言。

招人难，已经成为困扰很多企业的顽疾。企业在不同阶段，都会遇到招聘带来的问题。招人难主要表现在两个方面：一方面，企业招不到人，数量上很难满足需求；另 ·方面，即使企业招到人，也不代表招到的是合适的人，招聘质量难以满足企业需要。前通用电气CEO杰克·韦尔奇（Jack Welch）就曾在其所著的《赢》（*Winning*）一书中写道，自己在年轻时选才的正确率也只有50%。试想一下，企业大费周章地进行招聘，结果招来的人却无法满足职位需要，不仅增加了招聘成本，也导致招聘周期被无限延长，自然感觉人才招聘的难度巨大。当然，也会有人说，中国人口基数大，招人并不难，招人才或领军人才才难。然而事实上，如今我们似乎遇到了全行业招聘难的问题，不管是资深的高端专业人才，还是我们口中的职场小白，招聘都遇到极大的挑战，公司内部的人力资源部门，尤其是专职负责招聘的同事，肩上的压力比以往任何时候都沉重。

那么，造成这一顽疾的原因是什么？这确实是一个值得我们去思考的问题。

从一定角度上来看，员工与企业的关系类似于螺丝和螺母。一方面，只有两者完美契合，才能使企业得以良好地运转；另一方面，两者的结构却是完全相反的，员工希望获得更优厚的薪资回报，企业却想要尽可能地降低人力成本。但是，随着社保入税和个税改革等政策的实施，企业在人力成本方面的压力与日俱增。正如近几年流行的一句网络语言："我上班就是来挣钱的，别跟我谈什么理想。"我们不得不承认，薪资方面的矛盾，在很大程度上影响了招聘效果。人力资本与人力成本就像一枚硬币的两面，关键在于我们从什么样的角度来看待。

当然，招人难作为企业中一种常见的现象，离不开社会因素的影响。目前我国正处于经济结构转型的关键时期，大量新技术、新产业、新模式不断涌现，使得人才的结构性缺口愈来愈明显。一边是企业对传统职位需求的萎缩；另一边是新兴人才的供给严重不足。而且在大量新兴技术商业化的过程中，知识的半衰期会大为缩短，企业更需要的是具备复合型知识的人才，初级人员已经难以适应较高的工作难度和岗位需要。

面对经济结构变化带来的人才缺口问题，国家也正进行积极的政策引导。例如，2020年2月，国家人力资源和社会保障部办公厅、国家市场监管总局办公厅、国家统计局办公厅联合发布通知，在"企业人力资源管理师"职业大项中增设了"薪税师"这一新的工种。对于这样的新兴职业，如果企业方面需求巨大，而人才在市场中却严重不足时，招人怎么会不难呢？

互联网以及相关技术的发展和完善，为我国经济腾飞提供了巨大的推动力，以阿里巴巴、京东、腾讯、小米等为代表的一批头部企业的业务均实现了指数级增长。但人才发展的模式却是线性的，当企业发展到一定阶段后，人才的发展必然无法适应企业发展的需要，这也会使得人才招聘的难度不断加大。

而且与以往相比，企业面对的人才资源也更加棘手。根据艾媒咨询（iiMedia Research）提供的统计数据，截至2021年上半年，中国Z世代的人口数量已经达到2.64亿，占总人口中的比重约为19%。Z世代群体不仅会逐渐成为中国消费市场的主力军，也会逐渐步入职场，并成为职场的主力军。所谓"Z世代"指的是1995—2009年出生的一代人，他们出生的时间与网络信息时代无缝对接，成长过程受智能手机、即时通信设备以及数字信息技术等影响较大。由于成长环境不同，相较于之前的人才管理，Z世代的人才管理表现出完全不同的特点。相信很多人曾经看过Bilibili（B站）在2020年推出的视频《后浪》。作为国人，原来我们更习惯用“上”“下”的纬度来思考，但现在告知的却是需要我们用“前”“后”的角度重新看待现在所处的环境。

以上原因都会使企业招人的难度加大。此外，在变幻莫测的时代，企业如何培养人才？如何发展人才？HR科技给招聘带来怎样的变革与挑战？如何运用科学的方式更有效地进行招聘需求分析？如何撰写出色的招聘职位描述？如何制订企业招聘计划与解决方案？如何打造一支高效的招聘团队？如何选择合适、有效且性价比高的招聘渠道？如何有效分析与筛选应聘者简历？如何对应聘者开展背景调查？这些都是企业招聘管理工作的痛点和难点。

以笔者20多年在人力资源领域的从业经历来看，招聘管理作为企业各项人力资源管理活动的基础和起点，是企业获得人才的第一道关口。招聘工作的有效实施不仅是人力资源管理系统正常运转的前提，也是整个企业实现可持续发展的重要保证。只有高效合理的招聘管理，才能满足企业发展对不同类型、不同层次人才的需求，才能让企业在市场竞争中占据优势地位。古训有云：得人才者得天下。而招聘的价值，在于帮助企业发现人才、获取人才，为企业的发展提供强有力的保障。

本书从企业招聘管理工作的实际出发，结合当下人力资源科技的进步以及企业生态环境的变化，采取“制度建设+操作流程+执行要点+图表工具”的框架思路，对HR数字化转型、招聘需求分析、制订招聘计划、高效筛选简历、组织面试选拔、人才测评技术、入职培训管理、招聘效果评估等8大业务模块、198个工作环节的规范化执行进行了详细解析，为读者提供了极具操作性的模型、工具与方案，致力于帮助企业构建一套行之有效的招聘管理体系，帮助企业实现对优质人才的精准招聘。本书适合企业中高层管理人员、人力资源管理人员、人力资源专业服务人士、管理咨询人士、企业培训师阅读，也适合高等院校相关专业的师生阅读、使用。

Contents | 目　　录

第1章
HR数字化转型

1.1 颠覆HR：VUCA时代的人才管理变革

1.1.1 VUCA时代的HR管理重塑

移动互联网技术的发展以及相关设备的普及，不仅改变了用户获取信息的方式，更提升了用户的消费需求。在信息获取越来越便捷的情况下，用户更需要获得个性化、定制化的服务。整体来看，移动互联网背景下的商业环境呈现出四个明显的特点：易变（Volatile）、不确定（Uncertain）、复杂（Complex）和模糊（Ambiguous），简称为“VUCA”。

宝洁公司前首席执行官罗伯特·麦克唐纳（Robert McDonald）曾经借用这一术语来描述当前的商业形态、环境和格局。企业开展战略管理的目的是依据商业环境的变化趋势，达成目标、环境、资源之间的动态平衡。但VUCA时代最大的特点是变化，在这样的情境下，企业想要建立一套普遍适用的理论和体系几乎成为奢望。

技术进步所带来的变革使得旧有的模式、流程和方法可能会在极短的时间内变得不再适用，试图通过已有的经验或固定的流程来应对新的问题，将会被证明是无效的。因此，时代的易变性和不确定性需要个人以及企业“随时归零”，掌握事件发展的基本逻辑和拥有随机应变的素质将变得更为重要。

在易变、不确定、复杂和模糊的VUCA时代，传统的人力资源管理工作不可避免地会面临一些新的变革，这些变革主要表现在四个方面，如图1-1所示。

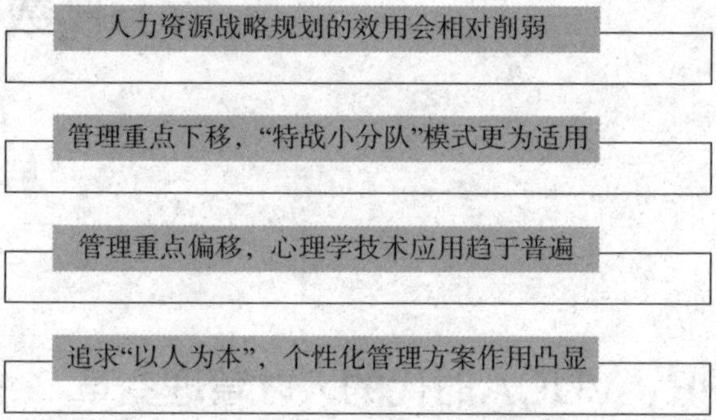

图 1-1　VUCA 时代人力资源管理面临的四大变革

◆人力资源战略规划的效用会相对削弱

与传统的人力资源管理相比，VUCA时代的人力资源战略规划的效用会相对削弱。这一方面是由于环境的易变性会导致规划周期内的情形发生比较大的变化，对大中型企业而言，人力资源战略规划仍然具有一定的必要性，但规划的周期应该适当缩短，避免环境变化降低规划效用；另一方面则是因为如果过于强调人力资源规划的引领作用，可能使得HR工作过于程式化，无法发挥人才引擎的带动作用，甚至会成为业务部门的“阻力”。

◆管理重点下移，“特战小分队”模式更为适用

在传统的人力资源管理模式中，管理方式是自上而下的链条式，但由于链条的长度过长，导致管理的反应速度过慢，不能及时满足相应的需求。参考美军适应现代战争的“特战小分队”模式可以发现，如果把决定权转移到小分队上，作战过程就可以实现因需而动、随机应变。因此，在VUCA时代的人力资源管理工作中，企业可以创新“人力资源特战小分队”模式，根据具体的需要组建不同的小分队，提高解决问题的效率，更好地满足企业发展的需求。这点华为公司通过学习借鉴，最终总结出“让一线听得见炮火的人进行决策”的经验。

◆管理重点偏移，心理学技术应用趋于普遍

在VUCA时代，个体价值的实现与企业战略目标的达成密切相关，因此企业的人力资源管理工作应该更加重视个体的内在需求，这就要求HR不仅应该具备人力资源管理方面的知识和技能，还应该了解更多心理学的技能和方法，并将其应用于日常工作中。

◆追求“以人为本”，个性化管理方案作用凸显

在以往的企业管理中，人力资源管理往往由HR以及企业的管理者主导，企业的人才管理方案是固定的。而进入VUCA时代后，行业变化越来越快，专业的人才也更加稀缺，原有的人力资源管理方案难以适应企业发展的需要。此时，企业的人力资源管理更需要因地制宜、因人而异、因需而变，“以人为本”的个性化管理方案的作用会逐渐凸显。

1.1.2 在不确定性中锚定确定性

传统的人力资源工作模式基本是线性化的，流程相对固定。企业的人力资源部门基于工作的六大模块（人力资源规划、招聘与选拔、培训与开发、绩效管理、员工关系、薪酬管理）进行职能划分，然后结合企业的需求开展工作，并在工作的过程中尽可能追求专业性的提升。

这种看似专业和完美的模式却存在两个明显的问题：其一，企业中的人力资源管理可能过于程式化，不能与企业的动态发展情况相匹配，人力资源部门与业务部门的连接关系非常弱化；其二，企业中的人力资源管理模式相对固定，不适应时代的发展特点，也跟不上企业发展的速度。例如VUCA时代的易变、不确定性、复杂性和模糊性，需要企业重塑人力资源系统，这也是企业管理者必须面对的问题。

◆建立CEO和CHRO的语言系统

企业在长期发展的过程中要获得源源不断的动力，不仅要做好经营活动，还要不断升级管理理念与方法，获得全方位的驱动力。在管理升级方面，人力资源管理的升级问题是任何一个企业都无法忽视的。

CEO（Chief Executive Officer，首席执行官）和CHRO（Chief Human

Resource Officer，首席人力资源官）或HRD（Human Resource Director，人力资源总监）作为企业中核心的高级管理人员，应当共同进行公司管理、决策和经营等事宜。但在企业实际的运营过程中，CEO和CHRO或HRD却经常处于“不同频”的状态。

例如，企业的CEO往往认为人力资源管理工作无法立足于企业发展的实际需要，缺乏整体的业务思维，拖慢了企业的发展步伐；而人力资源高管则认为CEO对企业的人力资源管理工作不够关注，对人力资源的理解不成体系，想法过于理想化，管理上重业务、轻管理。之所以会出现这种问题，主要是因为二者的思维方式不同，CEO基本是从“事的发展逻辑”管理企业，而人力资源管理者则是从“理的逻辑”进行思考。

其实，对于这类问题，很多企业进行了大量探索。例如，华为就通过对企业的梳理出台了《华为基本法》。1987年，华为技术有限公司成立，在发展过程中，华为的员工队伍不断壮大、营业额步步攀升，但任正非却担心企业可能会失去控制。由于人员的增多，企业内部的沟通越来越不通畅，员工觉得老板说的话难懂，而老板却感觉员工缺乏悟性，那么，如何建立两者之间共同的语言系统呢？在探索解决这个问题的过程中，《华为基本法》便诞生了，其不仅总结、提升了公司的管理经验，也为企业的管理指明了方向。

再回到CEO和CHRO或HRD“不同频”的问题。想要解决这个问题，人力资源最高领导者首先需要对企业的整体发展情况进行全局把握，确保人力资源管理工作契合企业发展的实际情况；其次需要就企业的人力资源管理方案与CEO加强沟通，共同提升人力资源管理在驱动企业成长方面的价值。更重要的是人力资源部门应该切实与各个业务部门做好充分的沟通，获取信任和认同，更有利于工作的开展与推进。

◆在“不确定”中锚定组织中的“确定”

企业作为一种组织，如同人类个体具有生命，而其生命是有限的，需要经历出生、成长、壮大、衰老乃至死亡的过程。但是，不同企业组织的生命周期也有所不同，通常企业会经历初创期、成长期、高速发展期、转型期、衰退期等阶段，例如高新技术领域的企业，由于相关技术更新迭代的速度日益加快，与其他行业相比，该领域企业的平均生命周期更短。而企业的人力资源部门就需要通过自己的工作让组织运行得更加稳健，为组织的发展持续注入活力，延长企业的生命周期。

不同的企业作为不同的组织，其生产的产品、主营的业务以及所采取的商业模式都有所不同，但归根结底，企业之间的本质区别主要表现在使命、愿景与价值观方面。而且在企业或长或短的发展过程中，这些内容基本不会发生变化。从这个角度来看，优秀的人力资源管理人员需要在企业发展的初始阶段辅助创始人制定企业的发展规划，并随着企业的成长壮大生成特有的使命、愿景与价值观。虽然企业成长的内外部环境会面临很多“不确定”，但维持组织运转最本质的东西是“确定”的，人力资源部门的主要任务就是辅助管理者建立、沉淀、传承企业在动态发展中的“确定”。

锚定组织中的“确定”，一方面可以在企业发展过程中维持企业的“初心”，以免企业因为竞争环境的变化和企业人员的增加而脱离正轨；另一方面可以使企业的运营基于内生动力，而不是被利益等因素驱动，避免因过分追逐短期利益而忽略了公司的长期发展目标。

此外，优秀的企业人力资源管理者不仅应该锚定组织中的使命、愿景、价值观，更应该将这些“确定”的内容转变为具体的目标，形成定性和定量的指标，将其在企业各个部门的工作中落地。

◆组织能力建设将成为人力资源管理的核心工作

企业在建立以及成长的初级阶段，往往倾向于进行业务发展，认为组织建设应该在企业具备一定的规模后再进行考虑。实际上，企业的发展有自己的规律，并不能自发地完成组织效率的最大化。而且随着企业成员的增加和企业规模的壮大，企业反而容易滋生各种各样的管理问题，运行效率也会逐渐下滑。

组织能力是指企业在与竞争对手投入相同的情况下，能够获得更高的效率、达到更高的目标、生产出更多的产品或服务的能力。具体到企业的发展来看，组织能力建设主要解决从使命、愿景、价值观到业务规划再到各个部门不同层级之间不平衡或不匹配的问题，使企业获得持续发展的能力。

从组织的生命周期来看，企业在发展和成长过程中的成功往往是阶段性的，把握组织发展的节奏并进行长期的组织能力建设，体现了企业管理水平的高低。尤其进入VUCA时代后，企业发展面临的技术、商业环境等因素瞬息万变，企业要想获得持续健康的发展，更需要注重过程，而非仅坚持结果导向，尽可能解决组织中存在的问题。在这个过程中，CEO需要平衡业务和组织的关系，因此，人力资源管理者应该将组织能力建设列为自己的核心工作之一。

1.1.3 构建现代化的HR管理体系

VUCA时代是一个巨变中的时代。由于技术更新迭代的速度快，与之相对应的价值观、行为方式等可能会处于无所适从的状态。过去，经过反复验证、被证明行之有效的范式已经不再适用，这给个人和企业带来前所未有的挑战。

从个人的角度看，在以往技术升级缓慢的社会环境下，个人工作中积累的经验、方法以及获得的能力往往是持续有效的，能够用于解决重复的问题，并在此基础上创造相对固定的价值。在这样的人才市场中，经验和资历具有比较高的价值。

从企业的角度看，企业要维持稳定的发展，就需要基于已有的经验创造一套标准化、能够重复、相对不变的模式，这样的模式运行被证明是最有效的。在这种情况下，企业做出改变和优化（比如建立企业IT系统）的主要目的就是避免意外事件的发生，让企业运行处于正轨。

在VUCA时代，企业要适应外部环境的变化，首先要打造人才引擎。

◆打造企业人才供应链体系

VUCA时代的到来使得劳动力表现出与以往不同的特点，例如专业人才更加稀缺、人才的流动性更快、人才对体验的关注度更高等，这给人力资源管理带来了前所未有的挑战。企业要进行有效的人力资源管理、创建企业的人才引擎，需要从两个方面着手，如表1–1所示。

表1–1 企业创建人才引擎的两个切入点

切入点	具体内容
人才需求分析	企业要获得长期健康发展，首先需要保证持续的人才供应，尤其需要拓宽人才渠道、提升人才获取效率。由于VUCA时代具有明显的社交化特征，任何个体都可以成为一个自媒体平台，因此企业与求职者都应该摆脱对传统媒体的依赖，更加精准、高效地进行匹配
现有人才开发	企业可以梳理现有的人才资源，创建集成的人才供应链，进行合理的人力资源管理，制定人才发展和流动性规划

此外，根据怡安翰威特咨询公司的调查研究，未来，企业期望通过购买获取领导者的难度将逐渐加大，风险性也会不断提高，企业更应该培养适合自己的领导者。所以，企业在进行人力资源管理时，需要立足长远，将个体的成长与企业的发展合二为一。

我国知名互联网企业百度公司就通过整合内外部人才获取方式进行人才库的建设。依托有效的人力资源管理机制，企业能够实时掌握人才储备情况，了解单个员工的能力、资质等信息。同时，百度还建立了人才储备目录，了解期望获取人才的市场情况。

另外一家国内知名企业中国平安集团也积极地打造了内部人才供应链，并且运用科技手段对内部优秀员工进行追踪，采取有针对性的培养方案，从企业内部输送了大量的优秀领导干部和专业技术人员。同时，企业通过积极的市场招募手段，打造企业以及行业的人才地图，快速地获取优秀人才，有效提升企业的招聘效能，快速打造企业的学习力和竞争力。此外，企业还通过平台优势，为新加入的员工进行赋能，提升员工的体验感，缩短员工的适应周期，确保新员工能够在较短时间内快速进入状态，融入企业，产生良好绩效。

◆自我管理驱动员工高绩效

进入VUCA时代，企业原有的组织形式和工作方式已经不适应时代发展的要求，阿米巴经营体、云组织、柔性组织等多元化的组织形式开始涌现，原有的因业务而划分的单元逐渐趋于模糊。不同部门乃至不同行业之间的联系更加紧密，共同以为企业创造价值为运营目的，新型的组织形态和运营方式自然也就使传统的企业考核方式失去了效用。

在传统的企业管理中，员工考核的主要方式是KPI考核。而在VUCA时代，员工更加关注个人价值的实现和发挥。如果企业价值观与经营理念能够为员工所认可和接受，员工就会将个人价值的实现融入企业战略目标的达成过程中。在这种情况下，企业应当将员工的职业规划与企业的绩效达成联系在一起，从根本上激发员工的积极性、主动性和创造性。在这样的管理模式中，企业逐渐转变为资源平台，员工通过获取企业所提供的资源进行自我管理，在实现个人价值的同时带动企业发展。这种由内生动力驱动的方式会使企业运作效率大大提升。在传统的企业组织中，员工的管理更像是一种被动型的管理，员工通常被认为是“要我做”，然而在当今时代，我们要让员工切实转换心态，变成主动的“我要做”，这就对组织的管理能力提出新的要求。KPI的设置，将会决定员工的行为导向。企业的管理需要KPI，但也不能将KPI主义化，缺乏了对人的尊重与激励，结果必然事倍功半。

成立于1984年的海尔集团，在从传统家电企业向美好生活解决方案服务商转变的过程中，更加注重自我管理驱动员工绩效的提升。在海尔内部，管理者鼓励员工进行内部小微创业，并会为企业内部的创业组织提供资源支持。在员工考核方面，海尔摒弃了传统的KPI考核，转变为网络化客户数量和“用户KPI”综合考核。由于企业更加重视用户评价，因此员工也将工作的重心转移到“用户交互”上。

◆跨界融合倒逼HR业务导向

VUCA时代，市场环境发生了巨大变化，企业要面临更多的未知和挑战。因此，企业需要基于自身的业务特点建立开放的生态圈，连接可以连接的平台，并整合内外部资源为己所用。

全球化移动互联网企业小米科技为了迎合时代发展的需要，通过引入“种子设计师”、进行设计社区连接等一系列措施，建立了围绕企业产品研发的开放的设计师“生态圈”。通过这种打破边界、跨界整合的方式，小米获得了更多的设计师资源，为企业的产品研发不断注入新鲜血液。

企业在进行多元化转型和生态圈开放的过程中，人力资源管理方式已经发生了很大变化，人力资源管理工作也被赋予新的使命：一方面，企业的人才需求会随着时代的变化而发生转变，企业中的人力资源管理不仅要基于企业发展需要确定人才的知识和能力需求，更应该基于知识储备和行业发展趋势预测人才的任职资格和潜力空间，为企业的长远发展奠定扎实的基础；另一方面，VUCA时代的企业发展更需要跨界和融合，企业的人力资源部门应该尽可能打破技术壁垒，着眼于业务领域以及其他企业，依据企业的发展趋势和转型方向优化企业的人才结构，深度融合专业人才管理的服务支持与业务管理。

综上所述，VUCA时代的人力资源管理的蜕变需要以环境为导向，从人才的吸引、激励、挖掘等方面进行价值增值，打造人才引擎，带动企业综合竞争力的提升。

1.1.4 VUCA时代下HR的关键特质

全球顶级猎头专家费洛迪（Claudio Fernández-Aráoz）曾经在《选才新标准：潜力比能力更重要》一文中提到，在VUCA时代，识别人才最重要的一点就是潜力，也就是个体所具有的、未发挥出来的应对问题、达成目标的能力和品质。与HR潜力最相关的特质主要包括五点，如图1-2所示。

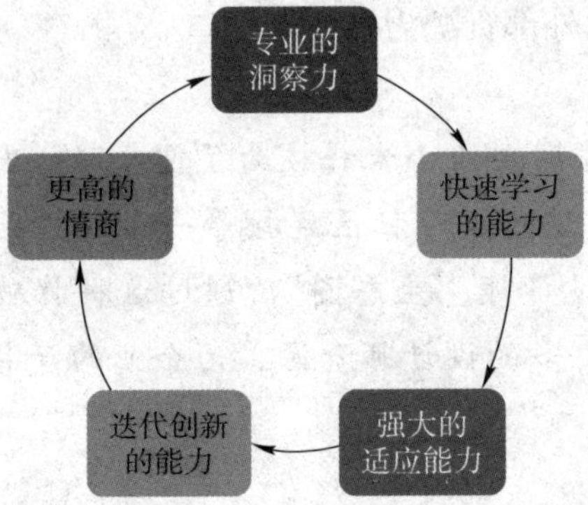

图 1–2 VUCA 时代 HR 的五大关键特质

◆专业的洞察力

所谓洞察力，即能够根据所获得的信息对事物的发展做出准确判断的能力。基于事物发展的规律和趋势指导行为，是成功的基础。具体到人力资源管理领域来说，专业的HR应该基于人力资源管理的基本知识和企业所在行业的特点对人才的需求状况做出基本判断，既需要把握行业人才市场的基本情况，也需要顾及企业用人的创新之处。

◆快速学习的能力

快速学习的能力包含两个关键点：一是学习能力，即能够获取新知识、掌握新技能的能力；二是快速学习，由于VUCA时代是一个变化极快的时代，因此需要快速学习以应对技术升级和行业变革。

学习内容既应该包括人力资源领域的新工具、新方法等新的专业知识，也应该包括其他与企业人力资源相关的跨界内容，例如互联网经济、数据库管理、移动互联网技术等。也就是说，VUCA时代的HR应该具备"专才"和"通才"的双重特质。

◆强大的适应能力

由于VUCA时代的不确定性和易变性，专业的HR人员需要具备强大的适应能力。适应能力主要体现在两个方面：其一，能够快速适应变化的强大内心。由于处于快速变化的时代当中，任何固定的模式都可能无法发挥效用，HR人员应该凭借强大的内心满足企业随时变化的人才需要。其二，能够快速适应的技巧，单纯的“有心无力”不足以应对强大的变革，而技巧的获得则依赖于HR人员扎实的专业基础知识和对行业发展的精准把握。

◆**迭代创新的能力**

面对VUCA时代的快速变化，任何专业人员都不应该固守于原有的工作经验，而应该依据变化创新自己的工作模式。这就要求HR分析企业内外部的情况，更新自己的工作理念，优化自己的工作方法。

但值得注意的是，虽然外界环境的变化提出了创新和突破的要求，但同时，HR人员不能只关注创新，而忽视行业和岗位的内在规律。心理学、社会学等相关的基本理论是HR工作的基础，也是创新和突破的根基。微信创始人张小龙曾说过，微信能够被用户接受和喜欢的根本原因，就是其人性化的设计。

◆**更高的情商**

由于HR人员需要与人打交道，所以HR人员的重要品质之一是精准洞察自己以及对方的情绪，其中包括自我认知、自我管理、心理韧性、同理性及人际技巧五个不同的维度。

VUCA时代的易变性和不确定性使得个体出现失误的概率大大提高，而出现失误和挫败后，只有及时地进行有效的心理修复，才能应对新的挑战。对于HR人员来说，不仅应该处理好自己的情绪，还应该主动关怀其他被压力和焦虑包围的员工。

1.2 后浪来袭：“Z世代”的人才管理新思维

1.2.1 后人口红利时代的HR挑战

在经济学领域，人口红利指的是一个国家的劳动人口在总人口中所占的比重较大，导致的有利于经济发展的人口条件。当一个国家享有人口红利时，整个国家的经济会呈现出明显的“三高”（高储蓄、高投资、高增长）局面。但在一个国家长期发展过程中，人口红利不可能持续存在。根据国家统计局公布的数据，2012年我国15～59岁年龄段的劳动人口第一次出现了绝对下降，这意味着我国的人口红利已经开始消失。

关于人口红利的变化，还有另一个相对应的理论，即"刘易斯拐点"。诺贝尔经济学奖获得者、发展经济学的领军人物、经济学家威廉·阿瑟·刘易斯（W. Arthur Lewis）曾经发表题为《劳动无限供给条件下的经济发展》的论文，并在论文中提出了"二元经济"发展模式。他认为，发展中国家的经济增长会经历一个从二元经济结构向一元经济结构过渡的阶段，这个过渡阶段的一个典型特征是农村的剩余劳动力会成为工业领域的廉价劳动力。当这些剩余劳动力被工业以及城市部门完全吸收以后，工业部门的边际生产效率便与农业部门的边际生产效率基本等同，而两者达到均衡的时间节点即为"刘易斯拐点"。

"刘易斯拐点"的到来意味着"人口红利"正逐渐消失。一方面，从我国人口结构的变化趋势来看，未来我国企业以及产业的发展将不能再依靠廉价的劳动力，更应该注重对高素质人才的争夺，由依靠"人口红利"向获得"人才红利"转变；另一方面，国家经济增长方式的转变和产业结构的升级，使得企业对人才的需求从普通劳动力升级为科技型人才，人才资源不再呈现供过于求的局面。我国著名的经济学家蔡昉特别指出我们需要深刻理解的三个变化：第一，劳动力供求关系变化，必然会推动工资的快速上涨；第二，新一代劳动者的更高需求，使得劳资关系发生了剧烈变化；第三，人口红利的消失使得发展方式必然要发生转变。

目前，我国正处于经济结构调整和优化升级的关键时期，对企业而言，在发展的过程中需要注意，曾经给经济发展带来巨大活力的剩余劳动力资源已经开始消失，企业要抵消人力成本方面的负面影响，就需要集中精力在产品、技术或经营模式等方面进行创新，而创新依靠的是人才。于是，如何吸引和留住人才、激发人才的积极性和潜能，就成为企业的管理层和人力资源管理部门需要面对的首要问题。

在变革的大趋势下，企业要转型升级首先需要进行HR的转型。而我国企业所采取的HR转型方式是内外部结合的模式。企业内部充分整合资源并进行业务流程重组，提升HR团队的整体实力和工作效率；企业外部通过职能外包、人才派遣等方式驱动HR转型。不管采取哪种方式，企业HR转型的最大挑战就是HR人员对自身角色的认知。

在企业人才管理过程中，HR人员的能力主要体现在两个方面：其一，人力资源领域的专业技能，比如HR流程的管理、专业模块的掌握等；其二，与企业发展相关的各种技能，比如组织协调能力等。对一名出色的HR人员而言，这两方面的能力缺一不可，需要在长期工作过程中不断学习、实践、积累。

此外，需要说明的是，近年来，企业将部分或全部HR工作外包也已成为一种趋势，不过HR外包与企业内人力资源转型表现出不同的特点。对于选择HR外包的企业而言，其看重的不是运营成本的节约，而是希望通过更专业、更科学的HR管理为企业参与市场竞争赋能。

1.2.2 新生代：Z世代的人才管理

“Z世代”指的是1995—2009年出生的一代人，也被称为“网生代”“互联网世代”等。由于成长环境的不同，“Z世代”的人才管理表现出与之前的人才管理完全不同的特点。例如，他们更加注重工作中的个人体验和自我价值的实现，希望得到更多的尊重和关怀等。因此，HR只有清晰描绘出“Z世代”的人才画像，才能对其进行高效管理，为企业的发展注入充足的“人才红利”。

◆Z世代的人才画像

随着时间的推移，“Z世代”已经或即将步入职场。“Z世代”与生俱来的最主要特征便是其与科技智能产品的强关联性。从生活到工作的方方面面，“Z世代”都对智能产品有极强的依赖，而这也就造成了“Z世代”群体的一些共性，例如与一成不变的事情相比，他们更加热爱创新和变化；与循规蹈矩的生活相比，他们更倾向于由兴趣主导；与朝九晚五的常规工作方式相比，他们更崇尚能够自由安排的工作；与物质激励相比，他们更加渴望个人潜能的发挥。

从以上“Z世代”的人才特征中不难看出，在“Z世代”人才管理方面，企业的管理层以及HR人员需要面临巨大的挑战。不过，与其强迫“Z世代”员工认同和融入企业文化，企业不如将精力着眼于如何为“Z世代”人才的成长提供足够的空间。

作为与网络信息时代共同成长的人群，“Z世代”不仅面对着更为庞大的信息量、更加自由的表达环境，也更渴望发挥个性、实现价值。从企业人才管理的角度来看，“Z世代”员工的三大特征如表1–2所示。

表1–2 “Z世代”员工的三大特征

特征	具体表现
重视兴趣满足和价值实现	一方面，“Z世代”的成长环境使得其在工作过程中更加重视个人的体验；另一方面，企业的管理模式也逐步由层级式向扁平化转变。内外部的因素都使得“Z世代”员工在职场中更加关注自我
关注工作与生活的边界感	“Z世代”员工工作的主要价值是满足个体工作的需要和发挥个人的潜能，工作只是其生活的一部分
“内因决定产出”	与“80后”等群体拥有较高的职业忠诚度、更加吃苦耐劳的特征相比，“Z世代”员工在工作中的付出主要取决于其职业兴趣等，而这也就要求企业的HR在人才招聘和选拔的过程中对候选人进行更全面的考察

◆ “Z世代”的人才管理法

从“Z世代”人才所具有的特征来看，企业在进行人才管理的过程中应该将企业与员工的关系定位为合作者，企业的主要任务是为员工个人价值的发挥提供平台。那么，具体到企业的运营实践中，对“Z世代”的人才管理应该注意哪些方面呢?

（1）创建授权式管理模式

由于“Z世代”个体更加注重在工作中实现自我价值，因此传统的管理与被管理的模式已经不再适用，企业应该逐步创建授权式的管理模式。在将决定权下放给员工的同时，也让其承担更多的责任。通过不断的授权，企业或将逐渐转变为“海葵式组织”。在这样的组织形态中，每个员工都能够成为一个“触角”，为企业捕捉新的机遇，为企业持续注入创新活力和顽强的生命力。

然而需要注意的是，对于企业而言，授权可能会带来较大的风险性和不确定性，这就要求HR在企业运营的过程中保持较高的敏感性。

（2）营造良好的工作氛围

企业能否营造良好的工作氛围，是决定企业能否获得员工青睐的重要因素，对于“Z世代”的员工更是如此。弹性的工作时间、自由的工作安排以及良好的工作氛围等，都体现了企业对员工的尊重。“Z世代”员工尤为在意的就是企业是否将其视作一个独特的个体，而不仅是企业流水线上的一颗“螺丝钉”。当企业都在抱怨招人难的时候，一些企业的招聘方式则显得与众不同。例如目前的很多特色茶饮店、网红火锅店，打造了适合年轻人的工作场域，提供了灵活的工作时间与工作氛围，就如同为员工提供了一个舞台，成为很多年轻人就业的首选。

（3）多种激励手段协同

“Z世代”注重工作体验和个人价值的实现，并不意味着其对物质回报毫不在意。与工作付出成正比的物质回报不仅代表了企业对员工工作的肯定，也是员工成长的保障。不过，企业在对员工进行激励时，为了保证激励效果，应该采用多种激励手段协同的方式，将不同形式的物质激励与非物质激励相结合。而且对处于不同职业阶段的员工而言，激励措施也应该有所区别。传统的组织更注重的是生产效率，伴随“Z世代”成为职场“主力军”，分配效率正在成为组织的核心能力。

（4）多种形式助其成长

对于注重个人成长的“Z世代”而言，企业能否为其铺就成长道路至关重要。以员工培训为例，企业可以在培训的内容上注重多元化、在培训沟通上以引导为主、在培训形式上提倡自主学习。除技能提升外，企业还应该具有公平且明确的升职路径，使得“Z世代”的员工获得更多的成就感，能够更好地进行个人职业生涯规划。而且，“Z世代”的员工更注重工作的趣味性，培训的游戏化和趣味化也必然对HR提出了新的要求。

1.2.3 “Z世代”的校园招聘实战攻略

根据国家教育部门公布的数据，2021年我国高校应届毕业生的数量同比增加35万人，已经达到909万人，再创历史新高。在企业招聘方面，根据艾瑞咨询发布的《2021中国就业形势及职业发展前景大数据分析》，2021年春节后，企业的招聘职位数同比增长223.7%，同期求职者的简历投递量同比增长了235%。

“Z世代”已经逐渐成为企业招聘的主要候选人，而高校作为高素质人才的主要培养场所，也是企业人才招聘的主要阵地。高校应该如何与企业建立合作，企业进行校招又应该注意哪些方面呢？

◆“Z世代”已来，企业HR该如何接招

由于诞生于互联网蓬勃发展的大环境中，“Z世代”在成长过程中能够接收到更加多元的信息，对世界也会形成自己独特的看法。因此，他们进入职场后，对职业的认知也更加清晰，在工作过程中更倾向于自由表达自己的观点，并充分发挥个人才能。

为了应对这些“棘手”的候选人，企业首先应该在校招过程中树立良好的企业形象，通过对企业文化的传达，增强在候选人心目中的印象。企业愿景、价值观等与企业文化相关的内容传递，不仅能够清晰地描绘出企业的形象，也有利于吸引到与企业相契合的候选人。此外，在校招结束后，HR应该与候选人进行持续交流，以提升校招人才的留存率。

目前，招聘工具以及招聘平台的层出不穷，也为企业招聘提供了极大的助力。企业在这些平台和工具的辅助下进行校招，不仅可以获得更多简历，还能精准吸引到契合企业需求的人才。因此，企业越来越将校招以及校招后的人才培养当作一项重要课题进行研究。

随着市场竞争越来越激烈、企业对人才的需求越来越迫切，很多企业已经开始尝试与高校建立人才培养方面的合作，目标群体也由原来即将毕业的学生提前到大学二年级和研究生一年级，并结合企业的业务布局和发展趋势，利用寒暑假或项目锻炼的机会，提前培养拥有专业技术或特定技能的人才。

◆新趋势下的校招实战攻略

完整的校招流程并不是在人才入职后就结束，还应该包括后续的人才培养阶段。从招聘到人才培养，企业对整个流程的重视不仅有利于企业获得所需人才，还能够有效降低人才的流失率，将其转换为企业的市场竞争力。具体来说，企业在进行校招实战时，应该重点关注与应聘体验相关的关键时刻，也就是“候选人第一次参与企业的面试”与“员工第一天正式入职”，力求保证体验的层层递进，以满足“Z世代”人才对于理想工作的期待。

2021年7月，针对北森人才测评平台覆盖的2251家企业和3833所高校，北森人才管理研究院发布了《2021中国企业校园招聘白皮书》。

该白皮书采集的校园招聘数据贯穿2020年5月1日至2021年4月30日整整一年的时间，涵盖了13个行业中的上千家企业，从“Z世代”人群的特点入手，对企业校园招聘的规划和实施进行了多个层面的探讨。通过对采集到的数据进行分析发现：

- 规模越大的企业越倾向于扩大校招比例。
- 企业逐渐尝试在社交媒体平台等渠道打造企业形象。
- 在校招过程中，企业越来越重视offer转化率的提升。
- 好体验、高质量和科技赋能是企业针对“Z世代”人才招聘的主要策略。

此外，通过对966名企业HR人员调查发现，HR人员为了提升校招过程中候选人的体验，通常采取以下措施：

- 应用数字化方式让学生应聘过程更便捷。
- 关注学生感受，面试后邀请其填写应聘满意度反馈。
- 入职前“保温”运营，设计特定活动保持与学生的互动。

随着互联网相关技术不断发展，企业在校招过程中应该积极采用大数据、人工智能等技术，提高招聘的效率和质量。例如在校招的过程中往往会产生大量数据，利用大数据技术能够及时采集相关数据，并结合招聘的基本情况进行分析，为企业招聘工作的改进做出有益指导。再如企业在校招的过程中，往往会收到大量简历，利用AI算法能够提高简历筛选的精准度与效率。另外，企业在校招过程中积累的数据可以用于AI训练，以进一步提升简历筛选的效能。

1.2.4 从雇主品牌1.0到4.0时代

通常情况下，对企业品牌的理解和分析往往会被限定在市场场景中，即目标消费人群视角下的品牌认知。这主要是由于消费者的认知会直接影响企业的经济效益。实际上，企业品牌所包含的不仅是消费品牌，还有另一个维度，即雇主品牌。

◆什么是雇主品牌

产品品牌、雇主品牌和企业品牌三个概念虽然指的是同一对象，但针对的目标群体有所不同。产品品牌针对的是目标消费群体，雇主品牌针对的是目标人才，企业品牌针对的是与企业相关的股东、员工、消费者以及社会公众等广泛的受众。

其中，雇主品牌这一概念由英国管理专家西蒙·布朗（Simon Barrow）与伦敦商学院的提姆·安博拉（Tim Ambler）教授于20世纪90年代初提出，主要针对的是企业的人才招聘问题，指的是企业能够给予雇佣员工的价值，例如企业的知名度、美誉度等。

雇主品牌实际上是相对于产品品牌的描述。产品品牌能够影响消费者对产品的认知和购买的欲望；而雇主品牌能够影响人才对于企业的认知和加入组织的欲望。由此可以看出，企业建立雇主品牌的主要目的就是锁定企业发展所需要的人才，是企业“员工价值主张”的重要体现。

随着“Z世代”人才逐渐进入职场，“员工价值主张”受到了高度重视。因此，企业需要在日常运营以及人才招聘的过程中，形成以企业的价值观和价值主张共创的战略导向，建立、维护和提升企业的雇主品牌，以吸引更多的目标人才加入。

◆从雇主品牌1.0到雇主品牌4.0

企业要获得强大的生命力，在激烈的市场竞争中取得领先优势，必须有人才的支持。企业要吸引和留住更多高质量的人才，并充分激发人才的潜能，使其能够与企业一起成长，就应该创建自己的雇主品牌。雇主品牌创建的四个阶段如表1–3所示。

表1–3 雇主品牌创建的四个阶段

阶段	具体表现
雇主品牌1.0阶段	这是最初级的阶段，在这一阶段，企业惯常的做法是通过传统的招聘渠道陈述自己所具有的优势，然后被动等待接收和筛选简历。由于此时企业仍然是采用典型的从雇主利益出发的视角，因此招聘的效率和质量都比较低
雇主品牌2.0阶段	在这一阶段，企业尝试利用新媒体平台等创新型的渠道和工具进行招聘，同时与猎头机构合作寻找适合企业的人才。此时，企业的雇主品牌意识已经萌发，逐步认识到塑造雇主品牌对于吸引人才的重要价值
雇主品牌3.0阶段	在这一阶段，企业已经在日常运营和人才招聘的过程中展现出企业的使命、愿景和价值观。与之前的两个阶段相比，企业雇主品牌的创建在这个阶段取得了明显的进步，真正关注员工个体的需要，期望在企业与员工之间建立紧密的情感纽带，希望员工能够对企业文化产生共鸣
雇主品牌4.0阶段	与上述三个阶段相比，雇主4.0阶段实现了雇佣关系质的飞跃。在这一阶段，员工与雇主之间的关系趋于平等，企业更加关注人才内在的需求。而互联网、移动互联网技术的应用，也使得双方之间的信息沟通更加顺畅，个人的价值观与企业文化更加契合

企业要适应雇佣关系的变化，首先应该正视企业与员工的角色。在这一阶段，员工进入企业工作的主要目的是实现个人价值，在这个过程中，企业发挥着关键的作用。企业创建雇主品牌的主要任务就是尊重人才、与人才积极互动。所谓尊重人才，就应该正视人才所具有的价值，而非仅仅要求人才遵循企业的价值观。可以肯定的是，好的雇主品牌，必然会带来较高的组织效能，提升员工的敬业度与幸福感，也会为企业的经济效益带来正向的回报。

1.3 HR数字化：科技重新定义人才与工作

1.3.1 HR数字化：打破组织的边界

大数据、云计算、物联网等新一代信息技术在改变人们生产和生活方式的同时，也带来了商业环境和经济形态的变化。一方面，新技术催生了新的商业模式，并使其拥有更强的生命力和明显的竞争优势；另一方面，新技术也重塑了传统的经济体，为了适应市场发展的需要，传统企业不得不将数字化转型作为企业发展的战略核心。

从企业主体的角度看，对外，企业需要运用新技术、新模式迎接商业环境带来的挑战；对内，企业需要重新设计组织架构以获得更加旺盛的生命力。与数字化时代相适应的组织架构不再是科层等级式的，取而代之的是高度授权、灵活敏捷的团队网络式架构。在这种情况下，突破了组织边界的零工经济、自由职业等逐步崛起。

此外，随着新一代数字化技术崛起，以“90后”“00”后为主的新一代劳动力主体呈现出了与以往不同的特点，其更加追求自由、自主的工作氛围，更注重工作中个人价值的实现，这对企业的人力资源岗位提出了新的要求，迫切需要企业的人力资源管理做出深刻变革。

具体来看，数字化时代给企业的人力资源管理带来的变革主要体现在五个方面，如图1–3所示。

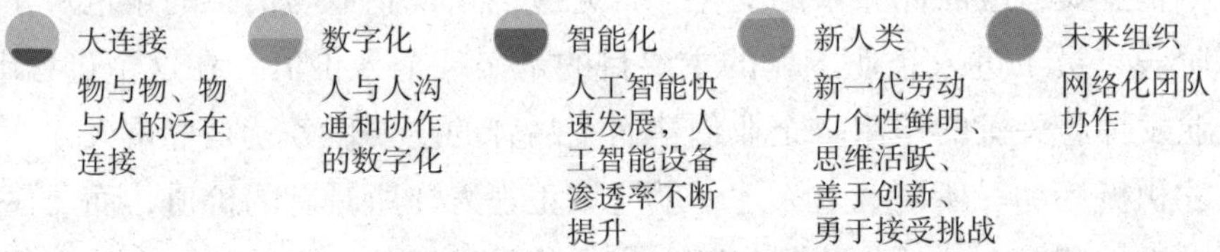

图1–3　数字化时代人力资源管理的五大变革

◆大连接（Social Connection）

移动互联网的横空出世和蓬勃发展将连接的价值充分体现出来，而基于各种信息传感器、射频识别技术、全球定位系统、红外感应器、激光扫描器等装置与技术的物联网，是实现了物与物、物与人的泛在连接。人、物、组织这三者之间任意两两连接的强化，不仅促使经济社会进入完全互联时代，也给个体与组织之间的关系重构带来了新的挑战。

进入数字化时代，组织边界越来越开放，个体和组织之间的契约关系将发生深刻变革，企业有可能摒弃一直以来沿用的全职雇佣方式，尝试聘用合同工、自由职业者、零工、众包工等来完成工作，员工也将不再局限于某个特定领域或某个固定组织，他们可以跨组织、跨团队提供服务，从而形成一个更加开放的连接生态。

近两年，受新冠肺炎疫情影响，一些组织已经开始尝试使用灵活的用工模式，“共享员工”和业务外包或将成为新的潮流。这种多元化的用工方式给组织的人力资源管理带来了新的挑战。人力资源管理工作者不仅要设计新的管理工具，而且要重新设计并优化与员工的契约链接。

◆数字化（Digitalization）

随着移动互联网、5G等技术快速发展，“互联网+”正促使各个行业进行转型升级，数字经济在整个GDP中的占比不断提高。如今，数字经济对人们工作和生活的影响随处可见，例如电商、智能出行等，而在这些新型的商业模式背后体现的则是人与人之间沟通和协作的数字化。例如远程办公虽然方便了各地的员工相互协作，但也给人力资源考核与管理带来了挑战。如何对远程办公人员进行考勤？如何考核绩效？如何做好绩效反馈等，这些问题都需要深入思考。

◆智能化（Intelligent）

作为计算机科学的一个分支，人工智能技术的发展和商业化的推进，不仅给我们的生活带来了更多方便，也使得工作和生活的边界变得更加模糊。如今，在商场、酒店、银行、车站等人流量比较密集的公共场所，人工智能设备能够为用户提供个性化的服务，企业的生产经营与管理也在向智能化方向发展。

在大数据时代，人力资源信息管理的智能化有助于企业管理者做出正确决策，在一定程度上解决信息处理人员在采集、处理、分析某些重要的人力资源信息时因为粗浅判断导致非精细化的分析与决策，最终导致决策的失败。这样一来，如何正确认识并利用人力资源信息管理智能化成为摆在人力资源管理者面前的一道难题。

◆新人类（New Generation）

伴随互联网成长起来的新一代劳动力具有与之前的劳动力群体不同的特点，例如其往往个性鲜明、思维活跃、善于创新、愿意接受新的工作和挑战，表现出鲜明的个体价值崛起的特点。例如，美国职业培训Better Up

团队围绕“工作的意义”这个主题对美国26个行业的2285名专业人士进行调查，发现90%的人宁愿少赚钱也要做有意义的工作，有的人甚至愿意为了有意义的工作牺牲一生中23%的收入。无独有偶，一家企业在一次调研中发现，80%的受访者希望有一个关心他们能否在工作中获得成功、实现个人价值的老板，而不是加薪20%。

另外，由于在成长的过程中，新一代劳动力更多使用智能手机、平板电脑等智能设备，其习惯的互动方式也有所不同。如何满足这些职场新人的需求，激发其积极性和参与感，满足其对工作意义与个人价值的追求，是企业管理者和HR人员需要思考的问题。

◆未来组织：网络化团队协作

在数字化时代，个人、组织与客户之间将建立一种协同共生关系，影响组织绩效的因素也将从内部转向外部。也就是说，即便组织内部可以实现高效管理，也不意味着企业可以实现长久发展。内部管理是人力资源管理的基本要求，但在数字化时代，人力资源管理人员在做好内部管理的基础上，要更多地考虑外部环境，做好对外管理，包括对合作伙伴、竞争对手进行战略性思考等。在此形势下，人力资源管理工作者的一项重要工作就是为个体、团队和组织赋能，鼓励他们相互协作，发挥集体智慧，为企业创造新价值。

在数字化时代，企业的组织形式将发生巨大改变，抛弃按照业务、职责、岗位等严格划分的科层式组织形式，转而采用具有强连接属性的去中心化或扁平化的组织形式，以网络化团队协作的方式提升组织运营效率。

1.3.2 智慧协同的数字化工作场所

新的经济形态、组织形式和员工构成，都迫切地需要企业的人力资源部门进行数字化转型。只有进行数字化转型，转变旧有的思维观念和工作模式，才有利于企业团队的协同合作，提高组织的生产效率；才能激发企业的创新活力，促进企业在激烈的市场竞争中脱颖而出；也才能够带给团队成员更好的工作体验，为员工赋能。

那么，企业的人才管理应该如何创新？人力资源工作应该怎样进行数字化转型呢？上述问题的解决大致可以归结为三个思路，即工作场所数字化、人力资源运营数字化和管理决策数字化。其中，工作场所数字化指的是企业借助通信技术以及智能工具打造一个线上工作环境，使得办公更加透明、员工更加敬业、协作效率更高、生产力大幅提升，具体措施如表1–4所示。

表1–4 打造数字化工作场所的四大措施

序号	具体措施
1	打造企业内部统一的数字入口（可以根据企业的需求确定以PC端或移动端为主），并将其定位为企业的一站式服务门户，各个部门均可以随时进行沟通、了解项目进展等，突破原有的组织边界，提高团队的协同效率
2	采用线上办公方式，通过工作群组、视频直播以及网络会议等灵活多变的方式进行企业内部的沟通和协作，提高沟通效率，实时共享目标和进度
3	改变企业文化的塑造方式，通过线上呈现、权益兑换等多元化的方式呈现企业文化，深化员工对企业价值观的认知，将个人价值的实现与企业目标的达成结合在一起
4	借助数字化工作场所中的工具开展工作，提高资源的获取效率，并及时与团队成员就资源和成果进行共享

◆数字化工作场所的三大特征

企业的数字化转型需要人员、设备、资产、流程等与企业运营相关的所有要素参与。企业员工需要通过数字化手段进行连接，提升企业内部的协同工作效率和问题决策能力。借助数字化的手段，员工可以进行自主管理，为企业注入更强劲的生命力。总体来说，数字化工作场所应该具有三个明显特征，如表1–5所示。

表1–5 数字化工作场所的三大特征

特征	具体表现
智慧与灵动	在数字化工作场所中，人与人、人与企业之间应该是互通互联的，采用的工具应该是智能的、便于协同合作的，工作的分配与开展应该是智慧的、灵活的。在这样的工作场所中，员工更能够获得良好的工作体验，并便于实现自我价值。而且，在工作过程中，员工之间能够充分协作和共享，提升工作效率，打破层级与职能的限制，实现无障碍沟通和交流

续表

特征	具体表现
分享与参与	在数字化工作场所中，员工的工作过程能够进行高度分享和深度参与。而分享和参与的增加，也使得员工在工作中有更强烈的参与感，并且能够充分发挥自己的优势和潜能，实现自我价值
赋能与激活	在数字化工作场所中，企业基于对员工的充分认知进行科学合理的人员分配，并为员工成长提供良好的平台，在帮助员工发挥潜能、实现价值的同时实现企业的战略目标。由此可见，数字化工作场所的主要职能是赋能与激活

◆ HR数字化协同工具的运用

HR数字软件利用互联网的联动功能与计算机的快速运算能力，在招聘管理、培训管理、员工管理、薪酬管理等领域广泛应用，从而简化HR的工作流程，节省工作时间，为企业数字化管理的实现提供强有力的支持。

（1）人事招聘管理系统（Applicant Tracking System，ATS）

ATS的功能非常强大，可以发布职位，筛选简历。ATS可以根据关键词对候选人进行筛选，将不符合要求的候选人简历剔除，向符合要求的候选人发送面试通知，在面试前对候选人与岗位的匹配度进行分析，进行面试评估等，如表1–6所示。

表1–6 人事招聘管理系统的功能

功能	具体应用
AI招聘分析	AI招聘分析可以对数据进行分析、整理，帮助HR人员确定招聘工作的目标，制定更科学的招聘决策
入职软件	新员工入职时，HR人员要带领新员工参观办公室，将新员工引见给领导及团队成员，向新员工介绍常用的工具，整个流程非常烦琐。入职软件可以为新员工制定个性化的入职流程，将一些重复性的工作或者耗时比较长的工作自动化，减轻HR人员的工作负担，让HR人员可以将更多时间与精力放在重要岗位、难招岗位、急招岗位的招聘上，与心仪的候选人开展更细致、全面的沟通与交流
视频面试	视频面试是在新冠肺炎疫情的背景下诞生的一种面试方式，未来可能成为一种主流的面试工具。视频面试的组织开展虽然比线下面试简单，但容易受到网络环境、语音传播延迟以及其他噪声的干扰，对求职者的语言组织能力与表达能力提出了更高的要求。对于面试官来说，在视频面试的过程中，他们只能通过线上对话了解求职者，所以在做应聘决策时会更加慎重

续表

功能	具体应用
视频简历	求职者为了凸显自身的亮点，会非常注重简历制作，有的求职者甚至会在简历中添加图文信息，或者将简历做成画册、刻成光盘等，还有一些求职者开始尝试制作视频简历。随着网络技术的不断发展，视频简历开始在国外流行，成为人力资源经理甄选求职者的主要手段，可以帮助面试官更全面地了解求职者，极大地提高了面试效率

（2）培训、员工关系管理

员工培训、员工关系管理领域可以使用的数字化协同工具主要有四种，如表1–7所示。

表1–7　员工培训与员工关系管理适用的四大工具

工具	具体应用
人力资源聊天机器人	HR人员的一项日常工作就是回答员工的各种问题，一名HR人员要面对多名员工，往往要在这项工作上投入很多时间和精力。聊天机器人可以代替HR人员快速解决员工的各种疑问，帮助HR节省大量时间与精力
人才管理系统	人才管理系统是一个功能非常强大的综合软件，涵盖新员工入职培训、员工学习与发展、高管继任计划等诸多内容
智能化的员工培训与学习流程	利用互联网、人工智能等技术打造自动化的员工培训与学习流程，不仅可以减轻HR人员的工作负担，还能进一步丰富企业的人才储备，增强员工的归属感
在线学习平台	在线学习平台凭借强大的功能逐渐成为员工培训的主流选择，例如支持多种授课模式，包括直播、录播、点播、微课等，满足培训要求；能够提供完整配套的课前、课中、课后服务，例如课前通知，课中随堂测试，课后训练营等；能够提供学员管理、教务管理、财务管理、数据统计等一站式线上教学服务，不仅可以提高培训效率，而且使用起来也非常方便

（3）薪酬、绩效

薪酬管理、绩效管理领域可以使用的数字化协同工具主要有三种，如表1–8所示。

表1–8　薪酬、绩效领域适用的数字化协同工具

工具	具体应用
绩效管理系统	员工绩效管理需要人工收集评估表，并对评估表进行审查，整体效率比较低。借助自动化绩效管理系统，HR人员、管理者以及员工可以对评估结果进行跟踪查看。绩效评估完成后，系统会自动向管理者和被评估员工发送提醒。通过对绩效评估结果进行跟踪，HR人员可以发现员工在工作中遇到的瓶颈问题

续表

工具	具体应用
薪酬管理系统	负责薪酬管理的HR人员的工作任务总是非常繁重，尤其是在新个税政策出台后。薪酬管理系统可以让算薪、算税、管薪过程实现一体化，还可以查看员工的薪酬记录，对年度薪酬数据进行汇总分析
电子工资条	近几年，很多企业引入了电子工资条。相较于操作烦琐、难以追溯的纸质工资条来说，电子工资条操作更方便，而且可以降低企业的用工成本，对企业的数字化转型产生一定的推动作用

随着员工的受教育程度不断提升，具备一定管理能力的知识型员工大量涌入企业，促使一些企业开始推行自主管理模式。自主管理模式与目前主流的依靠层级压力和指令管理企业的模式不同，它更多地依靠员工自治进行企业管理。数字化协同工具为员工实现自主管理提供了良好的辅助，极大地提升了员工的体验感与满意度。

总而言之，HR数字化协同工具的应用可以降低企业的长期用人成本，帮助人力资源管理部门提高工作效率，减轻工作负担。需要注意的是，企业数字化转型的进度不同，需要的HR数字化工具也不同。企业可以根据所处的数字化发展阶段与自身需求，选择合适的软件与服务。

1.3.3 数字化的人力资源运营流程

进入数字化时代后，企业人才管理创新的主要任务就是进行数字化人力资源转型。所谓数字化人力资源转型，就是采用数字化的工具和应用解决企业的人力资源管理问题，并基于数字化思维进行人力资源管理的尝试和创新。具体来看，企业数字化人力资源运营主要包括以下三个方面的内容。

◆端到端的人力资源运营管理流程

在数字化转型的过程中，企业首先要对人力资源管理的价值进行重新定位，然后借助以移动互联网、5G等为代表的数字化技术，运用数字化思维升级企业的人力资源管理，以提升员工的工作体验和企业的人力资源管理效率，通过端到端的人力资源运营构建与企业发展战略相匹配的人才供应链。

人力资源运营管理的数字化思维指的是在梳理与完善企业人力资源管理流程的过程中，充分发挥数字化平台的价值，尽可能实现“制度流程化、流程表单化、表单信息化”的高效运作。

◆智能化的员工服务

企业人力资源管理工作面向的是员工。随着市场竞争愈演愈烈、关键人才缺口日益增大，越来越多的企业开始重视员工相关的配套服务。企业为员工提供优质的、多元化的服务，不仅可以提升员工的工作体验、激发员工的个人潜力，还能达到降本增效的目的。

智能化的员工服务主要包括两个层面的含义，如表1–9所示。

表1–9　智能化的员工服务的两层含义

含义	具体内容
服务内容应该全方位涵盖全生命周期	员工在企业中的生命周期指的是员工从接受企业给出的Offer到离职的整个时间段。企业的人力资源管理部门应该围绕员工整个生命周期的需求为其提供全方位的服务。进入数字化时代后，个体工作与生活的边界越来越模糊，为了提升员工的体验，企业所提供的员工服务应该是全方位的，除常规的人事服务外，还应该尽可能涵盖与员工工作和生活相关的方方面面，例如员工的居住、出行等
服务接入方式应该是全渠道的智能化服务	随着5G等技术不断发展，能够接入统一网络的端口越来越多。企业为员工提供服务时，应该依据各种应用场景提供不同的服务接入渠道，例如自助终端机、企业公众号、Web门户，小程序等，让员工能够随时随地与企业连接。语音识别、人工智能等相关技术的商业化普及与应用，也使得员工能够获得更加智能化、数字化的体验

◆数字化的人才管理

数字化时代的到来不仅催生了全新的商业模式，也迫使传统企业调整自己的战略。企业运营需要落实到具体的个人，对人才进行数字化管理是数字化时代企业转型的重要内容。

（1）人才的吸引与招聘

进入数字化时代后，企业对人才的需求更加强烈，要吸引和招聘到合适的人才，首先需要塑造良好的企业形象，其次应该将数字化技术应用到人才吸引和招聘的过程中，如表1–10所示。

表 1-10　数字化技术在人才吸引和招聘领域的应用

应用领域	具体应用
人才筛选和甄别	通常情况下，规模越大的企业，招聘任务也越发繁重，将人工智能等技术应用到企业的招聘过程中，能够对人才进行自动化、智能化筛选和甄别。例如数字化人才画像管理系统可以自动生成人才画像，不需要HR借助各种工具对用人部门的人才需求进行详细分析，只要输入数据就能获得详细且精准的人才画像，非常方便快捷
面试	借助语音识别、视频技术，智能招聘系统可以参与到企业的面试环节，与面试对象进行高效的沟通与交流
人才决策	通过大数据等技术可以分析行业内的人才需求、薪酬待遇等，为企业的人才决策提供参考

（2）员工的学习与发展

进入企业后，员工仍然需要学习，一方面是为了紧跟企业发展需要，另一方面是为了提升个体的价值。数字化技术在员工学习和发展的过程中具有极大的价值，具体表现在四个方面，如表1-11所示。

表 1-11　数字化技术在员工学习和发展领域的应用

应用领域	具体应用
学习模式	由以讲师为主导转变为以员工为主导，员工可以借助各种设备，充分利用碎片化时间，进行有针对性的学习
学习方案	通过收集的行业数据和员工个体数据，借助大数据技术可以制定出每个员工的个性化学习方案，并根据预定的学习计划进行自动学习内容的推送
学习平台	与以往企业中基于流程与职能的学习管理系统不同，数字化时代企业的学习平台更注重社交化
企业培训	与过去集中式的员工培训不同，借助于数字化平台，企业培训将融入企业的日常运营中，将企业打造成为学习型组织，以提升员工的价值，提高企业人力资本的回报率

（3）绩效管理与激励

目前，全球化的竞争压力越来越大、商业格局也在不断发生变化，在此形势下，大多数企业将管理的重心转移到绩效管理与激励中，通过建立持续的绩效管理流程，将员工的日常管理与企业战略目标的达成合二为一。在数字化时代背景下，企业的绩效管理与激励将主要体现为由数据驱动的绩效目标管理，通过实时的沟通进行绩效辅导，提升管理的敏捷度和灵活性，在充分调动员工积极性后，达到持续提升组织绩效的最终目的。

1.3.4　数字化的人才管理决策体系

过去，企业的人力资源部门进行人才管理主要基于已有的经验，这样的管理方式存在很多弊端。进入数字化时代后，企业可以通过大数据技术对所收集的内外部数据进行分析，进而进行更深层次的人才管理，提出具有前瞻性和智能化的人才管理决策。企业中数字化人才管理决策体系的建立，不仅有助于提升人力资源运营效能与人力资本投入和产出，更能够对企业的运营活动进行有效监控，为企业的长远发展提供助力。

企业在构建数字化人才管理决策体系时应重点关注以下三个方面：

（1）构建人力资源大数据仓库和数据分析体系

移动互联网的发展和大数据时代的到来，使得企业的运营活动面临更多的不确定性。企业制定任何一项决策时都需要进行全面的信息关联分析，但个体经验毕竟有限，基于个人经验所做出的决策可能会给企业发展带来一定的风险。企业想要做出科学的决策，就需要人力资源部门充分整合内外部数据（业务运营数据、财务数据、数字化工作场所员工行为数据等），构建人力资源大数据仓库和数据分析体系，通过数据驱动企业创新。

（2）建立场景化的分析模型

与以往主要依靠专业知识和经验的人力资源管理模式不同，企业数字化人才决策体系是将人力资源的专业知识与大数据算法相结合，从人才管理、组织运营与决策以及战略制定等场景出发，到业务场景验证，形成一个完整的模型化分析闭环。人力资源场景化分析模型的建立能够提高企业人力资源运营管理数字化的程度，挖掘人力资源大数据的价值，驱动决策智能化。

（3）建立数据化业务决策体系

在大数据时代，企业要充分发挥数据的价值，并在员工管理、业务运营以及战略制定等层面发挥业务流程化数字平台的价值，就需要建立数据化业务决策体系。具体到企业运营方面，数据化业务决策体系的应用场景主要有三个，如表1-12所示。

表 1–12　数据化业务决策体系的三大应用场景

应用场景	具体应用
企业管理者的日常管理	企业管理者在日常管理过程中需要了解员工的表现以及组织的效能，而数据化业务决策体系可以将管理者需要的内容进行定期推送，或者支持管理者实时查询
异常情况的及时预警	企业在发展过程中可能遇到各种各样的异常情况，管理者基于个人经验很难及时觉察，而数据化业务决策体系不仅可以及时发现异常情况，并且能够通过对指标间的关系进行智能分析，将相关信息推送给具体的负责人
员工的招聘和管理	企业在进行招聘或员工管理时往往需要了解行业内的相关情况，而数据化业务决策体系可以对行业内以及企业内的人员结构、薪资情况等进行分析，便于审批招聘需求等

数字化企业的人才管理创新需要将数字化思维融入与“人”的管理相关的各个方面，而在这个过程中，企业人力资源管理部门应该发挥其推动和引领作用，将人才在企业战略转型中的价值充分发挥出来。

1.4　科技赋能：AI时代的智能化招聘模式

1.4.1　科技驱动的招聘数字化转型

“你叫什么名字？”

“萨曼莎。”

“这名字从哪儿来的？”

“我自己取的。”

“你什么时候取的？”

“在你问我名字的时候，我想我确实需要一个名字，而且我想要给自己取一个好名字，所以我读了一本书：《怎样给宝宝取名》，然后我从18万个名字里选了自己最喜欢的一个。”

“什么时候？”

“在你问我的0.02秒里。”

这是电影《Her》中的一段经典对白，发生在男主与人工智能系统初次见面时，萨曼莎就是人工智能系统。在电影中，萨曼莎的语音、语调与人类一模一样，彻底颠覆了人们对人工智能的传统印象。

萨曼莎能够在0.02秒的时间里读完一本书，并从18万个名字中为自己挑选一个最喜欢的名字，足见其智能化程度已经达到了极高的水平，这也反映出人类对于人工智能无限的想象力与创造力。事实上，在现实生活中，科技的发展与运用早已超乎想象。

在过去的几年间，创新成为企业发展的重要动力，而且创新早已超越了产品和技术的范畴，拓展到战略、服务、组织、制度、管理、营销、文化等各个领域。创新是人类智力劳动的成果，人是创新活动的核心要素。在现代社会，人才管理是HR的一项重点工作，对于HR来说，做好人力资源管理，激发员工的创新潜能是一项重要的工作目标。

企业HR的主要工作就是选才、育才、用才、留才，为企业储备丰富的人才资源，为企业各项业务的开展提供强有力的人才支持。但有研究发现，在实际工作中，大多数HR的核心工作是从事人力资源规划、绩效管理、员工招聘三项工作，而在实际工作中大部分时间则是停留在人事服务上。

1997年，戴维·尤里奇提出人力资源管理三支柱模型，三支柱分别是COE（Center Of Expertise，专家中心）、HRBP（HR Business Partner，人力资源业务伙伴）和SSC（Shared Services Center，共享服务中心）。虽然这一模型引入我国已经近十年，但大多数企业仍没有对HRBP、SSC、COE的职能做出明确划分，大多数HR对自己扮演的角色以及工作职责没有明确认知，传统的人事服务仍是主要的工作内容。在这种情况下，我国人力资源管理亟须改革，而科技将在其中扮演重要角色。事实上，科技赋能人力资源管理早已不是什么新鲜话题。

在人力资源管理的各项工作中，最早实现与数字化结合的就是招聘，电话招聘、网络招聘是典型代表。随着互联网不断发展，尤其是这两年新冠肺炎疫情的全球蔓延，视频面试逐渐取代了电话面试，招聘App、社交软件和垂直化的招聘工具逐渐取代了招聘网页，推动招聘向着数字化的方向进一步发展。随着数字化、视频技术、认知技术不断发展，招聘方式不断改变，招聘人员的身份也发生了较大改变，从简单的人才搜寻者转变为求职者关系的构建者和管理者。

在数字化时代，人力资源管理部门要具备高效组建项目团队的能力。为了做到这一点，企业要创建数字化的人才库，对人才进行有效管理。除此之外，企业还要关注互联网大数据。HR通过互联网大数据获取人才信息的方式有两种，一种是通过专业的招聘网站获取人才信息；另一种是通过互联网社交平台获取人才信息。

麦肯锡与领英联合发布的一份研究报告认为，未来十年，以社交平台为基础建立起来的在线人才平台将释放出巨大的能量，而且有可能产生更加专业的职业社交网站。作为全球最大的职业社交网站，领英在2021年10月宣布在中国市场进行战略转型，并在12月发布了一款新应用——“领英职场”，开启了连接职业机会的新篇章。借助这款应用，普通用户可以寻找新的工作机会，并与职业“猎头”保持连接，接受来自招聘人员的工作邀约；企业客户可以在全世界范围内搜寻所需人才，甚至可以寻找拓展海外市场的机会，打造国际化品牌。总而言之，这款新应用可以极大地拓展招聘人员的人脉关系，为他们寻找合适的员工提供更丰富的渠道，同时也为企业提供了一个展示的舞台，更积极主动地连接有意向的候选人。

1.4.2 智能时代的人才招聘新路径

在数字化时代，企业开始倾向于招聘年轻、有数字化意识与能力的员工，这些员工倾向于借助一体化、数字化系统与应用提高工作效率。为满足员工的这一需求，人力资源部门要创建一个良好的环境。

大型企业发现，仅凭借数字化技术、人工智能技术是无法完全提升招聘体验的。尤其是在人才供不应求的情况下，企业为了招聘到所需人才，要创造一个令求职者满意的方式，在招聘时要注重求职者的体验。在这种情况下，企业的招聘压力无形中增大了，需要人力资源部门的各模块相互协作。

◆数字化体验：提高招聘成功率

在数字化时代，应聘者希望通过多元化的渠道了解企业信息，希望获得真实的工作体验以做出正确的职业选择。

为了增强对求职者的吸引力，企业要创建数字化品牌，保证各类网站中的企业信息与求职者通过数字化体验获得的信息一致。IBM 的认知技术平台 Watson 利用积累的社交数据与信息开发了一系列相关技术与平台，有的平台可以对空缺职位进行排序，有的平台可以对组织及竞争对手的评论进行实时追踪，有的平台可以通过一个基于职业体验和技能的"匹配度评分"系统为求职者分配工作等。

另外，通过数字化技术优化甄选手段还可以带给求职者更极致的应聘体验。为了提高招聘的成功率，一些企业引入了工作模拟软件，该软件可以向求职者分配未来需要承担的工作任务，让求职者判断自己能否胜任这项工作。另外，还有一些企业会通过视频展示工作内容与技能要求，例如 Skill Scout 制作的短片《运转中的工作职位》，可以让求职者提前了解工作内容与技能要求，进而做出合理判断。

◆数字化工具：更高效的甄选方式

在企业招聘领域，很多人认为如果不采用结构化面试及评价中心方法，就无法做出科学决策，无法招聘到合适的人才。但对于 HR 来说，结构化面试流程复杂，需要投入很多时间与精力，并且在这个过程中，一些求职者会产生负面情绪。

引入数字化工具之后，人才甄选环节发生了较大改变。联合利华探索游戏化、视频化的面试方式，以期创造一个全数字化的应届生招聘流程。为此，联合利华与游戏解决方案提供商 Pymetrics 达成合作，围绕人才甄选开发了 13 款游戏，可以对求职者的各项能力做出综合判断，包括解决问题的能力、沟通风格、性格等，有利于 HR 全面了解求职者，做出更合理的聘用决策。

有研究表明，目前在全球适龄的劳动人口中，处于兼职状态或者失业状态的人群占比达到了 30%～50%，仅中国就有 24% 的企业因为找不到合适的人才存在职位空缺。这种供需错位也是促使数字化技术在招聘环节广泛应用的重要原因。

人工智能和其他技术承担了人才甄选工作，极大地提高招聘效率，推动人力资源管理工作发生极大的改变。在此形势下，企业的招聘人员可以采用新技术获取人才，更多地与求职者、员工开展情感层面的交流，提高自己建立人际关系的能力，与求职者建立情感联结，增强求职者对公司的认同，并引导求职者通过改变工作态度与方法提高工作效率。

1.4.3 机器人在招聘中的实践应用

对于HR来说，为企业选拔到优秀、合适的人才是其价值的重要体现。传统的员工招聘过程比较烦琐，HR需要从海量简历中筛选出符合要求的求职者，然后通过电话邀请求职者前来面试。这项工作说起来简单，实则任务量巨大。尤其是在招聘的高峰期，仅筛选简历一项就要消耗HR大量的时间与精力，更何况，HR的工作不只是筛选简历，还要保证候选人的质量和工作效率。为了简化招聘流程，提高招聘效率，将HR从这项繁重的工作任务中解放出来，一些企业引进了先进科技。

2021年6月，第四届世界互联网大会在浙江乌镇成功召开。在此次大会的创新发布区，辈出科技发布了中国第一台招聘机器人——“小辈”，帮助人力资源管理者提高招聘效率。

每年9月、10月都是招聘的高峰期，在这段时间，一位招聘人员一天要浏览几十份甚至上百份简历，而且要对每一份简历进行评估。“小辈”利用先进技术，可以辅助招聘人员开展许多工作，例如自动筛选简历，从教育背景、工作经验等内容中快速提取关键词，获得符合要求的简历。

然后将这些简历与岗位描述进行对比，对简历进行综合评分，提供给HR进一步筛选。当HR确定邀约候选人之后，电话机器人会自动打电话确认候选人的求职意向，并将整个通话过程记录下来，向HR反馈邀约结果。在整个过程中，HR只需跟进邀约结果即可。

传统的面试邀约，邀约成功后，如果候选人在外地，企业可能需要承担因为面试产生的差旅费，但最终不是所有的候选人都会被录用。这样一来，企业的招聘成本就会提升。

为了解决这一问题，深圳市纷享科技有限公司推出了iHR全流程自助解决方案。

iHR的远程招聘终端支持开展异地面试，企业招聘人员可以通过在线答题、视频面试等方式对候选人进行全面评估，并根据企业的招聘要求将评估结果反馈给面试者。反馈方式有很多，包括现场反馈、短信反馈或者邮件反馈等。确定录用人选之后拟定录用名单，下发入职通知。在新员工入职当天，HR为新员工办理入职手续时，iHR的入职自助服务终端可以提供快捷服务，帮助新员工快速完成入职流程。

一些大型企业在不同城市设置了办公地点，由于业务发展需要不断招聘员工，而人力资源部负责行政工作的人员数量比较少，人事服务工作效率较低，耗时较长，尤其是远程的人事服务工作，耗时更长。

为了对员工进行统一管理，提高人事服务工作的工作效率，文思海辉推出了iConnect智能远程服务一体机，可以根据不同办公区域的需要设置不同的人事服务模式，远程办理人事手续，支持员工自助申请服务、领取工卡，让员工享受到便捷的服务，同时还能提高工作效率，降低人力资源部门的服务成本。

与人类相比，机器人最大的优势就在于可以全天24小时高效率地工作，既不会感觉工作压力大，也不会因为情绪波动影响工作。基于这些优势，机器人非常适合担任人力资源部门助理一职。探索与机器人的结合，用“1+1”的服务模式，将可以大大提升HR的效能。

在人力资源管理的各项工作中，人事服务工作的重要性不高，但复杂程度却不小，消耗了人力资源管理人员的大量时间。进入人工智能时代之后，随着机器人的智能化水平不断提升，各项新兴技术涌入职场，智能化办公、智能化人力资源管理将成为必然趋势。

随着人工智能参与到人力资源管理中来，帮助人力资源管理人员分担众多烦琐的工作，人力资源管理人员可以将更多时间与精力投入到人力资源规划中，成为“企业的第二号人物”，围绕人才激励、人才培养、人才发展、人才的长久留用制订出更完善的方案。

1.4.4 科技向善：让HR更有温度

用人、留人、人才激励与成长都离不开企业对员工的关怀。为了让员工感受到企业的温暖，HR要在员工关怀方面投入许多时间与精力，在各方面为员工着想。HR除了要做好员工培训，为员工制定个人职业发展规划外，还要与员工进行情感交流与互动。

我国传统的儒家思想非常看重“人”的地位，强调重视人的差异，关心人、关怀人。但在现代企业管理中，大多数企业更倾向于用规章制度约束人，迟到罚款、旷工罚款、请假罚款，以罚代管。员工丝毫感受不到温暖，自然不会将个人发展目标与企业发展目标绑定。进入互联网时代之后，一方面因为人才对高薪资、高福利的追求，另一方面因为人才对企业没有归属感，导致人才跳槽的现象变得越来越严重。

在这种情况下，企业想要留住人才，除了升职加薪外，还要给予人才无微不至的关怀，甚至需要根据人才的需要为其提供定制化的服务。例如，感受人才的情绪变化，在人才产生失落、沮丧等负面情绪时及时了解情况，进行开导，帮忙解决问题。

其实，很多企业都明白关心员工的重要性，但都无法真正做到关心员工，就是因为关心员工需要耗费太多的精力，仅凭几名HR人员很难做到。更有甚者，很多企业的HR人员都无法感受到被关心、被尊重，因此关心员工自然成为纸上谈兵。仍以察觉人的情绪变化为例，在实际工作的过程中，每个人都有可能产生负面情绪。HR人员无法实时关注所有员工的情绪变化，但技术却可以。

在大数据时代，科研工作者们夜以继日地研发新技术、新应用，就是为了实现人机互动，满足人类的需求。在人力资源领域，人工智能的加入不仅可以推动办公场所实现智能化升级，满足员工的外在需求，而且可以满足员工的内在需求。

在人工智能技术的助力下，人力资源领域一些程序化工作的工作效率可以得到明显提升。智能机器人可以将HR人员从烦琐的工作中解脱出来，例如筛选简历、回答重复性问题等，同时还可以代替HR人员与员工进行情感交流，感受员工的情绪，以贴近人类的语音、语调、语气安慰员工，帮助员工纾解烦恼。机器与人交流早已不是什么新鲜事儿，但让机器感知人的思想与情绪听起来似乎不太可能。但是随着时代的进步，运用AI，大数据以及虚拟现实的技术，这方面必然会迎来重大的突破。

情绪感知是以自然语言理解与意图识别为基础，通过对图像、声音、文字的识别而实现的。HR助力机器人通过机器感知与真人关怀相结合，可以很好地帮助员工放松心情、释放压力。2021年10月19日，清华大学推出的首个虚拟原创学生华智冰，其脸部、声音都是通过人工智能模型生成的，是具有丰富知识、与人类有良好交互能力的机器人，甚至还能创作音乐、诗词和绘画作品。

在自然语言交互和自然语言理解技术的支持下，HR对话机器人不仅可以和员工对话，还可以通过对话了解员工的真实想法，引导员工进行情感表达，甚至通过基于交互数据的文本分析与情感分析了解员工的需求，支持人力资源部门有针对性地制定员工培训方案与员工福利政策，让员工感受到企业的关怀，从而增强对企业的归属感。

随着人工智能、大数据等技术的不断发展，技术早已走出实验室，融入人们的工作与生活，例如身边触手可及的自助服务终端、人工智能系统等。对于HR人员来说，人工智能技术的引入让他们感受到了科技带来的便利。未来，以人工智能为代表的新一代信息技术将会以更多元化的方式融入人力资源管理，推动企业的人力资源管理工作迈向一个全新的发展阶段。

1.4.5 大数据时代HR的机遇与挑战

◆大数据给HR管理带来的机遇

企业的人力资源管理需要使用大量数据，通过数据分析可以获得很多有价值的信息，为员工筛选与培训、人力资源规划等工作提供科学的支持。进入大数据时代后，大量数据在人力资源管理领域的广泛应用，可以推动人力资源管理工作迈上一个新台阶。具体来看，大数据在人力资源管理领域的应用主要表现在三个方面，如图1-4所示。

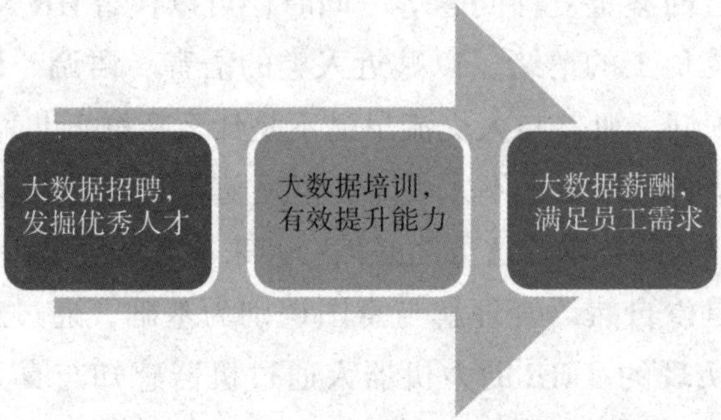

图1-4　大数据在人力资源管理领域的三大应用

（1）大数据招聘，发掘优秀人才

现阶段，企业的竞争早已转变为人才的竞争。对于HR来说，为企业选拔到合适的人才是一项重要工作。为此，HR需要利用大数据对人才数据进行分析，对表现优秀员工的胜任力特征进行归纳总结，为人才选拔提供更多可衡量的依据，降低对招聘人员经验与直觉的依赖，提高招聘效率，增强考评信度，构建一套更为科学的招聘制度。

另外，在大数据时代，HR可以借助各种社交网络，利用引擎搜索技术快速定位人才，找到隐形候选人，快速获取候选人的个人能力、就业倾向等信息，对候选人的情况做出全面且清晰的评估，对候选人进行细分，增加候选人数量，扩大候选人范围，以招聘到合适的候选人，同时降低招聘风险与人才招聘成本。

（2）大数据培训，有效提升能力

在现代企业的人力资源管理中，员工培训是非常重要的一环，不仅可以提高员工的职业技能和综合素质，还可以提高企业的整体竞争力。对于企业来说，员工培训是一项长期投资。为保证培训效果，员工培训要立足于员工需求，制订符合员工实际情况的培训计划，否则不仅达不到应有的效果，还会造成员工时间与公司资源的双重浪费，增加企业的管理成本。

在大数据时代，人力资源部门可以通过大数据分析发现员工感兴趣的培训内容与喜欢的学习方式，制定科学的培训计划与个性化的培训内容，利用大数据对员工的日常表现进行隐性分析，结合问卷调查对员工的显性需求进行挖掘，并对企业现有资源进行整合，制订出既能够提升员工能力，又能够满足公司发展需求的员工培训方案。

（3）大数据薪酬，满足员工需求

进入知识经济时代以来，人才竞争愈演愈烈，在众多吸引人才、激励人才、挽留人才的手段中，薪酬激励是最为有效的手段。一套合理的薪酬管理制度可以提高企业的整体竞争力，帮助企业在人才竞争中占据有利地位。

在薪酬制定方面，大数据技术的应用不仅可以帮助薪酬管理人员了解同行业该岗位的平均工资水平，从而根据企业的实际情况制定出符合市场水平的岗位工资，还可以实时了解行业劳动力薪酬的发展态势，通过具有竞争力的薪酬吸引人才。

在大数据技术的支持下，薪酬管理人员不仅可以制定合理的薪酬制度，还可以对员工离职与薪酬之间的关系进行分析。一旦发现薪酬是导致员工离职的主要原因，薪酬管理人员要及时调整薪资水平，留住优秀员工。

◆大数据给HR管理带来的挑战

大数据的应用给人力资源管理工作带来了三大挑战，如图1-5所示。

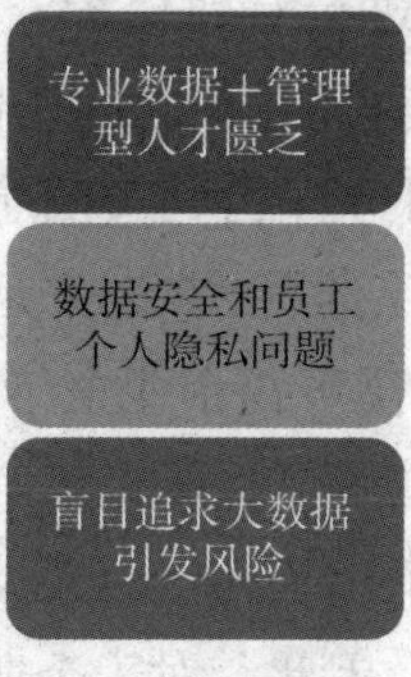

图1-5　大数据给人力资源管理工作带来的三大挑战

（1）专业数据＋管理型人才匮乏

HR应用大数据进行人力资源管理需要具备双重能力，一是大数据应用能力；二是管理领域的专业知识。也就是说，HR不仅要具备数据收集与分析能力，还要合理使用数据做好人才管理。在传统的人力资源管理过程中，HR往往是根据管理经验或条款政策制定决策，先得出结论与政策，再利用数据对政策的可行性进行验证。大数据的应用改变了这一流程，HR可以先通过数据分析找到关系，得出结论，再制定决策，切实提高决策的科学性与准确性。

因此，企业的人力资源管理引入大数据之后，HR要改变传统的思维方式与工作方式，不仅要及时掌握海量数据，还要具备数据分析与处理能力，形成以数据为导向的管理理念，改变传统以经验为导向的管理模式，将数据融入管理，切实提高管理效率与管理水平。

（2）数据安全和员工个人隐私问题

大数据时代倡导开放透明、数据共享，在此形势下，如何在提高信息透明度的同时保证信息安全成为一大难题。企业将大数据引入人力资源管理，必须做好员工个人数据搜集与隐私保护工作。企业的人力资源管理工作涉及的员工信息非常多，不仅包括员工姓名、性别、年龄等基本信息，还包括考勤信息、绩效指标、岗位工作年限、薪酬工资等信息。

为了掌握更准确的信息，企业往往会在最大程度上搜集全面、详尽的数据，在此情况下，员工的个人信息保护就成了一个关键问题。如果企业无法对员工个人的数据信息进行有效保护与管理，导致员工个人信息泄露，不仅会造成人才流失，还可能陷入法律纠纷。

2018年，国际航空集团旗下子公司英国航空公司因50万名客户资料被泄露，被开出了1.83亿英镑（约合2.3亿美元）的罚单。根据欧盟《通用数据保护条例》，信息泄露最高可罚企业全年收入的4%。在国内，企业或个人因售卖客户数据被判罚的案例也屡见不鲜，2016年，智联招聘主动向公安机关报案，员工申某私下出售几十万条网站上的个人简历，最终申某被判处有期徒刑三年六个月。因此，对于企业来说，保护员工与客户的信息安全是一件大事。2021年8月，国家通过《中华人民共和国个人信息保护法》，从国家、社会、企业、个人的维度提升数据安全的重要性，强化保护个人信息权益，规范个人信息处理活动，促进个人信息的合理利用。

（3）盲目追求大数据引发风险

首先，在引入大数据之前，企业要明确人力资源管理中现存的问题，判断是否需要将大数据引入人力资源管理。企业因为盲目跟风引入大数据，会使原有的人力资源管理模式被破坏，导致人力资源管理流程变得混乱不堪，人力资源管理体系崩溃，就会变得得不偿失。

其次，企业要明确发展方向，结合自身规模，对引入大数据的成本与收益进行衡量。对于企业来说，引入大数据需要投入不少人力、物力。如果成本大于收益，应该果断放弃；如果收益大于成本，则可以考虑引入。

最后，企业人力资源管理利用大数据预测员工的成长曲线与离职倾向时，一般采用主观性较强的方法，预测的准确度较差。在这种情况下，如果HR一味地依赖大数据，完全按照大数据分析结果制定人事决策，很有可能会导致决策错误。

也就是说，面对大数据，企业的HR和管理者要保持理智，要认识到大数据只是一种辅助做好企业管理的工具，可以利用大数据对人力资源管理提供的数据进行定向分析，根据分析结果进行决策，充分发挥主观能动性，启发创新思维，创新人力资源管理理念与模式，提高人力资源管理水平，但不能将大数据视为解决一切问题的法宝，对其产生较强依赖。

1.4.6 构建数字化时代的人才供应链

在传统的供应链中，一个节点管理一段供应链，这段供应链被称为“阶段供应链”。在整个供应链体系中，没有任何一个节点可以总揽大局，与其他所有节点发生关联。随着共享经济、平台经济的不断发展，供应链管理逐渐演变成由点、线、网构成的全链条平台生态，通过数字化、智能化打通各个业务链条，实现链条耦合、闭环管理、高效协同。这样一来，现代供应链就具备了数字化、智能化、平台化及服务化的特点。

◆ “供应链”与“人才供应链”

在企业发展过程中，人才链与生产链同样扮演着十分重要的角色。从人才链的角度看，人力资源管理是一个涵盖人才采购、人才再生产、人才供应三大环节的网链结构，这种结构与生产链的结构非常相似，如图1–6、图1–7所示。因此，人力资源管理可以借鉴供应链思维，以满足企业的用人需求为目标，通过实时的信息共享将人才供应商、人力资源部门和用人部门串联在一起，对人力资源进行集成化、系统化管理，推动人才流、资金流与信息流相互融合。

图1–6 供应链管理模型

图1–7 人才链管理模型

◆现代供应链思维升级与人才供应链重构

随着数字化不断发展，人类社会将进入复杂性、模糊性与不确定性交织的VUCA时代。在这个时代，面对复杂多变的外界环境，企业要利用数字化工具、供应链思维提高组织的韧性，提高组织应对变化的能力。供应链思维如图1–8所示。

传统供应链是一个静态的模型，强调连接，不在乎边界。数字化时代的现代供应链强调共享、共创、共演，以应对各种不确定性。在共享经济模式下，企业要在更大范围内共享资源，快速组建一个小团队应对不断变化的市场与环境，提高供应链管理的灵活性。企业可以借鉴这种理论与思维打造现代化的人才供应链体系，通过迎合时代发展趋势对人才供应链体系进行设计与应用。

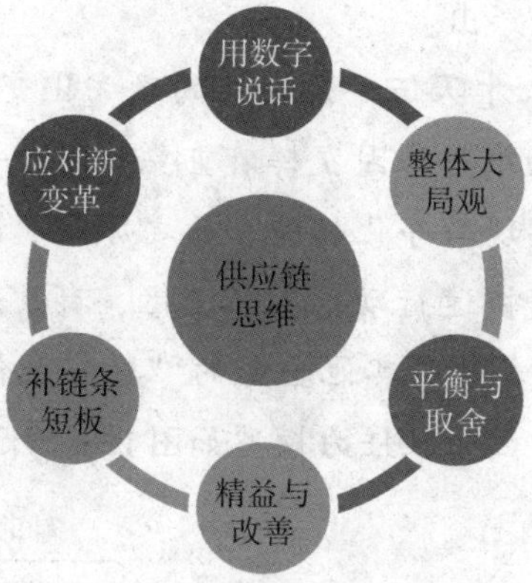

图 1-8 供应链思维

（1）借助数字化工具实现智能化运作

进入互联网时代以来，随着经济快速发展以及消费需求不断升级，消费者产生了越来越多的个性化需求，使得市场进一步细分，小众化市场快速发展。在这种情况下，传统经济学强调的规模化生产理念与模式不再适用，数字化变得越来越重要。在数字化工具的支持下，供应链前端个性化、后端规模化的设想得以落地实现。在这种模式下，数据可能作为一种生产要素嵌入整个生产过程及信息系统，推动生产链的各个环节及流程重新配置，提高整个供应链的运行效率与服务质量。

在数字化时代，人才流动呈现出高频次、高速度、大规模的特点，内部需求更加复杂多样。人才供应链涵盖了多个环节，各个环节都处在实时变化中，想要提高人才配置效率，必须全面、及时、准确地掌握供应链上的所有信息，对整个供应链进行科学管理。近几年，越来越多的企业开始向数字化方向转型发展，在打造人才供应链的过程中要特别注意管理过程的数字化以及人才队伍的数字化，并呈现出以下特点：

- 颠覆传统的经验主义模式，根据实际绩效创建数字化模型与标准，促使数字化工具在选人、用人、育人、留人等环节广泛应用，将人才定义、测评、考核、配置等过程逐渐由定性转变为定量，在最大程度上将人力资源能力转变为绩效产出。

● 打造数字化的人才队伍，为企业的数字化变革提供强有力的支持。在人的成长过程中，思维与基因发挥着重要作用。一个人拥有数字化思维与基因，就比较容易实现数字化转型，反之亦然。因此，企业在设计人才标准时要转变思维，将快速行动、不断进化、有效落地纳入新标准，打造“数字胜任力”模型或者参照其他企业的“数字胜任力”模型，识别并培养数字化人才。企业的数字胜任力模型如图1–9所示。

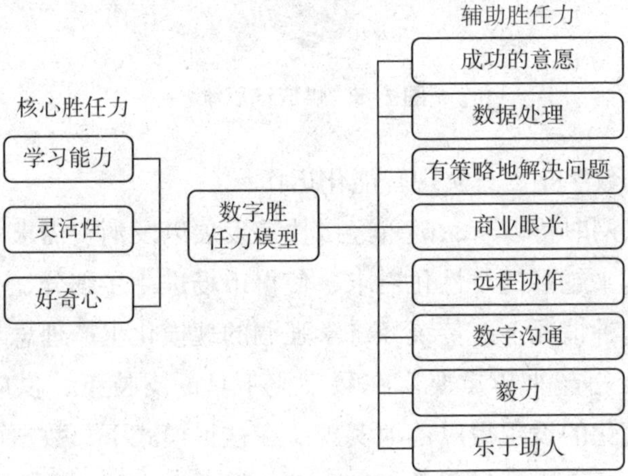

图1–9　数字胜任力模型

（2）通过平台化方式构建服务化管理范式

随着产业模式不断升级，产业、组织和技术都发生了巨大变革。在此形势下，现代供应链将向着平台化的方向不断发展，其背后是组织模式的平台化以及管理的柔性化。

在数字化时代，无论人才供应链还是企业管理都要用“平台化”代替“中心化”。“中心化”的发展理念强调的是集中资源封闭运行；“平台化”则是一个比较开放的概念，强调资源整合，让资源在组织内共享，构建一个前端可以灵活响应、后端可以实现规模化管理的管理模式。

组织管理领域潜藏的巨大红利，正是通过对组织管理模式的创新才能实现快速发展，如阿里巴巴、小米等企业。传统的组织管理遵循“自上而下”的模式，先做好顶层设计，再逐渐细分。但进入数字化时代之后，社会环境、时代需求的变化速度越来越快，传统的自上而下的管理模式显得过于僵硬。如果没有持续优化的机制提供支持与助力，很有可能导致企业无法灵活应对市场变化，失去活力。“平台化”为这个问题提供了有效的解决方案，可以切实提高组织运行效率。例如，海尔通过“平台化”去除了中间层，通过小微化、创客化直接对接用户需求，从被动响应转变为主动迎合。

无论是供应链系统还是供应链生态，无论是采购供应链还是人力供应链，在数字化时代都要向着数字化方向转型，引入数字化工具，培养平台化思维，打破边界，真正实现共生、共创、共演，为企业的数字化转型提供强有力的支持。

第2章
招聘需求分析

2.1 精准把脉：招聘需求分析的4个维度

2.1.1 企业外部招聘环境分析

企业组织招聘首先要明确招聘需求，而明确招聘需求首先要对招聘需求进行分析，也就是对企业的人力资源配置状况和人力资源需求进行分析，结合内外部环境的变化，明确员工需求。

企业在发展过程中，随着业务结构不断调整，会导致人员需求发生变化，需要用人部门与人力资源部门对用人需求进行分析，进而做出招聘决定。因此，企业要将招聘工作纳入人力资源管理的范畴，对招聘活动的环境及其影响进行全面分析。

一般来说，可能对企业招聘活动造成影响的环境因素包括两大类，一类是外部环境因素，包括宏观经济条件、劳动力市场、法律法规等；另一类是内部环境因素，包括企业需求、企业条件、职位要求、行业状况、公司管理风格等，如图2-1所示。

下面我们对影响企业招聘的外部环境因素进行具体分析。

（1）经济条件

宏观的市场环境、经济条件会对企业的经济活动造成较大影响，招聘活动也是如此。经济环境发生变化，企业的用人需求也会发生调整。因为随着社会经济不断发展，人们对产品与服务的需求会发生改变，进而会对提供这类产品或服务的企业的用人需求造成影响。例如，随着经济不断发展，生活水平不断提升，旅游市场空前繁荣，旅游人数不断增加，导致旅行社对导游的需求量大幅增加；电子商务的快速发展带动快递行业飞速发展，使得快递企业对快递员的需求量始终居高不下；随着点外卖成为一种主流的生活方式，美团、饿了么等外卖平台对外卖配送员的需求量也始终保持在高位。

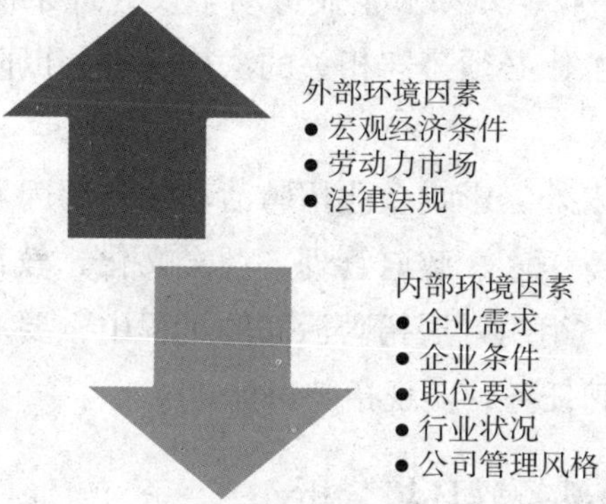

图 2–1　影响企业招聘活动的环境因素

由此可见，经济条件会对招聘活动造成巨大影响。因此，企业在开展招聘活动之前，要对经济条件进行综合分析，明确哪些是相关条件，这些相关条件会对企业的招聘活动产生哪些影响。

（2）劳动力市场

劳动力市场状况也会对企业的招聘计划造成影响。如果企业需要的员工在劳动力市场有充足供应，企业发布招聘信息之后就会吸引一大批求职者；反之，如果劳动力市场供应不足，就会增加招聘的难度。也就是说，企业能否招聘到合适的员工，一定程度上取决于劳动力市场的构成与资源数量。因此，企业在组织招聘之前，要对劳动力市场进行全面分析。

企业了解劳动力市场的一个方法就是查阅现有的资料。国家统计部门、企业所在省市的统计部门、人事和劳动保障部门会定期发布一些统计数据。此外，企业还可以直接对所关注的人力资源状况进行调查，例如对高校的毕业生源进行调查，与提供生源的院校保持合作，时刻关注目标生源的状况，及时了解院校可以为企业提供的目标人才的状况。还有很多的人力资源协会或组织也会定期发布行业数据，具有较强的参考性。

（3）法律法规

截至目前，我国已经以《中华人民共和国劳动法》为依据颁布了一系列与招聘、录用有关的法律法规，包括《劳动合同法》《集体合同规定》《未成年工特殊保护规定》和《企业劳动争议处理条例》等。企业制订招聘计划、开展招聘工作必须遵守相关的法律法规，以防在开展招聘活动的过程中产生法律纠纷。

除上述三大因素外，影响企业招聘活动的外部因素还有很多，包括社会技术变革、外部竞争者、政府管理、社会文化、教育状况等。因此，企业在制订招聘计划、组织开展招聘活动的过程中，要对外部因素进行充分考虑，顺利完成招聘任务，实现招聘目标。

2.1.2 企业内部招聘环境分析

影响企业招聘的内部环境因素指的是企业特定的战略规划和发展计划，这两大因素直接决定着企业的发展方向。下面对影响企业招聘的内部环境因素进行具体分析。

（1）企业需求分析

企业组织招聘活动首先要对企业需求进行分析，包括哪些岗位需要招聘员工、需要招聘哪种类型的员工、需要招聘多少员工、需要多长的招聘周期等。人力资源部门得到用人部门提出的用人需求后，需要处理一系列问题，与公司领导、部门领导沟通交流，了解用人部门的具体需求，例如用人需求产生的原因，是业务扩展导致的，还是现有岗位人员无法胜任导致的，或者是员工离职导致的，还包括招聘的期望、人才画像、招聘时间、招聘成本等相关问题。

（2）企业条件分析

招聘是企业与人才的双向选择，企业在选拔人才的同时，人才也在评判企业。如果将企业视为一件商品，求职者就是消费者，他们会根据自身的条件、企业的条件做出选择。因此，企业要对自身条件进行分析，明确吸引人才的砝码。

一般来说，企业吸引人才的砝码包括薪资福利、职位待遇、公司规模、发展前景、公司品牌、老板魅力、地理位置等。企业的砝码有多大，对人才的吸引力就有多大。因此，企业在招聘过程中要明确自身的定位，根据自身条件选择需要的人才。

（3）职位要求分析

企业在组织开展招聘活动之前要进行职位分析，明确用人岗位需要哪种类型的人才，需要人才具备哪些素质与能力。一般来说，职位要求内容主要包括知识、技能、经验、自我认知、社会角色、动机、工作条件等。

职位要求分析、职位说明书的拟定都需要用人部门参与。职位说明书是对该岗位员工的基本要求，实际招聘过程中还要对业务发展与人员结构进行综合考虑，业务发展阶段不同，对员工的需求也不同。人员结构包括人员性格匹配和人才梯队建设，尽量做到员工的工作经验、能力素质、人际关系互补。除此之外，职位分析还要明确工作内容，因为只有明确工作内容才能明确需要的员工类型。

（4）行业状况分析

企业在组织开展招聘活动之前，要对整个行业的发展状况进行分析，包括同行业同类岗位的待遇情况与竞争情况，根据同行业同类公司的标准设计自己的标准。同时，企业还要明确人才竞争状况，根据整个行业的人才状况对人才的价值进行评估，并设定标准条件。如果某类人才的行业竞争比较激烈，企业可以抢先下手，提前将人才吸引到相应的部门中来。

（5）公司管理风格分析

企业在组织招聘之前，要对自身的管理风格进行分析，保证新入职员工的性格与部门特点相匹配。在一家企业，部门特点深受企业文化的影响，而企业文化又深受创始人和高层领导经营理念与管理风格的影响，因此企业文化会影响员工招聘。例如，华为提倡的狼性文化比较强势、富有冲击力，中兴则比较实在、稳当，两家企业的企业文化不同、管理风格不同，因此招聘需求也不同。

2.1.3 人力资源配置状况分析

企业人力资源配置指的是人与事的配置，通过人与事相互协调、相互配合，对员工进行开发利用，实现企业的发展目标。企业在组织招聘工作之前，要根据人力资源规划对现有的人力资源配置情况进行分析，明确岗位对员工的需求。企业人员需求不仅深受外部环境因素的影响，还深受自身因素的影响，例如老员工退休、员工离职、员工休假等都会造成职位空缺，需要招聘合适的员工进行补充。

企业人力资源配置状况分析需要考虑人与事的关系、人自身状况等要素，具体内容如表2-1所示。

表 2-1　企业人力资源配置需要考虑的四大因素

需考虑的因素	具体内容
人与事总量配置分析	人与事总量配置分析需要考虑人与事的数量关系是否对应，即需要安排多少人做多少事。随着企业不断发展，这种数量关系会不断改变
人与事结构配置分析	人与事的结构配置指的是要根据事情性质与特点选拔专门的人才，充分发挥人才的能力与作用，做到人尽其才、才尽其用
人与事质量配置分析	人力资源管理的根本任务是对人力资源进行优化配置，提高人力资源投入产出比，提高人力资源利用率，根据员工的身体状况、受教育程度、实践经验等因素将其安排在合适的岗位上，保证员工的工作能力与岗位要求相适应
人与工作负荷是否合理	工作量必须与员工的承受能力相适应，工作量设计的合理性对员工身心健康有着直接影响，工作量过多或者过少都会导致人力资源配置不合理

2.1.4 市场岗位人才供应分析

做好上述分析基本可以明确岗位人才的招聘需求，但在某些特殊情况下，企业可能无法找到符合需要的人才。导致这种情况发生的原因有两点：一是企业主体较多，行业竞争充分，人才市场竞争比较激烈，导致人才供不应求；二是处在新兴行业，市场上没有成熟的人才可用，需要企业自行培养。

如果人才市场竞争比较激烈，企业不仅很难招到合适的人才，而且人才招聘成本会大幅增加。在这种情况下，企业可以尝试调整用人岗位的需求，适当降低要求，或者分解工作职责，招聘综合素质好、能力提升空间大的员工慢慢培养。如果是新兴行业，市场上没有成熟的人才，再加上岗位需求一直处于变化状态，企业可以招聘有发展潜力的人才进行培养，例如招聘应届毕业生或者有类似经验的人。

在人才招聘过程中，HR要根据现有资源与人才市场供应情况对人才招聘要求进行调整，如果无法招聘到完全符合条件的人才，可以适当降低要求，选择一个折中的方案。总而言之，人才招聘管理就是要根据岗位职责与任职要求明确人才招聘的基本需求，通过现有团队搭配分析人才招聘与团队效能之间的关系，通过人才市场供应分析确定一套可行的人才招聘方案，保证人才招聘的质量与效果。

2.2　实战流程：招聘需求分析的关键要点

2.2.1　问询：与用人部门详细沟通

HR想要做好招聘需求分析，必须与用人部门沟通，引导用人部门负责人改变需求或者完善需求。与用人部门沟通，问询是必不可少的一件事。HR要提前准备好问询内容，问询的问题可以遵循从上到下、从宏观到微观的原则，覆盖行业、公司、部门、职位等各个方面。具体来看，问询的问题主要包括四类，如图2–2所示。

询问行业和公司信息	• 询问行业发展情况、商业模式、业务竞争情况等 • 可以使用行业价值链、五力模型、SWOT分析法等
询问部门和团队信息	• 询问团队成员的性别、年龄、性格、能力等，了解团队成员的来源，从这些信息中挖掘亮点，总结职位吸引点
询问职位信息	• 向用人经理询问职位信息，与用人经理一起分析职位的吸引力
询问招聘标准和访寻方向	• 向用人经理询问招聘标准或者人才画像，可以根据“冰山模型”，从知识、技能、经验、行为能力、个性特质、动机价值观六个维度对用人需求进行梳理

图2–2　问询的四类问题

◆询问行业和公司信息

HR要提前了解行业信息和公司信息，在与用人部门沟通的过程中询问这两个方面的信息。在这个过程中，HR可以使用的工具有很多，具体包括行业价值链、波特五力模型①、SWOT分析法②等。HR通过询问行业发展情况、商业模式、业务竞争情况等，可以增进对公司业务的了解，为用人经理提出有效建议，同时也可以对用人经理的战略思维、商业敏感度做出合理判断。

同时，HR可以利用麦肯锡7S模型进一步了解公司情况。麦肯锡7S模型简称7S模型，具体指结构（Structure）、制度（System）、风格（Style）、员工（Staff）、技能（Skill）、战略（Strategy）、共同的价值观（Shared Values），要求企业在发展过程中对这七大要素进行全面考虑。HR可以利用该模型自测或者对用人经理进行测试，考察用人经理是否了解公司。只有真正了解公司的人才，知道公司需要什么类型的人才，才能有效吸引候选人。

◆询问部门和团队信息

HR要询问部门架构和团队成员情况，判断团队分工是否合理，是否需要进行招聘。在这个过程中，HR可以询问团队成员的性别、年龄、性格、能力等，了解团队成员的来源，从这些信息中挖掘亮点，总结职位吸引点。

◆询问职位信息

HR要向用人部门询问职位信息，与用人部门一起分析职位的吸引力。如果职位吸引力较弱，HR要建议用人部门或者适当降低用人需求，或者提高薪酬，或者采用其他招聘手段来满足用人需求，例如校招、外包、转岗、岗位丰富化扩大化等。总而言之，如果招聘有难度，HR要通过沟通交流来获得用人部门的理解与配合，共同做好招聘工作。

◆询问招聘标准和访寻方向

HR可以向用人部门询问招聘标准或者人才画像，可以根据“冰山模

---

① 波特五力模型将大量不同的因素汇集在一个简便的模型中，以此分析一个行业的基本竞争态势。五种力量分别为同行业内现有竞争者的竞争能力、潜在竞争者进入的能力、替代品的替代能力、供应商的讨价还价能力、购买者的讨价还价能力。

② SWOT分析法即道思矩阵，是战略管理方案设计的基础工作，也是战略管理常用的手段之一。SWOT分析即优势、劣势、机会和威胁分析。

型”，从知识、技能、经验、行为能力、个性特质、动机价值观六个维度对用人需求进行梳理。HR要根据外部人才市场的实际需求制定招聘标准，否则毫无意义。如果想让招聘标准更全面，HR可以通过询问引导用人经理进一步思考，例如哪些是必要条件，哪些是优先条件。

通过上述四个方面的询问，HR确定这个职位需要招聘，而且招聘需求合理，这样就可以和用人经理共同商定招聘方向及具体的招聘计划，包括招聘渠道、岗位要求等。如果用人部门有合适的人选，也可以起用内部推荐。

如果用人需求比较紧迫，招聘人员要说明分工合作要求与时间周期，强调自己在招聘过程中的主导地位，获得用人部门的配合，尽量缩短面试周期，在面试过程中强调企业或岗位对候选人的吸引力等，保证招聘过程顺利进行。HR在招聘过程中，不可以闭门造车，也需要在公司中营造出招聘不仅仅是HR的工作意识与氛围。鼓励全民招聘将会更有利于企业的人才获取。例如腾讯的内部推荐率就高达52%，保证了业务的发展需求。

2.2.2　甄别：厘清招聘需求的真伪

当用人部门提出用人需求时，HR要根据实际业务开展情况辨别用人需求的真假，利用实际数据与用人部门探讨招聘事宜，例如招聘的人员数量、素质与要求等，切忌盲目地和用人部门讨价还价。具体来看，在甄别环节，HR要明确四大问题，如图2–3所示。

招聘需求背后的问题	• 与业务部门的领导、成员以及相关人员深入交流，找到招聘需求背后的真实诉求
问题的重要程度	• 这个问题的解决是否会直接影响业务的进程，或者这个问题不解决会造成哪些影响
问题产生的背景	• HR要探究问题产生的背景，例如战略调整、技术革命、组织架构变革、企业政策异动等
解决问题的困难	• 在明确问题产生的原因后，要探究解决该问题可能遇到哪些困难和挑战

图2–3　甄别环节要明确的四大问题

◆招聘需求背后的问题

对于业务部门来说，招聘只是解决问题的一种手段。面对用人部门提出的招聘需求，HR 的第一反应应该是探究用人部门提出招聘需求的原因，了解用人部门的真实需求，具体来说就是用人部门希望通过招聘解决什么问题。

HR 要与业务部门的领导、成员以及相关人员深入交流，找到招聘需求背后的真实诉求，保证招聘需求确实来源于业务开展需要，是真实的需求，而不是部门经理的臆想。因为有些时候，部门经理并不清楚招聘的原因，只是单纯地希望增加一些员工来分担工作，这会造成人力资源的极大浪费，增加企业的用人成本。

需要注意的是，如果用人部门给出的招聘理由是离职补充，HR 也要深入挖掘该原因背后的真实需求，因为有时候部门有一些“闲人”，这些员工离职不会对业务开展造成任何不良影响，因而不需要招聘新员工进行补充。

◆问题的重要程度

明确了招聘要解决的问题之后，HR 要对这个问题的重要程度进行分析，也就是这个问题的解决是否会对业务开展造成直接影响，或者这个问题不解决会造成哪些影响。如果这个问题不是特别重要，可以暂缓招聘。

◆问题产生的背景

在明确了问题的重要程度之后，HR 要探究问题产生的原因，例如战略调整、技术革命、组织架构变革、企业政策异动等。只有明确问题产生的原因，HR 才能明确解决问题的思路，也能对招聘需求的真伪做出合理的判断。

某公司的业务部门面临资金短缺问题，希望人力资源管理部门能够帮忙招聘一位资金总监。HR 收到用人需求后发现导致问题发生的根本原因是央行政策收紧，资金筹措难度变大，招聘资金总监无法解决这一问题，这一用人需求不是真实的需求。由此可见，HR 要全面地看待问题，以免做出错误判断。

◆**解决问题的困难**

在明确问题产生的原因后，就要探究解决该问题可能遇到的困难和挑战。这个问题会产生两个结果：一是招聘是否是解决该问题的唯一选择或者最优选择；二是解决该问题是否需要特殊人才。仍以上述案例为例，由于央行政策收紧，导致资金筹措渠道变少，融资困难，要解决这一问题，招聘资金总监并不是最好的选择，HR应该和公司管理层协商寻找其他的解决办法。

在招聘需求分析的甄别环节，HR要围绕上述四个问题与用人部门进行深入沟通，辨别招聘需求的真伪。如果发现是伪需求，HR要协助用人部门探究需求背后的问题，获得用人部门的理解与认同。

2.2.3　呈现：剖析企业的用人诉求

经过甄别，HR明确了招聘需求的真实性。在呈现阶段，HR主要关注两个问题：一是新招聘的员工入职之后负责什么工作；二是公司能够为新员工提供什么。具体来说，该阶段的任务就是剖析招聘需求，呈现企业的用人诉求以及企业自身的优劣势，为招聘策略的制定提供有效指导，具体来看要明确四大内容，如图2–4所示。

岗位诉求	• HR与用人部门进一步沟通，客观描述目前的状况，明确评价问题解决程度的量化指标，以免新员工到岗后有评价不一致的情况发生
组织定位	• 根据企业现有的岗位说明书、任职资格要素、胜任力素质模型等资料，结合实际的业务场景，了解岗位细节
企业环境	• 硬环境：薪酬福利、公司规模、行业地位、品牌知名度等 • 软环境：企业文化、团队的行事风格、直接领导的管理风格等
外部环境	• 包括人才供给情况、薪酬水平、人群特性等

图 2–4　呈现环节要明确的四大内容

◆**岗位诉求**

在用人需求甄别阶段，HR与用人部门深入交流，已经就新员工入职后要解决的问题、可能遇到的挑战等达成共识。在岗位诉求分析阶段，HR要与用人部门进一步沟通，客观描述目前的状况，明确评价问题解决程度的量化指标，以免新员工到岗后有评价不一致的情况发生。

◆组织定位

组织定位指的是在企业现有的组织架构中，招聘职位的层级、要承担的工作职责、协作汇报关系等。HR可以根据企业现有的岗位说明书、任职资格要素、胜任力素质模型等资料对相关信息进行整理，结合实际的业务场景，对在岗人员的工作情况进行观察，了解岗位细节。如果是新增加的岗位，可以与同行业的相似岗位交流，了解岗位的相关信息。

◆企业环境

（1）硬环境：求职者可以明确感知到，可以量化评价，包括薪酬福利、地理位置、公司规模、行业地位、品牌知名度。

（2）软环境：求职者无法明确感知，包括企业文化、团队的行事风格、直接领导的管理风格等。

HR通过分析企业环境可以获取两方面的信息：一是企业的竞争优势；二是人才需要具备的特质。企业软环境分析要客观、明确，职位越高，越要注重双方价值观的匹配。企业在做价值观匹配时，首先要判断求职者是否认同企业文化与价值观，其次要适时地进行自我调整，不要一味地寻找契合企业价值观的人。

◆外部环境

外部环境分析强调从整个行业视角对用人岗位的招聘情况进行分析，具体包括人才供给情况、薪酬水平、人群特性等，进而明确人才竞争情况。

通过对招聘需求的分析，HR要明确招聘岗位在企业的定位、招聘诉求以及企业的优势，同时也要了解外部市场的情况，将内外情况相结合，为招聘策略的制定提供科学依据。

2.2.4 锁定：建立精准的人才画像

HR与业务部门围绕招聘需求甄别、分析达成一致意见后，下一步就是锁定招聘需求，绘制精准的人才画像。具体来看，人才画像需要从六个维度切入，如表2–2所示。

表 2–2 人才画像的六个维度

六大维度	具体内容
基本情况	包括个人受教育程度、从业经历、同类型岗位工作经历等
专业技能	根据要解决的实际问题与面临的困难进行反向推理，确定用人岗位所需的专业技能
价值观	根据公司特有的企业文化、团队结构、管理层的管理风格等提炼出企业的价值观，例如爱岗敬业、团队协作、尊敬顾客等
行为习惯	行为习惯包括工作计划、时间管理、主动学习等。一个好的行为习惯可以有效提高工作效率，因此候选人的行为习惯非常重要
性格特征	这里强调的是候选人的团队协作能力、情绪管理能力以及人际关系处理能力等
市场定位	明确用人岗位的市场薪酬水平和对应的分位值，明确目标候选人的聚集区域，绘制人才地图

在人才画像的过程中，HR要与用人部门保持互动交流，围绕目标候选人达成一致认知，以免在招聘过程中出现对候选人评价不一的情况。

总而言之，企业组织招聘之前必须做好招聘需求分析。招聘需求分析的质量越高，招聘工作的开展效率越高，越有可能招聘到需要的人才，满足业务部门的用人需求。

2.3 职位描述：招聘JD撰写技巧与规范

2.3.1 职位名称的撰写技巧

招聘JD（Job Description）指的是职位描述，也就是岗位职责与工作职责的介绍。近几年，很多企业忽略了招聘JD的编写，如果遇到必须提供招聘JD的情况，要么简单编写、草草了事，要么照搬照抄，导致很多公司、很多岗位的招聘JD如出一辙，使求职者无法了解用人单位的具体要求。事实上，招聘JD的编写质量会直接影响到对求职者的吸引力，直接决定了企业能否吸引到足够多的、符合要求的求职者，进而影响到招聘效果。下面我们对招聘JD的编写方法、编写技巧、注意事项、常见问题等进行具体分析。

一般来说，招聘JD主要包括六部分内容，分别是职位名称、岗位职责、任职要求、薪酬待遇、工作地点和企业情况。首先，用人部门提出具体的用人要求，然后HR从上述六个方面进行补充、完善。下面我们首先来分析职位名称的撰写技巧与规范。

HR在编写职位名称时要考虑到对求职者的吸引力，同时要兼顾可信度，具体要求如表2–3所示。

表2–3 编写职位名称的具体要求

编写要求	具体内容
内容准确	内容准确是基本要求，核心是要做到职位名称清晰具体，可以体现大体的职位方向
方便理解	职位名称要保证大多数人可以理解，保证人们看到职位名称就可以联想到相关工作，保证求职者可以通过搜索关键词搜索出来
突出特点	职位名称要具有一定的吸引力，能够在众多职位名称中率先被人看到。想要做到这一点，就要用凝练的语言将岗位特点展现出来
控制字数	一般情况下，职位名称的字数不能太多，一目了然最佳。首先，很多网站、平台都有字数限制，字数太多可能无法完全显示出来；其次，字数太多不利于阅读，求职者要花费很长时间才能看完全部信息

2.3.2 岗位职责的撰写技巧

岗位职责是求职者最关心的内容，清晰的岗位职责有利于求职者做出科学判断，例如对这类工作是否感兴趣？能否胜任这项工作？从而决定是否应聘。岗位职责描述越清晰，越能够缩短招聘时间，减少招聘的工作量，具体要求如表2–4所示。

表2–4 岗位职责的撰写技巧

撰写技巧	具体要求
充分理解	在编写岗位职责之前，HR要对空缺岗位进行充分了解。因为企业处在不同的发展阶段，同一岗位的职责要求、工作重点、素质要求会有很大的区别。所以，HR在编写岗位职责时不能复制过去的岗位职责，更不能直接引用其他企业的岗位职责

续表

撰写技巧	具体要求
简化语言	每个企业都希望能够招聘到独当一面、文武双全的求职者，但这只能是一种希望。事实上，能够招聘到适合岗位的求职者就代表招聘工作圆满完成。为此，HR在编写岗位职责时要尽量用精准的语言拟定3～5项核心职责，保证求职者能够在1分钟内获取所有信息。因为一般情况下，求职者在浏览招聘信息时，在每个职位上花费的时间不会超过1分钟。因此，HR编写的岗位职责必须具有较强的吸引力，才能吸引求职者耐心看完。为了做到这一点，招聘JD可以吸取一些销售理念，合并同类项，将岗位职责的核心展现出来即可，不需要将岗位分析中的每一条细则都明列出来
强调价值	高端岗位的岗位职责描述不需要关注工作细则，而是要关注岗位对企业的价值与影响。以产品总监为例，产品总监的岗位职责描述只要说明负责哪些产品开发即可，不需要展开描述。因为一个有经验的产品总监一定知道想要做好产品开发，必须进行市场分析与调研，必须对产品开发过程进行监控，而且这些事项全部包含在实际工作职责中，日常管理也会兼顾到，无须在招聘JD中具体阐述
强调成长	岗位职责描述除了呈现求职者的工作职责外，还要说明这项工作可能带来的挑战与成长。以绩效管理人员为例，可以在岗位职责中加上一条"与拥有20年经验的全国顶级绩效管理专家一起建立企业的绩效管理体系"之类的要求，说明这个岗位要面临的挑战（建立企业绩效管理体系），展现这个岗位带来的成长机会（与拥有20多年经验的专家一同工作）

2.3.3　任职要求的撰写技巧

HR在编写岗位任职要求时要注意四点，如表2–5所示。

表2–5　任职要求的撰写技巧

撰写技巧	具体内容
精简内容	任职要求要简单，只要列出3～5项关键要求即可，内容不要太多。HR要认识到这一点，否则企业很难招聘到完全满足岗位任职要求的求职者。有的时候，即便求职者的能力有所欠缺，但只要满足核心要求就可以录用，后续可以通过岗位培训完善相关技能。因此，HR在编写任职要求时只需将首选项、重要项和必备项罗列出来即可
时间特性	在编写任职要求时，HR要关注技能层面的要求，而不是经验层面的，切忌用工作经验判断某项技能。以某经理岗位为例，在任职要求中可以写"要求3年以上管理经验"，因为三年的时间足以锻炼出一个人任职该岗位必备的能力与经验，没有必要要求10年以上的管理经验，这属于一种主观判断

续表

撰写技巧	具体内容
岗位技能要求要明确	HR在编写任职要求时要明确岗位技能要求。以中层管理岗位为例，管理技能涵盖的内容非常多，HR在编写任职要求时要明确该岗位究竟需要具备哪些管理技能、对计划性有无特别要求、对组织协调能力有无特别要求、是否需要具备编写企业战略规划的能力、是否需要具备编写部门整体规划的能力等
适度放宽要求，不要过分强调“高精专”	有些中小企业由于资源匮乏，无法获得足够的求职者以备筛选，在这种情况下，HR编写任职要求时要放弃“高精专”的要求，可以适当地放宽要求、降低标准。例如，求职者至少要有几年的工作经验、最低的学历水平等。在这个过程中，HR要注意一点，放宽要求要有限度，不能随意放宽，毫无底线，以免招聘到不适合岗位的员工，浪费时间与金钱

2.3.4 薪酬待遇的撰写技巧

为了提高招聘JD的吸引力，HR在编写招聘JD时要体现薪酬待遇和企业的福利政策。在此之前，HR要明确企业能够为员工提供的待遇水平，并将这些信息在招聘JD中明确体现出来。很多时候，如果求职者没有在招聘JD中看到薪酬待遇、福利政策等信息，可能会放弃投递简历。具体来看，HR在撰写薪酬待遇时要注意三点，如表2–6所示。

表2–6 薪酬待遇的撰写技巧

撰写技巧	具体要求
信息明确	很多求职者在浏览岗位介绍时都希望看到一个明确的薪酬或者薪酬区间，以便快速做出是否投递简历的决定。但很多中小企业在编写招聘JD时，可能因为薪酬较低，没有吸引力，往往以“薪酬面议”代替明确的薪酬标准，这样会无法精准筛选出合适的求职者，在一定程度上增加了招聘成本
切忌虚假	有些企业为了提高薪酬对求职者的吸引力，会给出一个跨度极大的薪酬区间，例如月薪5000～20000元，最高薪酬是最低薪酬的4倍。但实际上，5000元才是这个岗位的真实薪酬，20000元只是为了吸引求职者。虽然这种薪酬描述方式可能在短时间内会吸引一批求职者，但当求职者知道岗位的真实薪酬之后就会产生受骗的感觉，不会入职，即便入职也会离开。所以，HR填写薪酬待遇时要实事求是，不要弄虚作假
全面描述	如果企业的薪酬水平较低，确实不具备竞争力，可以添加一些福利政策来增加吸引力。例如，为员工提供学习机会，为员工提供弹性的工作时间或者长期激励等，通过这些福利政策来弥补薪酬待遇方面的不足

2.3.5　工作地点的撰写技巧

HR在编写工作地点时要注意三个名词，即工作地点、企业地点、面试地点，这三个地点的概念完全不同。如果HR在招聘JD中没有对这三个地点做出准确描述，很容易误导求职者，浪费双方的时间。因为很多求职者对工作地点有要求，不希望离开常住地，甚至不希望在上班路上耗费太长时间。所以，HR在撰写工作地点时要注意三点，如表2–7所示。

表2–7　工作地点的撰写技巧

撰写技巧	具体要求
工作地点	工作地点指的是招聘岗位所在的地点，也就是求职者通过面试后实际的工作地点。工作地点的描述必须清晰、完整。如果工作地点不固定，HR在编写招聘JD时要说明出差频率与出差要求
企业地点	企业地点指的是企业所在地。如果是大型企业的分公司发布招聘信息，企业地点与工作地点不一致，要做出特别说明。如果企业地点在国内，工作地点在国外，也要做出特别说明
面试地点	面试地点指的是求职者参加面试活动的地点，可能与企业地点、工作地点不同，要做出准确说明，而且最好附上交通指南。HR在描述企业地点、工作地点时也可以附带交通指南

2.3.6　企业情况的撰写技巧

企业情况有助于求职者初步了解企业。HR在撰写企业情况时要注意三点，如表2–8所示。

表2–8　企业情况的撰写技巧

撰写技巧	具体要求
企业发展前景广阔	企业情况要简单介绍一下企业业务、行业地位等信息。如果是中小企业，可以着重阐述企业的优势、企业在发展过程中取得的成绩等。总而言之，企业情况要让求职者感受到这份工作未来的发展空间，让求职者产生一定的自豪感，可以自信地向他人介绍这份工作
企业工作环境、工作氛围良好	HR在编写企业情况时可以通过阐述企业文化、福利政策、职业发展、人文关怀等内容，展现企业良好的工作环境与氛围，以带给求职者无限的期待。为了做到这一点，HR可以在编写企业情况时插入一些图片、视频等资料，带给求职者更直观的感受

续表

撰写技巧	具体要求
企业有自身的独特性	每家企业都有自身独特的企业文化，求职者在求职过程中会浏览大量的招聘JD，在企业描述板块会更关注差异性。人才市场是一个双向选择的市场，企业挑选人才，人才也在挑选企业。增强企业在人才市场的竞争力，让企业在同类企业中脱颖而出的关键就是展现自己的差异性，打造独特的吸引力，让求职者感受到企业的优势，进而选择企业

第3章
制订招聘计划

3.1　制订计划：企业招聘方案的设计要点

3.1.1　制订招聘计划的三个阶段

HR想要提高招聘工作的开展效率，必须制订一个科学的招聘计划，对招聘活动进行跟踪管理，实时把控招聘进度，让招聘工作有序推进，从而降低招聘成本。

具体来看，一个完整的招聘计划的制订要经历三个阶段，即确定需求阶段、策划阶段和编制阶段。对于普通企业来说，前两个阶段非常重要，具体分析如下。

◆确定需求阶段

在制订招聘计划的过程中，确定招聘需求是基础环节。企业只有确定了招聘需求，才有可能制订出合理的招聘计划。一般来说，招聘需求都是用人部门提出的。在提出招聘需求的同时，用人部门需要填写招聘需求申请表，包括招聘岗位、招聘数量等，交给人力资源管理部门审核。人力资源管理部门根据企业发展现状制定用人需求量表，交给管理者审批，审批通过后才能执行。下面我们提供一种招聘需求申请表的范本，如表3-1所示。在数字化时代，人力资源管理部门可以根据企业的实际情况制作电子版的招聘需求申请表，节约资源，提高效率，迎合办公自动化的发展趋势。

表 3–1　招聘需求申请表模板

岗位名称		所属部门		需求人数	
岗位类别		直接上级		期望到岗时间	
年龄要求		学历要求		工作经验要求	
专业要求		资格要求		其他要求	
招聘方式	□公开招聘　□内部调岗　□员工推荐　□中介推荐　□其他				
需求原因					
岗位简介	岗位职责： 岗位职级： 晋升渠道：				
用人部门意见	签名：　审核时间：				
人力资源部意见	签名：　审核时间：				
总经理意见	签名：　审核时间：				

（1）确定招聘岗位

首先要确定招聘岗位，也就是哪些岗位需要招聘新人。此外，HR要留意公司内的人才流动情况，员工辞职时要做好记录，据此确定接下来要招聘的岗位。HR确定招聘岗位时要分清主次，将关键岗位、亟须用人的岗位的招聘工作放在前面。

（2）确定招聘人数

一般来说，招聘人数在很大程度上取决于公司的年度生产经营计划和岗位的人才需求。首先，HR要根据公司经营目标确定招聘总人数；其次，

HR再根据各部门的具体情况确定各部门的招聘人数。

（3）确定到岗时间

HR要根据用人部门的需求确定新员工的到岗时间，当然也可以在面试过程中与心仪的求职者商定到岗时间。一般情况下，新员工的入职时间通常为一个月内，具体到岗时间可以根据企业的实际情况来确定。只有明确了新员工的到岗时间，企业才能提前做好准备，为新员工安排好工位，安排专人带领新员工熟悉公司，准备好新员工入职需要的各种材料等，从而带给新员工较好的入职体验。

◆策划阶段

HR在制订招聘计划的过程中，做好招聘策划非常重要，具体包括四个环节，分别是确定招聘渠道、确定招聘时间与进度、拟定招聘信息、核定招聘预算。

（1）确定招聘渠道

招聘渠道的选择，对于招聘的效率至关重要。除了通用的招聘渠道，随着经济不断发展，行业划分越来越精细，几乎每个行业都形成了相匹配的招聘渠道。例如，中国汽车人才网聚焦汽车行业的人才、拉勾网聚焦互联网行业的人才等。因此，HR在制订招聘方案时要根据行业性质，结合企业实力、企业知名度、企业所处行业及岗位特点选择合适的招聘渠道，促使招聘工作达到事半功倍的效果。招聘渠道会在本章3.3节详细介绍。

（2）确定招聘时间与进度

确定了招聘渠道之后，接下来的任务就是确定招聘信息的发布时间、招聘工作的开展时间、招聘进度以及新员工的到岗时间等。

（3）拟定招聘信息

HR根据用人部门的用人需求编制招聘信息，包括岗位职责、任职资格、薪酬待遇、员工福利等。为了更好地吸引候选人，招聘信息的编写需要与时俱进，并加入营销的手法，让招聘广告更加生动。

（4）核定招聘预算

招聘活动的开展离不开金钱的支撑，涉及金钱就要编制预算。招聘预算主要包括时间成本、人力成本、办公成本以及费用。一套科学、准确的招聘预算是招聘活动有序开展的重要保证。对于HR来说，控制招聘成本也是一项重要任务，其重要性与把控招聘结果不相上下。

招聘预算可以分为两大部分，一是内部费用；二是外部费用。其中内部费用主要是招聘人员的差旅费用，包括招聘人员的交通费、餐饮费、住宿费及通信费用等，一般不包括招聘人员的工资、福利补贴及其他管理费用。外部费用主要包括渠道费用、宣传费用、测评费用及其他费用，具体如表3-2所示。

表3-2 招聘预算的基本构成

预算方向		具体内容
内部费用	招聘人员差旅费	交通费、餐饮费、住宿费，通信费等
	其他费用	内部推荐费用、校招费用等
外部费用	渠道费用	招聘渠道的维护费用、新招聘渠道的开发费用、招聘渠道的使用费用
	宣传费用	宣传彩页费用、电视广告费用、网页广告费用、海报费用、易拉宝费用，短视频制作费等
	测评费用	笔试费用、面试费用、心理测评费用
	其他费用	专家咨询费用、体检费用、公证费用

◆编制阶段

HR明确人才需求、确定人才标准之后，接下来的任务就是编制招聘计划，也就是按照相关规范将前面几个阶段的讨论结果编制成文件，提交企业领导审批。需要注意的是，如果招聘工作需要持续很长时间，HR要根据企业发展战略的调整与人力资源市场的变化对招聘方案进行调整。只有制定一套科学、明确的招聘方案，HR才能有条不紊地开展招聘活动，提高招聘效率，保证招聘效果。

3.1.2 企业招聘计划的制订流程

很多HR在招聘过程中都会遇到这类问题，即投入了大量时间与金钱，却没有招聘到满意的人才，或者向心仪的人才发送录用通知却被拒绝，甚至千辛万苦招聘到的人才入职不久就提出辞职，导致招聘成本不断提高，招聘效率不断下降。

为了防止上述情况发生，保证招聘工作的质量，企业要制订招聘计划，推动招聘工作有序开展，以免在企业出现人才断层时手忙脚乱。那么，具体来看，企业应该如何制订招聘计划呢？

◆年度招聘计划

首先，HR要根据公司岗位定编图制订年度招聘计划，具体内容如下。

（1）确定公司缺岗人数

HR根据公司总体的定编人数以及各岗位的定编人数计算出总体的缺编人数和各个部门的缺编人数，如表3-3所示。

计算公式：总编制－在职人员＝缺编人员。

表3-3 年度招聘计划编制表

缺编部门	岗位编制	在岗人数	缺编人数
a部门	p	P1	p-p1=p2
b部门	pa	Pa1	Pa-pa1=pa2
c部门	pb	Pb1	Pb-pb1=pb2
d部门	pc	Pc1	Pc-pc1=pc2
……	pd	Pd1	Pd-pd1=pd2
合计	合计数等于第一行缺编总数，用以核对各分部门计算的准确性		

这个环节还要考虑员工的离职情况，如果已经有员工提交了离职申请，确定即将离职，在计算在职人员时就要去除这部分员工。因为员工的入离职是一个动态的过程，所以可以根据公司的实际情况，以季度或半年度为节点，重新评估和调整招聘的计划与编制。

（2）编制分部门人员到位时间表

★编制年度招聘规划

HR与部门主管协商，确定新招聘员工的到位时间，根据到位时间编制部门年度招聘规划。

人员到位时间的确定必须听取用人部门的意见，HR不要擅自决定。在这个环节，HR的主要任务就是对部门年度规划与人员分解的吻合度进行核对，对岗位招聘人数与表格中的数字进行核对，提醒用人部门在做分解时考虑新入职员工的培训问题。

★编制分部门的招聘进度表

HR根据已经确认的各个部门的员工到位表编制招聘计划表，如表3–4所示。

表3–4　XX部门缺岗人员招聘计划表

到岗时间	2月				3月				……
到岗名称	岗位1	岗位2	岗位3	岗位4	岗位1	岗位2	岗位3	岗位4	
所需人数	2		1			1			
岗位性质	基层岗		高管岗			管理岗			
招聘难度	一般		很难			较难			
招聘周期	1周		3个月			1个月			
信息发布	1个月		9个月			3个月			
招聘渠道	网络		猎头			猎头			
招聘负责人	招聘专员		招聘经理			招聘经理			
备注									
编制人签名：					审核人签名：				

★制定整体招聘进度表

HR可以根据各个部门的招聘计划表制定公司整体的招聘进度表，如表3–5所示。

表3–5　XX公司年度招聘进度表

时间	5月			6月			……
渠道	网络	猎头	其他	网络	猎头	其他	
财务部	岗位1 岗位3	岗位2		岗位1	岗位4		
市场部							
产品部							

续表

合计							
预算							

编制招聘计划要遵循“总分总”的原则，先编制整体的招聘计划，再对招聘计划进行分解，编制各部门的招聘计划，最后编制整体的招聘进度表。整个过程从简单到复杂，再从复杂到简单。

在这个过程中，汇总各部门的用人需求比较简单，只需将各部门的用人数量相加即可，分析各岗位的培训周期、招聘周期、招聘渠道比较复杂。因为在实际招聘过程中，通常是多个招聘渠道同时使用。

在编制招聘预算时，HR要提前与各个招聘渠道签订协议，防止渠道供应商临时涨价，导致招聘成本增加。但提前签订协议也有一个弊端，就是如果公司调整整体规划，要临时取消招聘计划，就会导致合同金额浪费。为了防止这种情况发生，公司必须保证整体发展规划的稳定性。如果因为不可逆因素导致公司必须调整整体的发展方向，那也只能牺牲一些合同金额。因此，HR在编制招聘预算时，要基于该年度的招聘计划有80%可能性落地执行，然后秉持节约成本的原则进行渠道谈判。

◆季度与月度招聘计划

在确定了年度招聘计划之后，下一步就是编制季度和月度的招聘计划。在这个过程中，HR要将季度招聘计划和月度招聘计划交给用人单位确认，确认的依据是用人部门的年度规划。如果年度规划有所调整，季度招聘计划和月度招聘计划也要做出相应的调整，一方面满足用人部门不断变化的用人需求，另一方面为招聘责任的划分提供有效依据。

同时，随着各种新兴技术的加入，招聘渠道的变化速度越来越快。在这种情况下，HR要根据招聘市场的变化调整招聘计划，并根据市场变化做出快速反应。例如，定期审视招聘渠道的有效性，机动调整招聘渠道，补充对自己行业熟悉且专注的招聘资源。如果有公司裁员、转制，HR也要密切关注，及时将优秀人才吸引到自己公司，解决人员不足的问题，同时也可以节约招聘成本。例如2021年由于行业调整，教培行业出现大面积的人员异动，很多职业培训机构立即制订了招聘计划，希望可以从中选取到优秀的人才队伍。

◆计划的执行与跟进

计划要落地才有意义，因此，无论年度招聘计划表，还是季度或月度招聘计划表，都要增加一个跟进表，对招聘计划的完成情况进行跟踪，以保证招聘计划按期执行，如表3–6所示。

表3–6　月度招聘计划跟进表

（5月）月度招聘计划跟进表								
财务部	岗位1		岗位2		岗位3		岗位4	
	初面		初面		初面		初面	
	测试		测试		测试		测试	
	复面		复面		复面		复面	
	评估		评估		评估		评估	
	录取		录取		录取		录取	
市场部	……							
	初面		初面		初面		初面	
	测试		测试		测试		测试	
	复面		复面		复面		复面	
	评估		评估		评估		评估	
	录取		录取		录取		录取	
产品部	……							

HR可以根据招聘的难易程度用不同的颜色对各个岗位进行标记，合理地分配精力，并对各个岗位招聘计划的完成情况进行跟踪，确保整个招聘计划有序推进。如果岗位有特殊要求，HR也可以在表中进行标注。需要注意的是，HR在编制招聘计划时不能只关注招聘数量，更要关注招聘质量，因为企业组织招聘活动的目的是招聘到适合企业的高质量人才，而不是单纯地填补岗位空缺。因此，在确定招聘岗位时，要以核心岗位为先，确保核心岗位的人才空缺能够及时得到补充。

3.1.3　制订招聘计划的考量因素

HR在编制招聘计划时不仅要考虑企业的实际情况，还要考虑以下问题。

◆企业发展阶段

企业所处的发展阶段不同，招聘计划的内容也不同。

以创业公司为例，如果在初期，企业发展速度较快，人才招聘更倾向于从外部引进在相关领域有丰富经验或者技能成熟的人才，因为这些人才进入公司之后可以快速适应岗位，发挥作用。另外，创业公司在人才培养方面经验不足，人才培养方案不成熟，核心业务在于开拓市场，因此在制定人才招聘标准时要有所侧重。

如果企业已经进入稳定发展阶段，业务、人才队伍都比较稳定，企业内部也储备了丰富的人才资源，在选择招聘渠道时就可以内外兼顾，既可以从外部选拔有经验的人才，为企业的人才队伍补充新鲜血液，也可以进行内部选拔，提振士气。成熟企业大多拥有丰富的资源，在人才培养方面也积累了一定的经验，可以选聘应届毕业生进行培养，为企业发展储备丰富的人才资源。

综上所述，HR要根据企业的发展阶段制订招聘计划，因为企业的发展阶段会对企业的用人政策与用人特点造成直接影响。

◆成本效益原则

很多企业的管理层将人力资源管理部门定性为不会产生直接经济利益的服务部门，在制定年度预算时总会不断地压缩人力资源管理部门的预算，尤其是招聘部门的预算。事实上，在人力资源部门的整体预算中，招聘占比极大，涵盖的内容也比较丰富，具体包括招聘渠道费用、猎头服务费用、人员成本费用等。

为了降低招聘成本，在编制招聘计划之前，招聘部门要做好总结与分析工作。

首先，招聘部门要对本年度的招聘情况进行总结，具体包括招聘职位数量、层次结构、招聘渠道、简历数量、招聘周期等，从中提取有价值的数据，通过分析这些数据从而对各个招聘渠道的效果以及性价比做出科学判断。其次，招聘部门要关注内部招聘人员的绩效以及招聘制度、招聘流程，通过对这些内容进行分析，并结合下一年度的业务发展规划制订科学的招聘计划。

例如，某企业60%的岗位属于市场类基础岗位，对员工素质要求不高，招聘人员锁定了两个主流招聘网站——智联招聘与前程无忧，一个年度的招聘工作结束后，HR发现这两个渠道根本无法满足企业的招聘需求，而且招聘成本也比较高。

这个结果就是盲目招聘造成的。一名专业的招聘人员必须清楚自己需要的人才分布在什么地方，了解这类人才主要通过哪些渠道发布简历，只有明确这些问题，才能尽可能地降低招聘成本，用较低的成本获取所需人才。

另外，选对人比培养人更重要，效益更高。关于选人重要还是育人重要，业内有一个观点：公司的人才成长50%靠选人，30%靠绩效激励，20%靠培训。也就是说，优秀员工不是培养出来的，而是选出来的。如果企业招聘到不合适的人才，不仅会增加招聘成本、培训开发成本、人员流动成本，而且会拉低组织绩效，给人力资源工作带来较大压力。同时，员工也可能因为无法胜任工作、无法适应组织文化、绩效不达标等产生消极情绪，进而影响其他员工，导致整个组织的士气下降。因此，我们强调选人的重要性，也就是要开展有效的招聘活动，选拔录用有才华、有发展潜力并且适合组织的人才，从而降低招聘成本。

◆公司发展战略

在这个时代，市场变化速度极快，企业想要实现可持续发展，必须随着市场变化调整自己的发展战略，而发展战略的调整必然会导致人才结构的改变。因此，HR在做好日常工作之余，要时时关注企业的发展战略，提前储备人才，为企业发展提供充足的人才保障。

近几年，HRBP（HR Business Partner，人力资源业务合作伙伴）模式开始在国内流行，这种模式要求HR深入业务，关注业务发展，根据业务发展为企业提供具有时效性的人力资源支持。因此，对于HR来说，无论招聘工作，还是绩效考核，都要做到与企业的业务发展、业务调整相结合，切忌随性而为。在实际工作中，HRBP要针对业务部门的特殊战略需求为其定制解决方案，将人力资源工作嵌入各业务单元的价值模块中，真正发挥自己的作用与价值，成为真正的伙伴，而不是伙计。

3.1.4 企业招聘预算的编制方法

对于招聘预算，HR的态度各不相同。因为对于很多HR来说，招聘预算只是季度总结或者年终总结的一个项目，编制时比较草率。但事实上，对于企业来说，招聘预算非常重要，会在一定程度上影响下一阶段的招聘战略，必须慎重对待。下面，我们对招聘预算的编制步骤与方法进行具体分析。

◆评估

预算是基于历史数据的预测，编制预算首先要对历史数据进行分析，其次对当前需求进行评估，招聘预算的编制也是如此。在编制招聘预算之前，HR要对以下问题进行思考。

- 过去一年，公司招聘的员工数量。
- 在过去一年招聘的所有员工中，行政岗、管理岗、技术岗、销售岗等岗位员工的占比分别是多少？
- 在招聘这些岗位时，哪种招聘渠道和招聘方法更有效？每个渠道或者岗位的平均招聘成本是多少？
- 过去一年招聘的所有员工中，有多少员工留下？有多少员工离职？离职原因是什么？留下的员工中有多少得到了提拔或晋升？
- 招聘团队有多少人，平均每个人的招聘产出是多少？
- 什么类型的招聘人员的招聘效率比较高？原因是什么？
- 招聘团队的能力是否有所提升？能力提升过程中遇到了哪些问题？
- 过去一年，哪些招聘人员获得了快速成长？在新的一年，哪些招聘人员可以承担更多职责？哪些招聘人员因为无法胜任工作需要辞退或者调岗。

通过思考上述问题，HR可以确定下一年度的资源投放渠道和领域，更有针对性地制订下一年度的招聘计划，改进招聘工作的质量，提高招聘工作的效率。招聘工作必须围绕公司的业务与战略部署展开。如果涉及新业务的布局，或者并购、裁员等情况发生，都应该提前做好招聘预算的设计。

◆调研

HR要和业务部门深入沟通，了解公司和部门的发展规划，获取更多有价值的信息，明确公司的招聘需求，为招聘工作的开展做好准备。在这个过程中，HR要明确两件事，一是招聘目标；二是招聘工作预期完成的时间节点。HR要按照时间顺序将获取的信息记录下来。

在编制预算之前，HR还要与用人部门、市场部门以及本部门的其他员工沟通交流，了解他们的招聘渠道，以免渠道重复，增加招聘成本。此外，在下一个年度，HR还有可能使用新的招聘渠道，发展新的供应商，即便是原有的招聘渠道和供应商，服务价格也可能会有所调整。因此，HR在编制预算时要对这些渠道和供应商进行全面评估，对供应商采取优胜劣汰的方式，制定一个性价比最高的组合。

◆计划

在这一环节，HR要对上一个环节获取的信息进行整理，首先按照时间顺序梳理招聘计划；其次根据招聘计划，结合岗位平均招聘时长、招聘渠道等招聘数据，倒推在哪个招聘环节需要投入哪些资源；然后结合渠道报价和以往的招聘经验，推算出某个时间段的预算，如表3–7所示。

表3–7　招聘来源预测表

xxxx年度候选人来源预测		
候选人来源	预估招聘人数	预估招聘比例
招聘HR		
招聘网站		
员工推荐		
部门经理推荐		

续表

xxxx年度候选人来源预测		
候选人来源	预估招聘人数	预估招聘比例
合作伙伴推荐		
社交媒体渠道		
猎头/RPO		
校园招聘		
实习生转化		
内部转岗		
网络活动		
现场招聘会		
其他		
合计		

HR编制招聘预算时需要考虑以下内容：

- 基础开支：主要包括在招聘网站购买套餐的费用、HR的薪水以及绩效激励、雇主品牌的相关行为等。其中，雇主品牌的行为主要包括社交媒体的运营、招聘页面的开发与维护、招聘视频或物料的制作等。
- 固定开支：主要包括校企合作的费用、外部招聘供应商的费用、开展招聘活动所产生的费用。其中，开展招聘活动所产生的费用主要包括校园招聘的花费、HR的差旅费、行业论坛的报名费等。
- 技术投入：主要包括购买测评工具及在线测评平台的费用、购买背景调查服务的费用、购买ATS（Applicant Tracking System，求职者跟踪系统）的费用等。
- 猎头费用：主要针对中高端岗位的招聘费用，以及针对一些重要且紧急的项目所支付的费用。
- 其他：包括内部推荐项目、校园大使项目、候选人交通补贴等。

HR可以将招聘项目预算与招聘团队预算用两个表格表示出来，以免因为数据太多而导致关注点发生偏差，如表3-8所示。

表3-8 招聘项目预算表与招聘团队预算表

XXXX年度招聘项目预算表

类别	1月	2月	3月	4月	5月	6月	7月	8月	9月	10月	11月	12月	合计
招聘网络													
内部推荐													
雇主品牌													
招聘系统													
候选人交通补助													
招聘供应商													
招聘活动													
其他													
合计													

XXXX年度招聘团队预算表

类别	1月	2月	3月	4月	5月	6月	7月	8月	9月	10月	11月	12月	合计
全职招聘人员薪资													
福利、团建等费用													
兼职招聘人员费用													
合计													

预算的目的是大致明确招聘活动的开支和资金流向，以及资金投入使用后能够发挥出来的效果，控制招聘成本。一般来说，招聘预算越早编制，越有充足的时间寻找供应商，与供应商谈判，从而对招聘活动的各个节点做出合理安排。

◆核准

编制招聘预算不难，难的是如何获得领导的同意。无论哪种类型的预算，提交给领导审核时，都可能被“砍”。为了避免这种情况发生，HR在编制预算时不能只做表，简单地呈现一个数字，而是要进行系统分析，与该年度的招聘岗位、招聘人数、招聘渠道的效能、离职人员等相结合，阐述各类资金的用途和最终要达到的效果。

也就是说，HR想要获得领导的同意，必须向领导阐明这笔预算的正当理由，即为什么没有这笔预算就做不好招聘工作。例如，没有这笔预算，就无法招聘到足够数量的候选人，无法挑选出最优秀、最适合公司的员工；即使可以依靠现有团队的力量完成，但所花费的时长会让企业错失良机等。在预算表中，HR要说明这些情况，最好为每一笔预算匹配一个结果，或者对每一笔预算的投入产出比进行预测，将预算的价值体现出来。如果可以，HR最好为每一个招聘节点设置一个关键性指标，让领导看到工作结果。

3.2　团队分工：如何打造高效的招聘团队

3.2.1　招聘团队的角色认知

企业在发展过程中对各种类型的人才需求会越来越强烈，因此，很多企业投入大量资金和精力用于吸引和招聘人才。但招聘团队作为引进高素质人才的核心组织，其建设却往往被企业管理者所忽视。

为了更好地了解企业的人才需求，按照计划为企业持续引进人才，企业必须配备一支合格的招聘团队，招聘团队中的成员也需要各司其职，才能确保企业吸引人才的效率和质量。一般来说，一支完整的招聘团队至少需要扮演以下几种角色。

◆“招聘经理”：与各部门对接，了解用人需求

招聘团队中招聘经理的主要职责是将企业各个部门与招聘团队进行对接，通过参加会议等方式了解各个部门的用人需求，并将具体的需求反馈给招聘团队，具体的工作内容如表3–9所示。

表3–9　招聘经理的主要工作

序号	工作内容
1	参加企业管理层的相关会议，了解企业的用人需求
2	收集企业各个部门的人才需求信息，并设立优先等级
3	将部门的用人需求划分为具体的招聘任务，及时就招聘进展与相关部门进行沟通
4	收集招聘结束后各个部门的反馈，并根据反馈调整招聘方案

◆“招聘官”：与候选人对接，进行面试筛选

在招聘经理获取企业各个部门的用人需求并由招聘团队制订具体的招聘计划后，招聘官需要与筛选后基本符合要求的候选人对接，并通过面试决定是否录用，具体工作内容如表3–10所示。

表3–10　招聘官的主要工作

序号	工作内容
1	讲解企业文化以及品牌故事，让候选人更加了解企业的基本情况，并进行个体的职业生涯规划
2	根据面试过程中候选人的表现衡量候选人的具体条件，并决定是否让其进入部门面试流程
3	通过其他渠道收集候选人的资质以及潜在问题等信息，并对比不同候选人的具体情况

◆“招聘协调”：发布招聘信息，储备面试候选人

从招聘流程来看，该角色的主要任务有两个：一是接收经过挖掘和初筛的简历，储备面试候选人；二是将储备的面试候选人根据需要推荐给面试官，主要工作内容如表3–11所示。

表 3-11　招聘协调人员的主要工作

序号	工作内容
1	根据招聘官提供的信息设置筛选条件，并对储备的面试候选人进行筛选
2	通过招聘平台、社交媒体、办公电话等各个渠道与候选人进行沟通
3	对招聘团队的招聘成果进行总结，并在相关会议上进行汇报

◆ “人才筛选员”：初筛简历，推动候选人进入流程

企业在发布招聘需求后，往往会收到一定数量的简历，简历候选人的资质参差不齐，可能并不适合企业的招聘需求。因此，HR需要对简历进行初筛，以便候选人能更好地匹配岗位需求。如果经过筛选后发现候选人的数量未能达到招聘需求，招聘团队就需要挖掘更多的候选人。

◆ “简历矿工”：挖掘简历，构建潜在候选人名单

除了被动收集简历外，企业的招聘团队还可以主动寻找合适的简历，“简历矿工”就扮演着这样的角色。根据企业的招聘需求，“简历矿工”可以在招聘网站等平台上寻找合适的简历，形成潜在候选人名单。这种方式可以帮助企业发现更多优秀人才。

虽然招聘团队中可以有以上分工，但在实际工作中，不排除一个人需要扮演多个角色或者说需要具备多种能力的情况。人才的获取是企业人才供应链的顶端，因此招聘人员必须具备较强的综合能力才能更好地帮助企业拔得头筹。

3.2.2　招聘团队的成员构成

如果一家企业不重视招聘团队建设，其招聘结果也往往不尽如人意。因为在这种情况下，企业的招聘活动通常比较消极，无法真正做到以发现合适的人才为招聘目标。企业想要改变“为了招聘而招聘”的尴尬局面，首先应该组建一支合格的招聘团队。

有的企业招聘团队是根据企业的用人需求临时组建的，有的企业设有专门负责招聘的机构。由于招聘团队代表着企业的形象，承担着企业的招聘重任，需要对人才进行筛选，因此其组建需要经过慎重思考和认真衡量。

企业招聘团队的主要任务是通过彼此之间的合作，选择与企业的价值观相匹配，并且能够满足任职需要的人才。具体来看，招聘团队的成员至少应该由招聘专员、用人部门负责人、HR经理或总监、副总裁或企业老板以及其他部门或行业的专业人士构成。

◆成员一：招聘专员

招聘团队通过与企业中各个部门进行沟通，了解各个部门的招聘需求后，制定具体的招聘规划，然后由招聘专员在各个招聘平台以及相关的社交媒体发布招聘信息。一般情况下，招聘通知发出后，招聘团队会收到求职者投递的简历。

由于简历的数量比较庞大，而且投递简历的求职者的资质不尽相同，需要人力资源部门安排人员对简历进行初步筛选和审核，并向符合条件的求职者发送面试邀约，与求职者进行初步沟通。随后，招聘专员要组织笔试、面试，组织通过面试的求职者进入复试环节。

◆成员二：用人部门负责人

求职者进入复试阶段后，需要用人部门的负责人进行相关的考核。在一家企业中，不同部门的用人需求往往存在较大的差异，而相关部门负责人往往最了解该部门的工作内容和岗位职责，由他们进行复试，往往更能准确地判断求职者是否具备该部门所需要的专业资质和技能。

◆成员三：HR经理/总监

由于人才招聘的流程比较复杂，工作任务比较繁重，因此需要由HR经理或总监进行统筹指挥。在整个招聘过程中，HR经理或总监既需要对首轮面试进行把关，又需要统筹整个人才招聘流程，在某些情况下还需要参与求职者的复试。

◆成员四：副总裁或企业老板

由于招聘岗位承担的工作责任不同，因此需要老板投入不同的精力。对于一般岗位的技术人才，HR经理或总监可以全权负责，以提高招聘效率；对于中高层的管理人才，企业副总裁或老板需要直接加入招聘团队，因为这些岗位的人才对企业运营具有至关重要的作用，需要老板严格把关。

◆**成员五：其他行业或部门的专业人士**

有些大型企业为了保证招聘到合适的人才，还会邀请其他行业或者部门的专业人士加入招聘队伍，在招聘的过程中从不同视角对求职者进行考评，在其他面试官举棋不定的时候给出相对客观且中肯的意见，从而提高招聘的准确率。

3.2.3　招聘团队的职责分工

一个企业的招聘团队由不同的成员构成，自然也承担着不同的职责。只有分工明确，才能进行高效合作，共同满足企业各个部门的用人需要。

◆**梳理招聘流程**

企业招聘工作存在的困难往往是由分工不明确导致的，以至于招聘任务完成皆大欢喜；一旦出现问题，并且找不到具体原因时，大家就会互相推脱。为避免这种情况的发生，企业在开展正式的招聘工作之前，可以制定一套系统的招聘流程，将责任划分到具体的个人，这样不仅可以提高招聘效率，而且一旦出现问题便能够迅速找到原因并解决。

企业招聘的基本流程如表3–12所示。

表3–12　企业招聘的基本流程

步骤	具体内容
第一步	通过与各个部门沟通，了解具体的人员需求
第二步	根据各个部门的用人需求和轻重缓急制订招聘计划
第三步	在发布招聘信息并收到简历后，进行人员的筛选和甄别
第四步	在招聘工作结束后，进行分析和评估

◆**明确面试职责及分工**

大多数企业的招聘往往会安排多轮面试，如果几轮面试中求职者都被问到相似的问题，不仅会影响企业在求职者心目中的形象，也不能达到很好的招聘效果。为避免这种情况发生，企业需要对面试的职责进行分工。

- HR首轮面试阶段：侧重于对求职者的形象、谈吐以及表达能力等进行判断，具体包括观察求职者的言谈举止，尤其是求职者在面试过程中无意识做出的肢体行为，对求职者的性格特点做出初步判断；让求职者做2~3分钟的自我介绍，考察求职者的表达能力等。

- 用人部门复试阶段：侧重于考察求职者的专业资质、团队协作能力等，具体包括专业能力考察与专业素质测试，判断求职者掌握哪些技能以及各项技能的具体层级；了解求职者的职业规划，判断其个人规划与公司发展是否相契合；了解求职者换工作的动机与原因；了解求职者的价值取向，与企业文化是否相契合；考察求职者的学习能力等。

需要注意的是，当不同的负责人共同参与面试时，对求职者的评价维度应该是一致的，最后综合不同负责人给出的面试分数决定是否录用。

◆树立人才理念，统一用人标准

随着商业竞争日益激烈，企业间的竞争越来越倾向于人才的竞争。因此，企业所秉承的人才理念以及所采用的用人标准，在很大程度上决定了企业能否获得长远的发展。具体到人才招聘方面，招聘团队应该基于企业的具体情况总结用人理念和标准。

企业主要领导者要树立正确的人才理念，重视人才、爱惜人才，以便吸引人才、留住人才，激发人才的潜能、提升人才的价值。此外，在人才招聘的过程中，企业还应该立足于企业的实际情况，制定统一、精准、结构化的评价标准和指标。

3.2.4 招聘团队的执行管理

判断一个招聘团队是否优秀、高效，关键要看其能否达到“训练有素”的标准。所谓“训练有素”，指的是招聘团队的成员经过系统的培训和企业文化的熏陶，在工作态度、协作意识、选人能力方面能够很好地满足招聘需要。

具体来看，招聘团队的“训练有素”主要包括三个层面。

◆ “训练有素”的HR

在人才招聘的整个流程中，HR的角色非常重要。一般情况下，HR要与求职者联系，在与求职者接触的过程中，其言谈举止都代表着企业形象。如果HR的表现足够专业、职业，而且具有比较强的亲和力，自然就容易获得求职者的好感。

而且，HR能否准确筛选出工作态度良好、个人价值观与企业文化匹配、具备较强专业技能的个体，对于招聘任务的完成程度也具有极为重要的影响。合格的候选人能够迅速融入公司，为企业发展贡献自己的力量。

◆ “训练有素”的部门负责人

虽然企业招聘工作主要由HR完成，但能否构建一支高效能的招聘团队，部门负责人发挥着举足轻重的作用。在招聘过程中，相关部门的负责人需要判断求职者是否满足本部门的用人需求；正式录用后，相关部门的负责人还需要直接与被录用人才接洽，对其进行指导和管理。

部门负责人的个人素质以及选拔能力直接影响着招聘的人才是否符合要求。因此，企业应该时常对部门负责人进行培训，培训活动主要围绕招聘、人才选拔的要点和经验展开，让部门负责人养成良好的面试习惯和敏锐的识别能力。

◆ “训练有素”的老板

当企业需要招聘中高层管理者或其他对企业发展有重要影响的人员时，往往需要企业老板直接参与。老板亲自参与面试，可以让候选人有被重视、被尊重的感觉，从而对企业产生好感，入职之后也能树立积极的工作态度。同时，老板亲自参与面试也体现了企业对人力资源工作的重视程度。事实上，很多优秀企业的老板都会亲自参与面试，例如GE的前首席执行官杰克·韦尔奇就曾亲自面试过几千名管理人员。因此，作为招聘的第一负责人，老板能否做到“训练有素”也非常重要。

老板从个人角度出发，选人的衡量因素主要有两个方面：其一，求职者个人目标和价值观是否与企业文化相契合。每个企业都有自己的文化与价值观，有的企业强调纪律，有的企业强调合作，有的企业鼓励个人奋斗。同样，每个人都有自己的性格与价值观。如果个人与企业的价值观存在冲突，这种冲突往往无法调和，会给企业带来严重后果。

其二，求职者所具备的能力和资质，是否能为企业发展带来助力。人的能力不是一两张文凭就可以反映出来的，如何对一个人的能力做出客观、全面的评价是一个永恒的问题。为了让老板在招聘过程中更加“训练有素”，对候选人的能力做出相对客观、全面的评价，选拔到适合公司的人才，需要HR给予一些用人方面的专业建议，必要情况下，可以为企业打造一本用人手册，供老板及招聘团队的成员参考。此外，HR还可以将面试与心理测试、职业兴趣、能力测试等考评方法相结合，形成一套科学、有效的测评流程，帮助老板筛选到合适的人才。

以上提到的三个层面的“训练有素”，可以提升企业招聘团队的整体水平，帮助企业获得人才的青睐。需要注意的是，在整个招聘的过程中，企业选拔人才的标准应该是统一的，这样才能保证招聘团队的高效。此外，整个招聘团队还应该做到资源共享、进度可见，这样更便于团队成员之间的协作和整个招聘工作的顺利开展。

3.3 招聘渠道：如何选择合适的招聘方式

3.3.1 渠道1：内部招聘

为了适应企业自身发展和参与市场竞争的需要，人力资源部门需要在招聘到合适人才的同时尽可能降低招聘成本。虽然很多企业对人才招聘特别重视，也投入了大量的人力、物力和财力，但招聘成果却往往不尽如人意。要解决这一难题，企业需要基于自身以及对人才的需求选择合适的招聘渠道。

如果企业采用的招聘渠道过于单一、不够稳定或者不能持续，那么完善招聘渠道就成为企业在进行人才招聘之前切实需要解决的问题。在企业能够选择的众多招聘渠道中，内部招聘渠道的价值不容忽视。

所谓内部招聘，指的是在企业内部就某一职位进行公开招聘的一种方式。内部招聘的优点主要体现在以下两个方面：

（1）信息更加对称

与外部招聘相比，内部招聘渠道中企业与候选人之间的信息更加对称。从企业的角度看，HR对候选人的个人能力、专业资质、职业素养等都有比较准确的把握，了解候选人能否适应目标职位的需要；从候选人的角度看，候选人对企业文化、办公环境等非常熟悉，能够在较短时间内适应新岗位的工作。

（2）减少人才流失

首先，员工在企业中工作一段时间之后，随着对工作的熟练度不断提升，工作经验不断积累，可能会对重复的工作内容产生比较强的倦怠情绪，而内部招聘能够让员工接受新的挑战，减少因工作倦怠而导致的人才流失。

其次，对于一些在本企业工作时间比较久的员工来说，内部招聘为他们提供了新的挑战机会，既不用离开熟悉的工作环境，又能接触更多更新的工作内容，避免了由于在同一企业工作时间过长而导致的员工跳槽。

当然，内部招聘方式并非只有优点，如果在正式招聘之前未对相关信息进行保密，可能会导致不正当竞争；如果候选人未被选中，也可能产生强烈的受挫情绪。此外，如果企业只局限于内部招聘，可能会由于缺乏“新鲜血液”而无法实现长远发展，这些问题都需要在采用内部招聘时尽可能规避。

3.3.2　渠道2：现场招聘

在企业能够选用的招聘渠道中，现场招聘是比较特别的一种方式。现场招聘指的是企业在第三方机构举办的招聘会中租用场地进行招聘，在这个过程中，企业招聘团队的人员能够与有意向的求职者进行简短的交流。这类招聘会一般由政府或其他人才机构发起，规模较大，参与的求职者人数也比较多。

因为在现场招聘中，企业能够与求职者进行初步交流，所以与其他招聘渠道相比，企业可以节约筛选简历的时间。而且，此类招聘会一般拥有特定的主题，例如“房地产行业招聘会”“应届大学生人才交流会”等。由于主题明确，因此企业可以选择合适的招聘会参加。不过主题明确在带来方便性的同时，也可能提高企业的招聘成本。如果企业需要的是几种不同的人才或者综合型人才，就必须参加多场不同的招聘会。

此外，现场招聘的缺点还包括招聘会人才的数量和质量会受到组织单位知名度和宣传力度的影响；招聘会具有很强的地域限制，参与的求职者往往局限于所在城市及周边地区。事实上，随着招聘市场以及科技手段的更新，现场招聘的效果已经大不如前。例如某著名的人才招聘会，以往的招聘企业都是门庭若市，但反观当下，招聘企业的档口则是门可罗雀，出现“医生比患者多”的现象。

3.3.3 渠道3：员工推荐

战国时期，齐国国君齐宣王喜欢招贤纳士，曾经让政卿大夫淳于髡为自己举荐人才。淳于髡认为“物以类聚，人以群分”，自己身边多有贤能之人，因此也可以为齐宣王推荐不少贤人。在企业中也是如此。如果一位成员非常优秀，那么其身边往往也不乏出色的人才，因此企业在进行招聘时，可以采用员工推荐的方式。国内外不少知名企业，例如IBM、思科、腾讯、阿里巴巴、华为等都将员工推荐当作获取人才的重要渠道。

在企业中工作过一段时间的员工，往往对企业文化有比较深入的了解，对工作环境和工作流程也非常熟悉。企业出现空缺岗位后，这些员工也会了解空缺岗位所应承担的工作和相关的任职要求，可以比较全面、准确地向他人介绍这个职位，给候选人提供更多的信息，便于候选人经过充分考虑后做出选择。

另外，员工对所推荐的候选人比较熟悉，经过推荐人的衡量，企业的招聘团队不需要花费过多时间与精力进行背景调查，招聘效率更高，招聘成本更低。

3.3.4　渠道4：校园招聘

高等院校作为培养高素质人才的机构，可以与企业合作，为企业输送所需的各类人才。企业可以通过设立专项奖学金等方式，支持与企业业务相关的人才培养，也可以到学校进行宣讲和招聘。

与其他招聘渠道相比，校园招聘的对象是应届毕业生。该类求职者的优势是具有较强的学习能力和可塑性，劣势是缺乏相关的工作经验，需要企业投入一定的成本用于人才培养。因此，企业可以根据自身发展规划和各个部门的用人需要进行有计划、有目的的人才预定。例如提前一年、两年或者更长的时间，与院校就人才培养方向和具体规划进行沟通，当这些人才进入企业后自然就能更快地适应工作岗位。

大部分企业需要的人才是多种类型、不同方向的，而校园招聘更加适用于专业职位或专项技术岗位人员的招聘。而且，如果企业更在意人才的长期开发和员工知识结构的更新，校园招聘渠道的优势会更加明显。通过与学校的合作，很多企业可以把项目与学校的课题有机结合，弥补了企业中研究能力和人手的不足。

此外，在进行校园招聘或宣讲的过程中，企业可以充分利用这个机会和平台，着重宣传企业的产品、服务以及价值观，及时收集参与者的反馈信息，打造企业在学生群体中的雇主形象，为企业的后续运营提供有益参考。

3.3.5　渠道5：网络招聘

移动互联网的快速发展和普及，改变了人们的生产方式与生活方式。具体到企业招聘领域就是使网络招聘在互联网相关技术发展的带动下拥有了无限的发展空间。与传统的招聘方式相比，网络招聘的优势体现在多个方面。由于网络招聘方式基本不受时间、空间等因素的限制，而且便于信息传输和共享，因此在大大提高人才招聘效率的同时，也使人力资源管理的成本大幅降低。

另外，互联网在给我们的生活带来便利的同时，也会具有一定的潜在风险，出行平台可以随时调取用户的位置信息就是典型的例子。“十四五”

规划和 2035 年远景目标纲要明确提出，要加强涉及国家利益、商业秘密、个人隐私的数据保护，加快推进数据安全、个人信息保护等领域的基础性立法，强化数据资源全生命周期安全保护。因此，包括招聘在内的应用场景的数据安全问题必须得到足够的重视。

◆网络招聘的特点

与传统的招聘渠道相比，网络招聘的优势和特点主要体现在以下几个方面：

（1）速度快、效率高

由于网络平台对于任何个体或组织都是开放的，企业或求职者可以随时发布或查阅相关信息，并与有意向的对象进行沟通，所以，无论从用人单位还是求职者的角度来看，网络招聘找到合适人才或工作的速度都更快、效率也更高。

（2）招聘成本低

传统的招聘方式，例如通过纸媒发布招聘启事、通过人才中介进行招聘、通过现场招聘会进行招聘等，所需的成本都比较高。相对而言，企业通过网络渠道进行招聘所需的成本则低很多。而且，从企业的角度看，人力资源管理部门利用大数据处理系统可以更快、更有效地进行简历筛选；从求职者的角度看，他们也能更方便地搜索到适合自己的职位。

（3）覆盖面广

与传统的招聘方式相比，网络招聘更少受到地域以及语言等因素的制约。在互联网技术的支持下，任何国家、地区、使用任何语言的个体和企业都可以实时地进行信息互动。对于有长期人才招聘需求的企业来说，网络招聘的信息可以长时间保留，如果有需要也可以进行修改和更新。此外，企业还可以通过收集各类人才数据建立人才数据库，按需使用。

◆国内主流招聘网站对比

目前，国内已经崛起了一批主流招聘网站和平台，吸引了大批求职者和企业入驻。下面，我们对这些平台的优劣性进行简单分析，具体如表3-13所示。

表 3–13　国内主流招聘平台的优劣性对比分析

渠道名称	优势	劣势
前程无忧（51job）	（1）行业覆盖面广，简历量巨大； （2）符合绝大多数行业中基层岗位的需求； （3）搜索引擎较好，简历匹配度和质量较高； （4）每天可免费刷新职位一次； （5）"无忧精英"板块针对高层和精英的招聘需求（企业和猎头）	（1）企业资质审查不严谨，有鱼龙混杂的现象； （2）价格偏高； （3）同一账号不能多人同时登录
智联招聘	（1）行业覆盖面广，简历量大； （2）中基层招聘效果比较好； （3）"智联卓聘"板块针对求职者、猎头、企业的高层和精英招聘需求； （4）审核企业资质严谨	（1）专业性、针对性较弱，搜索结果匹配度不高； （2）简历库没有前程无忧大； （3）收费越来越贵； （4）企业方刷新简历要扣点数，没有免费刷新量
58同城	（1）拥有大量基层人才，对招聘效果有一定的保障； （2）初期使用免费； （3）广告投放多，知名度较高	（1）对企业资质审核不严谨，有鱼龙混杂的现象； （2）简历质量不高，筛选简历比较耗时间
一览英才网	（1）为企业提供一定的免费额度，如职位模板、邮件接收简历、简历推荐、保面试等服务； （2）职位推广包含在套餐里，不单独计费； （3）服务比较全面	（1）网站流量处于行业平均水平，活跃用户较少； （2）企业需要通过认证并签订纸质合同，购买相应的服务之后才能享受招聘服务
Boss直聘	（1）用户量大，简历多； （2）免费沟通，次数不限； （3）用工方和求职者直接聊天沟通，没有第三方介入； （4）每天可以免费发布10个职位信息，普通简历免费	（1）需双方确认意向，花费时间较长； （2）观望态度用户多，需多轮次沟通； （3）精准搜索需要付费； （4）没有设置简历分类和人才信息审查
拉勾网	（1）聚焦互联网行业，互联网人才多，专业化程度较高； （2）功能简洁明快，信息直观可见，沟通方便，回复率较高； （3）求职者可以关注微信公众号，实时跟踪自己简历的投递情况	（1）职位选择不够，无法满足互联网行业对人才细分的需求； （2）行业领域不可修改； （3）一天只能投10个

续表

渠道名称	优势	劣势
猎聘网	（1）以猎头为核心，发布的职位以核心岗位为主； （2）注重发展职业经理人的用户体验优化； （3）为10万元年薪以上的中高端人群服务，适合经验丰富、能力较强的求职者	（1）匹配推荐数据不够精准，存在“广撒网”行为； （2）猎头顾问水平一般，高端职位转化率不高； （3）虚假职位问题比较严重

3.3.6 渠道6：猎头招聘

在企业发展所需的各类人才中，中高端人才是决定企业能否获得竞争优势的关键因素之一。与其他类型人才的招聘渠道不同，中高端人才往往难以通过网络招聘或招聘会等途径获得，需要通过猎头进行招聘。

专业的猎头机构如同一个人才库，一般会投入比较多的时间和成本收集各个行业的中高端人才资源。因此，企业在中高端人才招聘方面，可以寻求专业猎头机构的帮助，以便在尽可能短的时间内获得所需的人才。对于推荐给企业的候选人，猎头机构会按照企业的需求进行详细筛选，以确保其能力、资质等方面均符合企业要求，而且，猎头机构还会对候选人进行背景调查，来确保推荐人才有较高的成功率。

由于猎头机构和猎头服务在国内出现的时间较晚，因此现存的猎头机构素质参差不齐，规模差距也很大。其中，既有规模比较大的、经过系统培训的正规猎头机构，也有仅由几个毫无经验的“菜鸟”组成的“小作坊”。因此，企业在寻求与猎头机构合作时，需要进行一定的考察，以免支付费用后难以获得对等的服务。

对企业的人力资源管理人员而言，如何寻找一个合格的猎头机构，并保证获得所需的服务是一个关键问题。要降低与猎头机构合作的风险、确保中高端人才的招聘质量，HR需要在项目合作的前期、中期和后期做好功课。前期的准备工作必不可少，会直接影响合作项目能否顺利进行。在前期准备阶段，企业不仅需要选择一个专业的猎头机构，还需要对自身的招聘需求进行充分的确认和分析。这部分工作最容易被HR忽视，其具体的工作内容主要包括以下三个方面：

◆明确招聘岗位名称、岗位职责、任职资格

这是企业与猎头机构合作所需要提供的基础信息，即招聘对象需要任职的岗位、任职后主要的工作内容以及具体的任职条件等，企业能否对这些问题进行认真思考、得出明确结果，是否将信息充分准确地提供给猎头机构，直接决定了猎头招聘的速度和质量。

在企业与猎头机构合作的过程中，时常有企业没有充分考虑这些问题，对候选人只有一个模糊的设想，导致猎头机构在寻找候选人时没有明确的方向，招聘效果可想而知。

◆明确企业通过猎头招聘的意愿和费用预算

由于猎头招聘的对象是中高端人才，因此招聘的难度比较大、所需的成本也比较高，使得很多企业管理者在与猎头机构合作时容易存在比较强的心理障碍。其实，如果企业通过其他渠道进行招聘，所需的时间以及资金成本可能会更高，而且招聘到合适人才的概率比较低。相比较而言，与猎头机构合作进行招聘的性价比更高。

对于HR来说，其需要基于自身的专业知识清楚阐述与猎头机构合作的利弊，以便后续的项目合作更加顺畅。

◆明确老板对候选人的核心需求及个人偏好等

虽然企业在与猎头机构合作时需要提供招聘岗位、任职资格等基本信息，但仅提供这些信息是远远不够的，不足以体现企业的个性化需求，也就难以达到企业所期望的结果。

因此，HR需要与企业的主要管理者进行充分沟通，了解其潜在的偏好和需求，比如是否看重学历背景、以往的工作经历，以及招聘对象就职后与上下级的管理模式等，只有对招聘岗位背后的需求和偏好了解清晰，才能够为下一步与猎头机构的合作打下坚实的基础。

3.3.7 渠道7：社交招聘

借助社交平台和软件开展社交活动已经成为现代人最重要的社交方式之一。而将招聘活动与社交媒体进行融合，不仅更易于发现合适的候选人，还能极大地提升HR与候选人的互动频率和效率。

在社交招聘领域，领英可谓是先行者，不仅在社交招聘领域做了很多尝试，还曾推出一款专注于社交招聘的App。2013年上线的脉脉紧随其后，在国内首次提出了“真实职业形象”与“人脉共享”概念，利用算法打通同事、同学、同乡、同校、共同的朋友之间的关系，构建一个庞大的社交网络。那么，社交招聘有什么优点呢？

◆社交招聘的优势

与现场招聘等招聘方式相比，借助社交媒体进行招聘的优势主要体现在以下几个方面：

（1）受众面广、信息传播速度快

如今，几大热门的社交媒体平台拥有庞大的用户群体，而且对用户群体进行了基本的筛选和划分。例如领英在全球拥有超过6亿用户，脉脉在国内拥有过亿用户，而且多是在中高端人才聚集的一二线城市。在这种情况下，企业招聘人员将企业招聘需求发布在平台上，可以更快地将信息传播出去，扩大信息的传播范围，获得更好的传播效果。

（2）易于开发潜在客户、目标精准

在社交媒体上，企业招聘人员不仅能够与合适的候选人对接，提高招聘效率，还可以发现潜在候选人，为企业后续的人才扩充做好准备。例如有的候选人非常适合企业的用人要求，但由于近期没有求职意向，所以不能立刻进入企业的招聘环节。面对这种情况，企业的招聘人员可以将这些人才的信息记录下来，与其保持联系，待对方有求职意愿后快速与其对接。以脉脉为例，脉脉聚集了大批高价值人才，但这些人才不是主动求职者，而是处于“被动求职”状态。也就是说，企业要主动与这些人才建立联系，向他们展示企业实力，然后选择合适的机会将其纳入麾下。

（3）雇主雇员的双向互动

与很多招聘渠道中招聘方或求职方单方面处于主导地位的情况不同，在领英等社交招聘平台上，雇主与雇员处于平等地位，可以进行双向互动。一方面，企业的招聘人员可以在社交平台上搜索合适的人才；另一方面，求职者也可以通过企业微博、公众号等获取招聘信息。而且借助社交媒体，企业与求职者都能够了解到相关的信息并进行判断。也就是说，双方在互动的过程中就已经完成了初步筛选，能够基本了解对方是否是合适的选择。

（4）社交关系的连续性

招聘是一个过程性事件，需要招聘与应聘的双方保持持续的互动。而社交媒体作为一个有效的互动工具，不仅能够保证社交关系的连续性，而且能够保持长时间的有效性，企业招聘人员不需要花费过多的时间和精力进行额外的维护。

以脉脉为例，脉脉为职场人打造了一个内容社区，允许职场人在这里吐槽、八卦，成为求职者了解企业、中高层相互认识沟通交流的重要平台。这里每天都在产生很多有价值的信息，能很好地满足职场人的安全感与归属感，并逐渐形成了一些特殊的圈层，例如行业圈层、学校圈层，人与人之间也逐渐建立了广泛且密切的联系。在这种环境下，招聘人员很容易找到需要的人才，也很容易了解目标人才的工作状态，在目标人才有求职需求时可以抢先下手，这个过程不需要招聘人员投入太多时间与精力。

（5）招聘成本低

作为一种简便易用的招聘工具，企业招聘人员借助社交媒体进行招聘的成本也比较低，其原因主要有两个方面：一方面，企业可以通过社交媒体获得可靠的中高端人才资源，不需要经过收费高昂的猎头机构等；另一方面，通过社交媒体的互动，企业与求职者能够在比较短的时间内获得自己希望了解的信息，节省了路途奔波的时间和费用。但是因为候选人很多时候是“被动候选人”，因此在人选的转化时间上会耗时较长。

◆社交媒体招聘的实战策略

对于企业来说，无论何种招聘渠道，只有能够精准获得所需要的候选人资源，并能进行有效互动的渠道才能够称为理想的招聘渠道。而社交媒体招聘要满足企业的期望，还需要采取合适的策略。

（1）选择并经营社交平台

企业所处的行业不同，发展阶段不同，招聘的需求和所需的人才资源也会有很大的差异。因此，企业借助社交媒体进行招聘时，首先需要基于对自己招聘需求的分析选择合适的社交媒体平台，通过筛选关键词、优化搜索引擎等扩大招聘信息的传播范围。此外，企业还可以在社交平台上添加与企业相关的信息，将社交账户与企业网站进行链接，尽可能扩大招聘信息的传播范围。

总而言之，企业在使用社交媒体进行招聘时，招聘人员应该积极主动地与候选人互动，确保雇主品牌建设能够取得不错的成效，并根据搜寻到的信息建立企业人才库。

（2）实行社交招聘差异化策略

虽然已经有越来越多的企业借助社交平台进行招聘，但目前的社交招聘仍然主要从企业的立场出发，与其他的招聘方式没有本质区别。不过，未来的社交招聘将更加注重应聘者的需求，为企业推出具有针对性的招聘服务。

目前，社交平台招聘主要集中在互联网、电商等行业。如果招聘平台基于自身的定位以及用户群体的特点，能够制定针对某一个或某几个行业的专门招聘通道。这样一来，无论企业还是应聘者都能够有的放矢地查找和筛选相关信息，大大提升相关信息的获取效率。此外，还可以根据求职者的性别、地域、工作经验等进行划分，建立相应的招聘通道。

（3）鼓励员工使用社交平台

虽然借助社交平台招聘有很多优势，但也需要企业在该社交平台保持一定的活跃度。由于这项工作内容琐碎且工作量比较大，如果交由企业的人力资源部门负责，不仅完成效率较低，还无法达到很好的效果。因此，企业可以鼓励员工使用社交平台。对于有招聘需求的部门来说，部门负责人亲自参与到招聘过程中，更能够识别所需的人才。

此外，企业内部也可以由人力资源部门牵头，制作一些与企业相关的短视频，比如公司的日常、团建活动等，投放到社交平台，全方位地展示企业文化，吸引志同道合的应聘者。

第4章
高效筛选简历

4.1 简历识人：HR简历分析的五大要点

4.1.1 基本情况分析

筛选简历考验的是HR的基本能力。一名合格的HR应具备在较短时间内筛选出符合岗位要求的优质简历的能力，为招聘工作的开展奠定良好基础。具体来看，HR应该如何分析简历呢？

在筛选简历之前，HR要快速阅读招聘岗位的《招聘需求表》或者《岗位说明书》，提取出任职资格、能力要求等条件，在浏览简历的过程中搜索这些信息，将含有这些信息的简历留下。一般来说，在筛选简历的过程中，HR关注的硬性指标包括性别、学历、年龄、工作年限、是否离职、居住地、期望薪资等，在筛选的过程中可以将不符合要求的简历直接淘汰，为接下来的面试工作节省时间与精力。

一般来说，求职者的个人简历主要包括五大内容，分别是基本情况、教育背景、求职意向、工作经历、自我评价。其中，基本情况主要包括姓名，个人照片，性别、年龄、身高及婚姻状况，现所在地等，如表4-1所示。

表 4–1 求职者简历基本情况

基本情况	主要内容
姓名	求职者的姓名必须是真实姓名，如果求职者使用网络昵称或者在姓名栏填写特殊符号，面试官要考虑这位求职者的求职心态以及心智成熟度，不建议直接淘汰，可以尝试了解更多信息
个人照片	证件照：简历中使用证件照，说明求职者中规中矩，有一定的职业素养，思想比较正统
	生活照：使用生活照的求职者一般个性比较开朗，性格比较活泼
	艺术写真照：使用艺术写真照的求职者对自己的外在形象比较自信，也比较在乎他人对自己外在形象的评价
性别、年龄、身高及婚姻状况	性别和身高：HR 只需简单了解，不需要重点考察。如果岗位比较特殊，对性别、身高有特殊要求，可以作为筛选标准。例如，公司前台一般要求为女性，身高 160cm 以上，对外形也有要求
	年龄：通过求职者的年龄，HR 可以判断其思想成熟度、阅历、学历、工作经验、工作精力等。一般来说，本科应届毕业生的年龄为 22 ~ 24 岁，如果求职者的年龄较小，且已经本科毕业，HR 要辨别其学历的真伪。相反，如果求职者年龄很大却还没有大学毕业，HR 要判断其学历是全日制大学本科还是成人教育。如果求职者年龄较大，工作经验丰富，HR 要重点关注其换工作的原因，考虑工作稳定性等问题
	婚姻状况：通过婚姻状况，HR 可以判断求职者工作的稳定性，及其在工作中的投入度。例如，已婚人士可能对工作地点有要求，如果工作地点与居住地的距离较远，可能会影响工作稳定性。如果招聘的岗位需要员工投入较多时间与精力，已婚人士是否会因为需要照顾家庭导致在工作中投入的精力不足？这些问题都需要重点考虑
现所在地	求职者的现所在地可能影响其对工作地的选择。因此，HR 在筛选简历的过程中要关注求职者现所在地与招聘岗位的工作地点是否相同。如果两者不同，HR 要考虑求职者是否愿意跨城市工作？为什么愿意？如果求职者的年龄较大，能否接受生活环境的变化？能否接受跨城市工作造成的生活成本的增加？在后续沟通的过程中，HR 要特别关注这些问题

4.1.2 教育背景分析

◆毕业时间

HR 在分析毕业时间时要特别关注两点：第一，根据求职者的年龄、初始工作时间等因素判断求职者是否正常毕业，是全日制大学毕业，还是在职自考，或者其他情况。第二，根据求职者的毕业时间来判断求职者是否已经毕业，如果已经毕业能否提供毕业证明，如果没有毕业能否提供学生证明、就业推荐表等。

◆学制时间

HR通过对简历中的学制时间进行分析可以判断求职者的学历情况。一般情况下，研究生的学制是三年，本科是四年，专科是三年，本硕连读是七年，专升本是五年。如果发现学制时间有问题，例如本科学历三年，专升本四年等，都要额外注意，弄清原因。如果有海外留学经历，要了解具体的留学国的学制。如果涉及在职教育，例如MBA、EMBA或者研究生文凭课程等，也需要具体分析。HR还要观察简历上的学习时间与工作时间是否重叠，如果重叠，说明求职者曾边工作边学习，如果发现这种情况，HR要详细询问。

◆所学专业

所学专业会对求职者的求职方向产生直接影响，HR可以将求职者所学专业与期待的职位、工作经历对比，判断求职者所学专业与招聘岗位是否匹配。如果求职者是双学位，HR要判断哪个是第一学位，哪个是第二学位？同时要了解求职者修双学位的原因，从中判断求职者的学习能力与职业发展方向。如果招聘岗位对求职者的专业性要求较高，可以直接将所学专业与技能要求偏差较大的简历剔除。

培训经历包括在校培训经历和工作培训经历两部分。在这部分，HR要关注的是求职者的专业与培训内容是否对口，如果不对口，是否说明求职者想要往培训的方向发展。需要注意的是，培训经历与工作经验不同，因为培训效果有限，如果求职者没有接受过系统学习，没有相关的工作经历，仅凭几个课时的培训很难掌握足够的知识和技能来应对实际工作中出现的问题。另外，如果求职者参加的培训比较多，而且培训内容比较杂乱，在一定程度上说明求职者没有明确的职业发展规划。

HR还可以关注候选人所获取的资格证书，并评估资格证书的含金量。这样一方面可以评估候选人的学习能力，另一方面也可以找到区别于其他候选人的差异点。

4.1.3 求职意向分析

◆**期望工作地区**

HR要根据求职者的年龄、婚姻状况、所在地点等因素对其期望的工作地区的合理性进行判断，并判断期望工作地区与招聘职位的工作地区是否一致。如果招聘职位的工作地点在北京，而求职者一直在天津工作，简历中却在期望工作地区一栏中填写北京，HR要思考求职者改变工作地点的原因是什么？是因为婚姻状况希望在北京安家？还是希望获得更大的发展空间？这些因素会对求职者的从业意向产生很大影响，在后续的沟通中，HR要特别关注这一问题。

◆**期望职位**

期望职位直接反映了求职者的工作意向，在这个模块，HR要特别关注求职者选择的职位数量与各个职位之间的关联性。如果求职者只选择一个职位，或者选择的多个职位之间关联性特别强，说明求职者有明确的职业意向。如果招聘岗位与求职者的工作意向一致，后续招聘工作就能顺利进行。如果求职者选择了多个毫无关联的职位，说明求职者没有明确的工作方向。即便其中某一个职位与招聘职位相似，HR也要判断求职者工作的稳定性以及从业意向的坚定性。

如果求职者投送的简历写错了应聘职位，或者将本应发送到其他公司的简历一同发送到了本公司，说明求职者目前处于“病急乱投医”的状态，没有明确的职业发展规划，其填写的求职意向未必真实。对于这类求职者，如果简历中体现出来的工作能力与招聘岗位的要求相去甚远，HR可以直接淘汰。

◆**到岗时间**

HR可以通过求职者的到岗时间判断其录用后能否尽快参加工作。如果求职者不能在企业要求的时间内到岗，可以不予考虑。当然，求职者的到岗时间要结合工作状态进行判断，如果求职者在简历上写的是“随时到岗”，但工作状态却是“在职”，HR要向其确定到岗时间，以保证求职者录用之后可以按时到岗。

◆期望薪资待遇

期望的薪资待遇反映了求职者的物质需求。对于大多数人来说，工作是获取物质回报、提高生活质量的一种手段。为了获取更多的物质回报，一些求职者会不断跳槽。一般情况下，求职者换工作时都希望新工作的薪资水平高于之前的工作，但也有一些求职者会接受低于目前薪资水平的工作，例如求职者换行工作、进入一家知名企业、长期失业急于找到一份工作等。因此，HR在判断求职者期望的薪资待遇时，要与其年龄、学历、工作经历等情况相结合，判断其期望的薪资待遇是否合理，与招聘岗位的薪资水平是否存在较大差距？如果差距不大，是否可以通过其他福利满足？如果差距较大，求职者能否接受这个薪资水平？

4.1.4 工作经历分析

HR可以通过工作经历对求职者的基本能力进行判断。在整个简历中，工作经历是需要HR重点关注的一部分内容。具体来看，HR在分析求职者的工作经历时需要重点关注以下两项内容。

◆工作时间

在工作时间方面，HR要重点分析总工作时间、每份工作的具体时间、换工作的频次以及两份工作的间隔时间。

通过总工作时间，HR可以了解求职者的工作经验是否丰富。有些企业对求职者的总工作时间有要求，例如三年工作经验、五年工作经验等。总工作时间需要和具体的工作内容、工作时间结合在一起进行分析，但只作为判断求职者工作经验的参考。

通过每份工作的具体时间与换工作的频率，HR可以了解求职者工作的稳定性。如果求职者频繁跳槽，换工作频率过高，说明其工作的稳定性不高，每项工作的工作时间都不会太长。一般情况下，一份工作从接手到熟悉至少需要6~12个月的时间。如果某份工作的工作时间少于6个月，就不能作为工作经验。所以，对于频繁跳槽的员工，HR要了解其跳槽的原因。

此外，HR要确认求职者前后两份工作之间的空闲时间有多长？如果空闲时间超过2个月，HR要了解求职者在这段时间内做了哪些事？为什么长时间没有找到工作？是能力问题还是有其他的原因？如果前后两份工作无缝衔接，求职者要判断其工作经历是否造假？为什么离职之后可以立即找到工作？

如果两份工作的工作时间相互重叠，说明求职者在工作期间找了一份兼职，HR要了解求职者兼职的目的，是原来的工作不多，有很多空闲时间，还是经济方面的原因？是否会对正常的工作造成影响？是否因为兼职影响了本职工作造成了离职？

需要注意的是，很多求职者知道面试官非常关注职业的连续性，因此可能将某段空闲时间归入某段工作经历中，误导面试官。为了甄别这一问题，面试官需要对求职者进行背景调查。

◆工作内容

首先，HR要判断求职者关于工作内容的描述是否全面、详细。如果工作内容的描述比较简单或者含糊不清，HR要在与求职者沟通时请求职者具体描述其工作内容，并解释其简单填写工作内容的原因，以判断其对待这份工作的认真程度。如果求职者将所有工作经历描述得很详细，HR在与求职者沟通时要了解其描述的工作内容是否真实。

HR在考察求职者工作内容真实性的同时，还要对求职者几段工作经历之间的相关性进行判断。如果几份工作之间存在较大差距，而且每份工作的工作时间都不长，说明这位求职者还没有明确的职业发展方向。面对这种情况，HR要深入了解原因，对这位求职者工作的稳定性做出判断。

其次，HR要判断求职者填写的职位名称能否体现其真正的工作职责，在这个过程中，HR还要考虑该职位的工作内容以及该职位在工作中发挥的作用。如果求职者没有在工作经验中填写职位，只填写了部门，可能表示求职者对所担任的职位没有信心。如果求职者写的职位名称比较模糊，例如文职、管理等，HR需要了解具体的工作内容。

再次，HR要判断求职者的第一份工作是否与所学专业有关，如果不相关，要了解原因，是形势所迫还是出于自身的兴趣，了解这份工作持续的时间，通过后续测评判断其工作态度是否积极。同时，HR还要根据求职者的工作时间，判断求职者在专业上的深度与广度。如果工作时间比较短，工作内容却比较深，HR要特别留意，在面试沟通时围绕这部分内容详谈，深挖细节，判断真伪。

最后，HR要根据求职者的工作经历判断其工作经验是否与招聘岗位的要求相符。如果求职者的工作能力比较强，应聘的职位比较低，HR要特别注意，判断求职者简历中的工作经历是否真实。如果HR发现求职者伪造简历，可以直接淘汰。如果求职者的简历真实，HR要对求职者低就的原因进行探究。

4.1.5 自我评价分析

自我评价属于主观描述，HR可以通过求职者的自我评价判断求职者的性格、能力，了解求职者的优缺点等。例如，一位应聘技术岗位的求职者在自我评价时强调自己的性格优势，而非技术优势，可能说明这位求职者对自己的技术水平不自信；如果某位求职者的自我评价是从网络复制粘贴而来，说明其自我认知不足，或者不重视此次面试。

在自我评价模块，HR要关注求职者的自我评价是否真实？是否存在夸大成分？能否举例证明评价的真实性？求职者的自我评价是不是比较特别，与其他的求职者不同？思考求职者为什么会对自己有这样的评价？可以在接下来的沟通中了解原因。

总而言之，HR在审核简历时要关注所有意义不明确或者前后不一致的内容，例如求职者换工作的频率非常高，但没有说明离职原因，HR要思考、探究其背后的原因。如果求职者表示不愿加班，是否说明求职者的工作态度有问题，工作投入度不高。如果求职者表示希望每月按时发薪，是否说明求职者曾遇到过拖延薪资的情况。HR在审核简历的过程中发现问题要及时做好标记，在接下来的面试沟通中解决这些问题。

4.2 价值评估：高效筛选简历的操作技巧

4.2.1 评估候选人的岗位胜任力

企业开展招聘工作的目的是获得既满足招聘岗位职位技能要求，又愿意从事招聘岗位工作的员工。因此，HR在筛选简历的过程中要注意两个问题，一是能做；二是想做。如果HR在筛选简历的过程中发现求职者的能力、素质符合招聘岗位的要求，又表现出明显的求职意愿，就说明这是一份优质的简历，值得重点关注。

由于不同岗位对求职者的要求不同，判断简历价值的标准也不同，HR通过分析简历内容判断求职者能否胜任招聘岗位时，要与具体岗位的任职要求相结合，不能盲目筛选。也就是说，HR拿到一份简历，在判断这份简历的价值之前，要先明确招聘岗位的任职要求，形成一套判断标准，从而做出更精准、更科学的判断。

一般来说，企业的任职要求主要包括必备要求和理想要求。其中，必备要求指的是该岗位对员工能力与素质的最低要求，理想要求是在必备要求的基础上对员工提出的更高要求。例如，销售岗位对求职者的必备要求是沟通能力强、能够快速与客户建立联系、能够促成交易等，理想要求可以是具有团队意识、善于挖掘产品卖点等。为了提高简历筛选效率与精准度，HR在判断简历价值时，可以将关注点放在企业或岗位的必备要求上，将符合要求的求职者留下，然后在面试环节深入沟通、交流。

另外，企业任职要求可以划分为两部分，一部分是硬性要求，另一部分是软性要求。硬性要求指的是招聘岗位对员工的基本要求，包括性别、年龄、身高、学历、专业技能、工作经验等，这些信息通过简历可以直接获得；软性要求指的是招聘岗位对员工个性、人生观、价值观等方面的要求，这些信息需要综合简历中的各项信息进行推断。基于此，HR判断求职者能否胜任招聘岗位，就要判断其是否符合招聘岗位的硬性要求和软性要求。

◆判断是否符合硬性要求

硬性要求可以通过浏览简历直接获得，因此，HR只需将简历中的信息与招聘岗位对求职者的硬性要求进行对比，就能判断这位求职者是否符合要求。

例如，某公司招聘前台文员，硬性要求是年龄22岁以上，身高160cm以上，最低学历是大专，有三年前台工作经验等。HR在筛选简历时将求职者的基本信息与这些要求进行对比，将符合要求的简历留下，将不符合要求的简历剔除。

如果求职者的能力素质明显高于任职要求，HR要慎重考虑。

例如某公司招聘一线销售人员，HR在筛选简历的过程中发现一位求职者的销售能力很强，又具备管理经验，各项条件都满足任职要求，但这位求职者之前的职位是销售经理。面对这种情况，HR要考虑这位求职者为什么会低就，录用之后能否长期稳定地从事一线销售岗位。

HR通过判断求职人员是否符合硬性要求，最终要达到两个目的：一是筛选出“海投”的简历；二是选出符合招聘岗位基本硬件要求、可以进一步沟通的求职者。

◆判断是否符合软性要求

HR判断求职者是否符合岗位的软性要求，可以结合求职者在相关岗位上的工作经历、项目经历、实习经历等进行综合判断。具体来看，在这方面，HR需要重点关注五方面内容，如表4–2所示。

表4–2　判断求职者是否符合软性要求的五大关键点

序号	主要内容
1	HR可以通过简历了解求职者第一份工作、上一份工作、工作时间最长的一份工作的工作时间、工作内容、取得的成绩、所在的职位等，对求职者所具备的技能是否符合招聘岗位要求做出初步判断。HR通过分析求职者在不同企业、不同岗位工作时间的长短，可以大致了解求职者对工作环境、企业环境的要求以及适应能力

续表

序号	主要内容
2	HR可以通过了解求职者换工作的频率与原因，对求职者的职位规划做出初步判断。一般来说，求职者在一个公司工作两年及两年以上可视为稳定，如果一年内频繁更换工作，基本可以判断求职者稳定性较差，而且没有明确的发展目标
3	HR可以通过了解求职者曾从事哪些行业，来判断其工作的稳定性以及职位规划的明确度。如果求职者有明确的职位定位，通常不会频繁地更换行业。如果求职者频繁地更换行业，而且行业跨度极大，说明求职者没有明确的职业发展规划
4	HR要关注求职者连续两份工作的间隔时间，如果求职者在两份工作之间出现较长的空档期，HR要予以重点关注，了解原因
5	HR在查看简历的过程中要注意求职者工作时间与专业深度的契合，如果求职者工作时间较短，却接触到了核心的工作内容，需要重点留意，并在接下来的沟通中判断这段工作经历的真实性

由于软性要求没有可量化的判断标准，所以HR在这个环节的主要目的就是对求职者与岗位要求的契合度做出初步判断，将分析简历过程中得出的结论和需要进一步了解的问题记录下来，例如离职原因、空档期问题等，在后续沟通过程中深入了解。

4.2.2 评估候选人的意向匹配度

在分析简历的过程中，HR可以通过期望工作地区、求职意向（发展方向）、期望岗位（应聘职位）、最快到岗时间、薪资待遇要求等信息了解求职者的求职意向，具体分析方法如表4–3所示。

表4–3 求职者求职意向评估分析

评估指标	具体内容
期望工作地区	通过求职者填写的期望工作地区，HR可以判断求职者与招聘岗位的匹配度。如果招聘岗位的工作地点与求职者的期望工作地区差距较大，又不能为求职者提供住宿，可能会导致岗位意向匹配度较低。即便求职者通过面试顺利入职，也有可能随时离开。如果求职者的其他条件都符合要求，HR可以与求职者电话沟通，确认求职者是否愿意跨区域上班
求职意向、期望岗位	通过求职者的求职意向（发展方向）、期望岗位（应聘职位），HR可以对求职者的职业方向及其与招聘岗位的匹配度进行初步判断。如果求职者填写的发展方向比较多，而且相互之间毫无关联，说明求职者没有明确的从业意向与发展方向

续表

评估指标	具体内容
最快到岗时间	了解最快到岗时间。如果求职者没有明确的最快到岗时间，HR要在与求职者后续的沟通中确认清楚，以免求职者通过面试却无法按时入职的情况发生，对招聘进度造成不良影响
期望的薪资待遇	了解求职者期望的薪资待遇，判断其合理性及与招聘岗位的匹配度。如果求职者的期待薪资远远高于招聘岗位的标准，且各项能力一般，HR可以将简历剔除；如果求职者的各项能力都比较强，HR可以与其进一步沟通，判断对方是否愿意接受低薪酬。如果对方拒绝，可以将简历删除

通过这项工作，HR可以了解求职者的求职意向与招聘岗位是否相契合。一般情况下，求职者在找工作时还会考虑企业文化、工作环境等因素。这种情况下，HR在判断求职者的求职意向时要综合各方面的信息，尽量做出比较科学、准确的判断，以免错过优秀的求职者。如果投递简历的求职者数量不多，HR通过初步筛选发现满足岗位必备要求的求职者之后，可以通过电话或者面试与求职者详谈，了解自己想要了解的情况，然后再做出判断。

4.2.3　评估简历的潜在用人风险

筛选简历是HR人员的一项日常工作，但这项工作的主观性较强，无法细化衡量标准。虽然在筛选简历的过程中，招聘人员可以按照岗位说明书将不符合招聘岗位硬性指标的求职者剔除，但由于求职者在填写简历时有很大的自由发挥空间，可能伪造信息，导致招聘人员无法做出正确判断，诱发用人风险。为避免这种情况发生，招聘人员在筛选简历时要对简历中的各项信息进行细致分析，对求职者的能力、素质、是否符合招聘岗位要求等做出正确判断，以规避用人风险。

求职者伪造的信息通常会存在一些漏洞，在这种情况下，招聘人员在分析简历时可以重点关注以下五个方面。

◆违背常理的职业发展逻辑

一般情况下，候选人在某个行业或职位工作的时间越长，无论其是否更换公司，职业发展应该呈螺旋式上升趋势，岗位级别应该是有规律提升。如果求职者上一份工作的工作时间不长，此次应聘的职位比之前的职位低很多，招聘人员就要考虑该求职者在简历上填写的上一份工作职位是否真实，或者该求职者从上一份工作离职的原因是否是无法胜任。当然，有些互联网公司为了吸引人才可能拟定一个较高的职位名称，招聘人员也要考虑到这一点。

◆使用模糊性的描述词

有些求职者为了掩盖自身的不足，在描述水平能力、教育经历、岗位职务、工作经历时往往会使用一些模拟性的词语，如表4–4所示。

表 4–4　求职者常使用的模糊性描述

描述层面	具体内容
水平能力	最常见的模糊性描述就是“具有较好的 ××× 能力”，但却无法提供相关经历或事实予以证明
教育经历	最常见的模糊性描述是不说明是否接受过全日制教育。关于这一点，招聘人员可以根据其年龄进行推断。另外，对于就读学校 ×××× 学院，招聘人员要区分其是本科还是专科
岗位职务	最常见的模糊性描述是没有说明具体的岗位职级，使用“负责人、代表、管理”等模糊性词汇。如果招聘岗位要求求职者具有相关的工作经历，招聘人员很难通过这些词汇对求职者的胜任能力做出准确判断
工作经历	最常见的模糊性描述是在描述每段工作经历时只写年，没有精确到月，造成很大的时间差，来掩盖中间可能存在的空档期。对于这一点，招聘人员要特别注意

◆与岗位不符的工作职责

工作职责与岗位不符可能存在两种情况：一是求职者对之前的工作经历造假，夸大自己的岗位职责，以体现自己的专业能力，这种情况属于放大效应；二是单纯地将现任岗位拔高，但没有改变工作职责与工作内容，出现岗位倒挂现象，这种情况属于缩小效应。招聘人员在审核简历的过程中对工作岗位与工作职责进行对比分析，可以发现这类问题。

◆难以实现的时间冲突

时间冲突指的是求职者在某段时间内存在重复的工作经历或者一段根本无法实现的经历，例如职称考试对工作年限有一定的要求，而有些候选人在大学毕业时就已经获得了职称。面对这种情况，招聘人员要判断求职者就读的是否是全日制大学。有些求职者的工作经历与教育经历重合，招聘人员要判断求职者就读的是否是全日制大学，或者这段工作经历是否是兼职。

◆过分夸张的薪资水平

求职者换工作的一个主要目的是获得更多的薪资报酬。为了提高自己的身价，增加在面试谈判中的筹码，求职者往往会在简历中提高自己曾经任职的职位以及薪酬水平。但有些时候，求职者为了获得更高的薪资，过度夸大自己的薪酬水平，甚至高于行业标准。招聘人员在筛选简历的过程中发现这种情况，需要重点关注求职者的硬性条件。

在筛选简历的过程中，筛选人的主观意识发挥着重要作用，不能因为某份简历中存在疑点就全盘否定该求职者的价值。毕竟人是复杂的，有些求职者的情况比较特殊，无法通过简历全面反映出来。上面所说的几种风险需要HR人员在筛选简历的过程中特别留意。如果HR人员在筛选简历的过程中发现问题，但求职者的硬性条件又比较好，可以邀请其参加面试，面对面深入沟通，解决疑问，做出正确的聘用决策。

4.2.4 简历价值评估的四个误区

虽然有些招聘人员经验丰富，在简历筛选、简历价值评估方面积累了丰富的经验，但仍有可能发生错误，将真正符合招聘岗位要求的人拒之门外。具体来看，招聘人员在评估简历价值的过程中可能陷入以下四大误区。

◆过分迷信大公司的工作背景

HR不要迷信求职者在大公司的工作经历，一味地认为大公司出来的员工经验丰富，可以给公司带来一些经验和资源。但事实上，不是所有在大公司工作的人都是精兵强将，而且大公司严格的管理流程、过细的分工都会消磨人的意志与激情。因此，面对有大公司工作背景的求职者，HR要保持理智，结合招聘岗位的工作职责做出科学判断。

◆过分“迷恋”稳定性特别好的求职者

稳定性好的求职者未必好，关键在于为什么稳定？一般来说，保持5年及以上没有跳槽的求职者就会被认为具有较强的稳定性。有些求职者稳定性强是因为所在公司、所在职位具有较强的吸引力及广阔的发展空间；有些求职者稳定性强是因为害怕改变、不敢冒险、能力不足、不敢离开。

因此，面对稳定性特别好的求职者，HR要先了解稳定的原因，再做出判断。

◆过分钟情于工龄长的求职者

在很多人看来，求职者的工龄越长，工作经验就越丰富。确实，求职者某份工作的工作时间越长，越有可能积累丰富的工作经验。但需要注意的是，工作经验不是时间赋予的，而是求职者在工作过程中通过思考、总结沉淀下来的。如果求职者多年来一直处在同一个职位，工作内容没有变化，个人技能也没有得到提升，即便工龄很长，也不能认为其积累了丰富的工作经验。如果求职者曾担任某公司的销售主管，但纵观其工作经历，他还在很多公司担任过销售主管，这几份工作的工作内容相差无几，也不能单纯地认为其工作经验丰富。在这种情况下，HR要考虑该求职者的工作能力是否可以适应工作环境、工作内容的变化，是否具备发展空间。

◆对与自己有相同之处的求职者宽容

基于同类人偏差心理，HR在筛选简历时总是对与自己有相同之处的人格外宽容、评分较高，这里的相同之处包括但不限于同一所学校毕业、同乡、相似的经历、共同的兴趣爱好等。而且HR与求职者的共性越多，对求职者越宽容。这一问题值得HR深思。

对于HR来说，找到符合招聘岗位能力要求，而且求职意向相契合的求职者并非易事。因此，HR在筛选简历、评估简历价值的过程中，要根据实际情况调整评判标准。如果求职者比较多，筛选出来的符合条件的简历也比较多，可以适当提高标准；如果求职者比较少，筛选出来的符合条件的简历也比较少，可以适当放宽标准，保证招聘效果。

4.3 背景调查在人员招聘中的作用

4.3.1 背景调查公司选择指南

由于现在候选人虚构工作经历、个人能力等信息的情况越来越多，很多企业开始尝试对候选人进行背景调查。目前，企业的背景调查主要有两种方式：一种是交由企业的人力资源部门负责，另一种是委托专业的背景调查公司进行。前者无须花费太多费用，但需要投入很多时间与精力，而且获得的信息不全面；后者虽然费用较高，但省时省力，可以获得更全面、更真实的信息，便于企业对候选人做出更客观的判断。最重要的是，正规的背景调查公司会通过公开渠道对候选人进行调查，所有调查项目都会提前告知候选人，征得候选人签字同意后才会开始调查，可以在最大程度上规避法律风险。

目前，市场上的背景调查公司有很多，HR应该如何选择呢？具体来看，HR在选择背景调查公司时要重点关注三大指标，分别是服务、专业度和费用。

◆服务

（1）调研项目

背景调查的项目主要有三大类：第一类是证件类信息，包括身份证、学位证等，防止候选人伪造证件；第二类是候选人的职场表现，包括候选人的工作经历、工作能力等，防止候选人夸大工作能力；第三类是候选人的个人信用情况，包括信用记录、商业利益冲突等，防止候选人入职后泄露公司机密，损害公司利益，这项调查一般只对公司中高层进行。

背景调查公司不同，提供的背景调查项目也不同。一般来说，大部分背景调查公司都可以提供证件类信息、职场表现等背景调查项目，企业的选择空间比较大；但有些背景调查项目只有少数背景调查公司可以提供，如果企业有这类需求，就要有针对性地做出选择。

（2）调研周期

调查项目不同，所耗费的调查时间也不同。一般来说，证件类信息的调查周期较短，只需1～3个工作日；职场经历与个人信用类信息的调查时间要长一些，大概需要3～5个工作日。企业可以据此判断背景调查公司的工作效率，根据事情的紧急程度选择合适的背景调查公司。

◆专业度

（1）信息来源

HR在选择背景调查公司时要了解它们的信息来源，一般来说，证件类信息主要通过国家官方途径或发证机关进行查询；职场表现类信息主要通过与候选人过去的领导、同事、下属沟通，综合各类信息做出客观评价；个人信用类信息要以合法、合规的方式通过金融机构及工商部门进行查询。如果背景调查机构无法给出明确的信息获取渠道，HR要慎重考虑。

（2）公司资质

HR在选择背景调查公司时还要考虑公司资质，例如公司成立时间、公司规模、长期合作的企业等。目前，国际上较为知名的是First Advantage（FADV），国内的大型背景调查公司有太和鼎信、全景求是、91背调、八方锦程、i背调等，这些公司的成立时间比较早，综合实力比较强，可以提供非常专业的背景调查服务，不会为企业带来法律风险。当然，市场上还有很多新崛起的背景调查公司，HR经过考察确认没有问题也可以选择。

◆费用

背景调查公司的服务定价主要有三类，分别是套餐费、单价和定制服务。大多数公司会选择购买套餐，因为价格较低，选择相对较多，基本可以满足背景调查需求。单价指的是单项背景调查的价格，这个价格只起到指导性作用，一般很少有企业购买。定制服务的价格相对较高，可以根据企业的实际情况对调查项目进行组合，在最大程度上满足企业的需求。

总而言之，在选择背景调查公司时，HR要尽量多搜集一些信息，综合服务、专业度和费用三大要素做出最合理的选择。

4.3.2 开展背景调查的4个要素

近年来，越来越多的企业开始注重背景调查，希望通过这种方式招聘到符合岗位要求且综合素质比较好的人才，规避人才招聘风险，减少企业损失，提高人力资源部门的战略性管理职能。

背景调查又称为参考调查，指的是通过正常、合法、合理的渠道，对求职者的教育经历、工作经历、工作业绩、职业素养等情况进行调查，将获取的信息与求职者提供的信息进行对比，对信息的真实性进行判断的一种调查方法。

HR要认识到对求职者开展背景调查的重要性，明确开展背景调查的目的。背景调查关系着企业的经济利益与法律风险，影响着求职者聘用后在企业中发挥的作用。由于现代企业人员流动性较大，所以对求职者进行背景调查非常有必要。在具体操作方面，HR应该根据企业特点，明确背景调查的目的，创建一套背景调查方式，明确背景调查流程，编制背景调查预算，将背景调查的作用充分发挥出来，同时规避背景调查可能带来的法律风险。

具体来看，一份专业的背景调查应该包括四大要素，分别是犯罪记录核查、信用记录核查、工作表现调查和就业与教育经历证明。每一个要素都可以进一步完善求职者的信息，为最终的聘用决策提供更加科学的依据。

◆犯罪记录核查

犯罪记录核查是背景调查的第一个要素，也是一项最基本的调查。因为对于企业来说，犯罪记录核查的意义重大。通过犯罪记录核查，企业可以了解求职者是否有过违法犯罪的经历。如果有，是什么类型的犯罪？如果企业通过犯罪记录核查发现求职者有过犯罪行为，例如偷盗、攻击他人等，一般会拒绝录用。如果企业发现求职者有诈骗或挪用公款的行为，·般不会聘请其担任主管或者其他高级别职位。

◆信用记录核查

背景调查的第二大内容是信用记录核查，这是一项令企业比较纠结的调查。因为企业不仅要确定需要进行信用记录核查的求职者，还要对求职者解释调查结果以及调查结果对聘用结果的影响。因为不是所有求职者都需要接受信用记录核查，只有管理过企业资产的求职者才需要。

需要注意的是，招聘方面的信用记录核查与借贷方面的信用核查不同，其主要内容是调查求职者不负责任的金融管理行为以及是否存在极度的财务困境。如果求职者出现一两次欠款或者较高的信用额度，应该视为正常，不能将其作为拒绝录用的理由。但如果求职者应聘的组织为金融机构，则此项内容为红线。

◆工作表现调查

在背景调查中，工作表现调查的应用范围极广，适用于从基层到CEO

各个职级的员工。工作表现调查最简单直接的方式是与求职者的前任主管直接沟通，了解求职者的考勤情况、职业道德、工作效率、诚信度、决策能力等，调查结果会直接影响到最终的聘用结果。

职位不同、岗位要求不同，工作表现调查的重点也应不同。但在实际调查过程中，HR经常用相同的问题对所有求职者进行工作表现调查，导致调查结果不具备参考性。另外，为了从求职者的前任主管处获得更多有价值的信息，在调查过程中，HR最好提问开放性问题。如果HR想通过工作表现调查获取更多的信息，可以选择一个声誉良好、经验丰富的第三方机构，委托其对求职者进行调查。

◆就业与教育经历证明

背景调查的最后一个项目是对求职者的就业与教育经历进行调查。HR可以通过学生记录、工资单等获取与求职者有关的客观、真实的资质信息。但是，一些求职者为了迷惑HR可能会伪造信息，这一行为虽然困难，但不是无法实现，因此HR在调查过程中要保持警惕，以免受到蒙骗。

另外，通过教育资质证明，HR可以判断求职者是否来自“野鸡大学”。近年来，“野鸡大学”不断优化，情况变得越发复杂，有些“野鸡大学”甚至可以提供合法证明。例如，学校有专门的代理接听电话，可以提供资质证明等。为了甄别求职者是否来自“野鸡大学”，HR可以和专门从事背景调查的第三方机构合作，因为这些机构有“野鸡大学”的名单，并且会实时更新。如果遇到没有听说过的学校，第三方机构会先调查该学校是否真实存在，然后再对学校的合法性进行调查。

4.3.3 实施背景调查的四种方式

在背景调查过程中，HR采用的调查方式越多，获得的结果的可信度越高。在实际操作过程中，HR可以根据实际工作需要确定背景调查方式，对各种背景调查方法组合使用，以保证调查结果尽量真实、全面。下面对背景调查常用的四种方法进行简单介绍，如表4–5所示。

表 4-5 背景调查的四种方法

调查方法	优缺点分析
电话调查	在背景调查中，电话调查是最常用的一种方法。为保证调查效果，HR要在电话调查之前设计问卷调查表，按照调查表设计的问题逐一提问，并将被访问者的回答记录下来。在电话调查的过程中，调查者首先要说明原因，获得被访问者的理解与支持，以便获得真实的信息
发函调查	发函调查有两种方式：一种是让被访问者填写调查问卷，另一种是让证明人写评论信。发函调查的优点是具有较强的系统性，缺点是回收率低，能获得的有效信息较少
网络调查	进入信息时代以来，互联网逐渐渗透进了人们学习、生活、工作的各个领域，网络调查逐渐成为一种流行的调查方式。在背景调查中，HR可以通过身份证号码查询核实求职者的身份信息，可以通过全国高等教育学生信息网查询求职者的学历信息。如果求职者有微博，还可以搜索求职者的微博账号，获取想要了解的信息等
面谈调查	在背景调查的各种方式中，面谈调查的可信度最高，可以挖掘到更丰富的信息，最大限度地核实求职者的背景情况。但面谈调查的流程比较复杂，需要设计访谈问卷、前往证明人所在地点、记录访谈过程等，需要HR投入较多时间与精力，成本较高

值得一提的是，有些企业喜欢采用内部打听的方式给候选人做背景调查。仅仅是因为有可能认识候选人所在公司的领导或同事，或者有共同交集的朋友。虽然这样的背调看似可信度高，成本低廉，效率兼顾，但是因无法判断我们采访的对象是否足够中立和客观，因此可能会让调查结果大打折扣。

4.3.4 实施背景调查的流程策略

综上所述，求职者背景调查的主要内容包括犯罪记录核查、信用记录核查、工作情况调查、就业与教育经历证明。企业招聘过程中，不同招聘岗位背景调查的深度与广度也应不同。HR要根据具体的招聘岗位设计背景调查表，招聘岗位的级别越高，承担的责任越大，背景调查应该越详细、全面、准确。尤其是财务岗位，必须清楚了解求职者的犯罪记录和信用记录。HR实施背景调查的具体流程如表4-6所示。

表 4-6　HR 实施背景调查的具体流程

调查流程	具体内容
选择可靠的调查渠道	对于求职者的学历，可以选择学信网等网站；对于工作起止时间，可以查阅求职者的劳动手册。总而言之，员工背景调查要选择一些可靠的渠道
确保接受调查的人的身份是可靠的	判断接受调查的人的身份是否可靠有一个简单的方法，就是观察其所在公司总机和邮箱的使用状态，如果总机和邮箱是公开的，一直处于可联系状态，而且非常稳定，不会轻易变动，说明接受调查的人的身份值得信赖
确保接受调查的人提供的信息是可靠的	人都有感性的一面，在评价一个人时往往带有主观色彩。在背景调查的过程中为了保证被调查的人对调查对象的评价客观、真实，HR 首先要深入了解接受调查的人，包括接受调查的人的姓名、办公室电话、职位等，尽量保证接受调查的人讲真话。其次，HR 如果选择通过邮件、传真等开展背景调查，要将这些书面证据保留下来
正确处理虚假信息	如果在背景调查的过程中获得了虚假信息，HR 应该给予高度重视，不仅需要求职者给出书面证明，还要将各种特殊情况一一排除

4.3.5　背景调查的纠纷处理方法

背景调查可能会涉及求职者的个人隐私，尤其是信用情况调查，目前我国法律没有对企业开展背景调查的权利与义务做出明显界定。因此，为了防止背景调查引起纠纷，企业要做好两方面的准备工作：第一，企业在开展背景调查之前，要获得求职者的理解和支持，征得被调查者的同意；第二，企业在《应聘人员登记表》中注明此项，请应聘人员签署声明书。

例如，某公司在《应聘人员登记表》中附上这样的声明书："本人保证以上个人资料全部属实，同意招聘单位对本人的工作经历、所提供的学历证书及其他相关事项的真实性进行调查，并愿意在这些调查中予以配合。如上述资料或提供给贵公司的其他相关资料有欺骗和虚假内容，即使被公司录用，我也愿意接受公司的开除处分，并愿意承担一切法律后果。"

如果求职者不接受背景调查，HR 可以考虑直接淘汰。如果求职者处于在职状态，背景调查需要采取特殊方式，例如向目前就职单位的前一家单位进行调查等。需要注意的是，虽然在员工招聘过程中背景调查非常重要，可以帮助HR深入了解求职者，但HR不能过度迷信背景调查。除了背景调查之外，HR还要组织员工面试，开展人才测评，以筛选出优秀人才。

企业在开展背景调查的过程中可以对多种方式进行综合应用，最大程度上规避招聘风险。在背景调查的过程中，HR要秉持严谨、客观的态度，对调查结果保密，对负面结果进行妥善处理，减少主观因素对调查结果的影响。

例如，如果求职者与曾经的上司有误会，而HR又将曾经的上司作为证明人。这位曾经的上司可能会因为私人恩怨故意贬低求职者。如果情况相反，求职者与曾经的上司关系比较好，上司就有可能夸大求职者的能力。

为了防止证明人的主观因素对调查结果造成过多影响，HR要从多个维度开展背景调查，例如同时向求职者原单位的人力资源部门、上级主管、同事和客户等进行调查。如果发现负面评论，HR要甄别负面评论的真实性，以及导致负面评论的问题与招聘职位的关联度，多渠道求证，不要轻易下结论。如果确定负面评论都是真实的，HR要采取相应的措施。如果情况比较严重，HR要果断拒绝录用。

目前，几乎所有企业都面临着用人压力，招聘难已经成为整个行业的共识。在人才市场有待规范、员工职业化水平有待提升的当下，越来越多的企业开始重视背景调查。如同社会有法律、道德规范一样，企业对求职者开展背景调查，可以大幅提高求职者的职业道德水平，降低企业的招聘风险。因此，未来在企业的招聘过程中，背景调查或将成为不可跳过的一环，在聘用决策中发挥重要作用。

值得一提的是，随着国内企业开始面向全世界招聘国际人才，在背景调查上我们不能仅仅参照我们在国内的标准与流程。我们需要充分尊重求职者所在国或地区对于背景调查的要求与规定，确保背景调查的合规性与合法性。

第5章
组织面试选拔

5.1 面试理论：面试常用的素质测评模型

5.1.1 冰山理论模型

冰山理论又称为素质冰山模型，是美国著名的社会心理学家戴维·麦克利兰（David C. McClelland）提出的。素质冰山模型的核心理论是：人的内在属性就像一座冰山，我们在观察一个人时，只能看到露出水面的部分，也就是基本知识和技能，这一部分容易了解，也容易改变；而隐藏在水面以下的部分更丰富也更重要，包括内驱力、社会动机、个性品质、自我形象、态度等，往往被人们所忽略。

◆冰山模型的六个层级

用于人才测评的冰山模型主要包括六个层级（见图5-1），下面我们按照从上到下的顺序进行具体分析。

在这六个层级的内容中，只有知识和专业技能露出了水面，容易了解、考察，其余的四个层级都隐藏在水面以下，属于内在的无法测量的内容，不太容易受外界的影响而改变，却在很大程度上决定着人的行为与表现。

提到冰山模型，受过专业训练的HR都非常熟悉，却很少有HR在招聘过程中真正用到冰山模型。下面我们对如何在招聘中应用冰山模型进行具体分析。

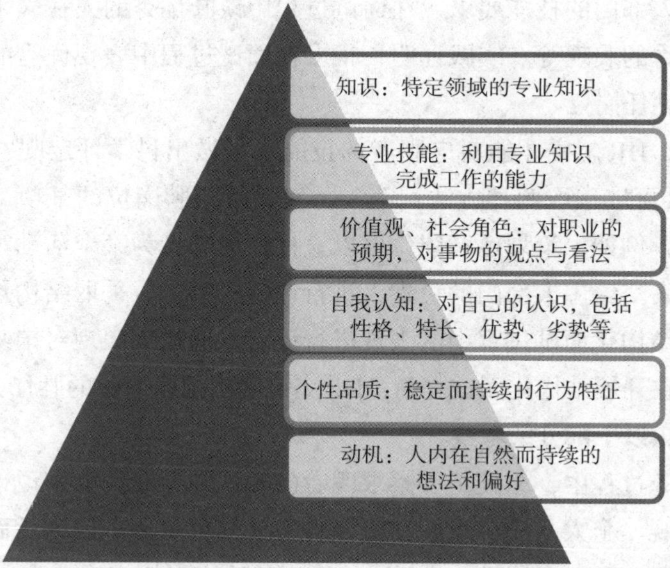

图 5-1　冰山模型的六大层级

◆冰山以上部分的考察

水面以上的知识和专业技能属于外在表现，比较容易考察衡量。

（1）知识层面

知识层面的问题可以用笔试的方法进行考察，例如比较注重专业知识的技术研发类岗位，公司在设计笔试题目时可以侧重岗位需要解决的技术性问题，通过这类题目考察应聘者的专业知识和能力。

有些技术性岗位需要的专业理论知识比较复杂，如果HR对这些知识的了解不全面、不深入，很容易在人才甄选环节做出错误判断，导致招聘到的新员工无法满足用人岗位的需求，造成资源浪费。为了避免这种问题发生，企业最好安排用人部门主导知识层面的考察，人力资源部门从旁协助。

（2）专业技能层面

HR在考核应聘人员的专业技能时经常走入一些误区，例如认为理论知识丰富的人一定拥有较高的专业技能、在其他公司表现优秀的人一定能够满足用人部门的技能要求、在面试过程中谈吐优秀的人在未来的工作中也会有优秀的表现等。实践证明，很多在面试过程中表现优秀的人并一定能很好地胜任岗位。

那么，HR怎样才能对应聘者的技能水平做出科学评定呢？针对这个问题，HR可以采取两种方法：第一，直接将招聘岗位的某项工作交给应聘者完成，例如，策划运营岗位可以直接让应聘者为某个活动策划一个方案，将方案交给用人部门的负责人进行评定；第二，采取结构化面试，对应聘者在结构化面试过程中的表现进行评定，通过其表现对未来的行为进行预测。在开展结构化面试之前，HR应该明确招聘岗位的胜任力模型。

◆冰山以下部分的考察

在招聘过程中，相较于考察求职者的知识和专业技能来说，挖掘求职者的价值观、个人品质、求职动机、自我认知更重要。因为后面这些内容决定着求职者是否真的适合公司，能否真的适应岗位。

（1）价值观层面

人的价值观深受各种因素的影响，并且会对人的行为表现产生深刻影响。企业只有招聘到价值观一致的员工，才能长久地留住员工，让员工与企业共同成长与发展。为此，HR要先让求职者认识企业，在面试过程中将企业的价值观、企业希望员工做出的行为传达给求职者，让求职者自己做出选择，留下即表示认可企业的价值观。

例如，互联网企业强调创新，会吸引一批富有创新精神的年轻人加入；传统企业注重规范与秩序，会留下一批遵规守纪、照章办事的员工。近年来，越来越多的企业开始为员工设计职业发展规划，其实就是对员工角色定位的延伸。在面试过程中，HR可以了解求职者对自己的职业预期，并为求职者与用人部门的负责人提供人岗匹配建议。

（2）自我认知层面

求职者对自己身份的认知与评价会对其工作态度与行为造成很大影响。在面试过程中，为了考察求职者的自我认知，HR可以有技巧地提问一些问题，例如“请总结一下应聘岗位的优势或者劣势”等。相较于“请谈一谈你的优点或者缺点”这类问题来说，这样的问题更能让候选人展现真实的自己，让HR了解候选人对自己的认知。

（3）个人品质层面

人的品质内涵非常丰富，在工作中，一个人的良好品质包括忠诚、敬业、有责任心、有团队精神、效率、感恩等。在这些品质的加持下，员工会在岗位上做出优异成绩，为公司发展做出贡献。在面试过程中，HR要对求职者的个人品质做出综合评价。例如请求职者谈一谈业余时间的活动，通过求职者对业余时间的安排考察其规划能力、学习能力以及上进心等。

（4）求职动机层面

每个人选择工作都有内在驱动力，也就是求职动机。在面试过程中，HR要了解求职者求职动机最常用的策略就是提问，例如“为什么从上一家公司离职”？而得到的回答大多是“离家太远”“发展空间有限，想要获得更好的发展”等，这些答案并不能反映真实的求职动机。

为了了解求职者的求职动机，HR要为求职者营造一个轻松的面试氛围，让求职者展现真实的自己，在求职者的言语中发现真实的求职动机。

5.1.2 马斯洛需求层次理论

在知识经济时代，企业之间的竞争早已转变为人才的竞争，在此形势下，越来越多的企业开始强调以人为本，即符合人的本性需求。那么，人都有哪些本性需求呢？根据马斯洛的需求层次理论，人有五大需求，分别是生理需求、安全需求、社交需求、尊重需求和自我实现需求。现代企业的人力资源战略要参考马斯洛需求层次理论，采取各种方法满足员工不同层次的需求，从而吸引人才、留住人才。

◆生理需求

企业要满足员工的生理需求，就要建立合理的薪酬制度，完善的福利政策，从而满足员工的物质需求，让员工不必为吃穿用行住等问题焦虑，可以全身心地投入工作，为企业发展贡献自己的力量。

沃尔玛非常重视满足员工的生理需求，并为此制订了很多方案，例如利润分享计划，只要员工在沃尔玛的工作时间超过两年（包含两年在内），且每年的工作时间超过1000个小时，就有资格分享公司当年的利润。利润分享计划的推出极大地提高了员工的工作积极性。

雇员购股计划，允许员工以低于市值15%的价格购买公司股票，购买股票所需资金可以从工资中扣除。这样就将员工利润与公司利润捆绑在一起，让员工自发地为了公司利益贡献自己。

除此之外，沃尔玛还推出了很多奖金计划，其中效果最好的就是损耗奖励计划，该计划规定：如果某个门店可以将损耗控制在公司既定目标之内，这家门店的每一位员工都可以获得奖金，最高奖金额为200美元。这一计划有效地降低了公司的损耗率，帮公司节约了大笔开支。

◆**安全需求**

生理需求得到满足之后，人们就会产生安全需求，具体包括稳定、安全、避免受到威胁恐吓、不会产生焦虑情绪，对法律、秩序、界限产生较强的依赖等。为了满足员工的安全需求，公司要创造一个安全、稳定的工作环境，这个环境包括物质环境与精神环境两大层面，具体包括完善的安全防护措施、保证员工的身体健康、不会频频裁人等。

◆**社交需求**

从某种程度上来讲，社交需求可以理解为对归属感的渴望。人们希望通过参加社交活动建立一种亲密关系，团结一致，共同应对外部危险，在团结协作的过程中获得满足感。基于这一理论，企业的人力资源战略就是要采取各种方式增强员工的归属感，通过这种方式激发员工的工作热情。

丰田公司为增强员工的归属感在公司内部开展团体活动，设立“亲睦团体”，邀请同学、同乡、拥有相同兴趣爱好的人加入。为了防止队伍过于庞大，“亲睦团体”按照不同的标准细分了很多小团体，让参加者可以随意活动，让团体成员之间可以建立更亲近的关系，极大地增强了团队成员的归属感以及团队意识。

每个人可以同时参加多个团体，为此，公司建设了体育馆、集会大厅、会议室，供员工自由使用。团体领导人由团体成员自主选择，采取轮换制度。团体的主要功能是增进团体成员之间的沟通与交流，让团体成员可以充分利用自由时间，实现自我启发、自我成长。员工参加团体后会意识到，只有企业发展，团体才能发展，从而会将对团体的归属感转移到企业，增强对企业的归属感。

◆尊重需要

绝大多数人都有获得尊重的需求，不仅要获得外界的尊重，还要获得自我尊重。人想要获得外界的尊重，要取得一定的成绩，获得某种名誉、地位或声望，或者建立一种良好的人际关系。在企业中，能够满足员工获得尊重需要的方式就是为员工营造一种良好的人际氛围，让员工彼此尊重。

沃尔玛鼓励管理人员与员工建立良好的合作关系，公司经理的纽扣上刻着“我们关心我们的员工”的字样，时刻提醒管理者关心员工、尊重员工、赞赏员工、认真倾听员工的意见与建议，在员工遇到困难时主动提供帮助，帮助员工更好地成长与发展。

为了帮助员工成长，沃尔玛制定了终身培训机制，并为此投入了大量资金。为了满足不同员工的培训需求，沃尔玛推出了不同类型的培训活动，包括在岗技术培训、专业知识培训、企业文化培训等，对有潜力的员工进行重点培养，专门为这类员工推出领导艺术和管理技能培训，将这些员工发展成企业的中坚力量。

通过参加培训，员工的个人能力得到了大幅提升，自信心越来越强，获得了自我尊重，也赢得了他人的尊重，为自我实现需求的满足奠定了良好的基础。

◆自我实现的需要

自我实现是一个人充分发挥自身潜能，实现预定目标，成为理想中的自己的过程。当一个人前四个层次的需求都得到满足后，就会产生自我实现需求。为了满足这个需求，人会产生强烈的工作意愿。在这个阶段，人工作的目的不是获得物质回报来满足生存所需，也不是为了获得荣誉来满足尊重需求，而是一种兴趣。在满足自我实现需求的过程中，不同的人会选择不同的方法，个人独特性会表现得非常明显。

在这个阶段，企业要关心员工、了解员工、明确员工的需求，为员工搭建自我实现的平台。例如，有些员工希望展现自己的领导才能，希望为公司创造更大的价值，为公司发展做出更多贡献。企业可以根据员工的能力与潜力为其提供机会，例如，企业可以组织这类员工参加一段时间的培训，如果员工表现良好，具有管理才能，企业可以为其提供一个管理岗位，先担任助理，再慢慢提升。对于HR来说，根据员工能力为其搭建自我实现的平台是一项高层次的能力。

总而言之，在“以人为本”战略的指导下，企业要肯定员工的主体地位，建立“以人为本”的人力资源战略体系，满足员工不同层次的需求，尊重员工，与员工建立良好的合作关系，充分挖掘员工的能力与潜力，为员工搭建个人价值实现的平台，让员工在各项工作中取得成就，为企业发展做出卓越贡献，最终实现个人与企业的共同成长与发展。

5.1.3 行为决策理论

行为决策理论始于20世纪50年代，是由巴纳德、马奇、西蒙和塞厄特等共同提出的，是以组织行为学为基础探讨决策过程的理论，其前提决策是组织中行为与绩效的基本过程。

古典决策理论认为人是具有绝对理性的“理性人”或“经济人”，会按照最优化原则做出决策、选择方案。行为决策理论否定了这一观点，倡导在决策之前对影响决策的动机、认知及计量等因素进行综合考虑，最终找到一个令人满意的方案。也就是将古典决策理论的最优化转变为令人满意的原则。

在行为决策理论的提出者中，赫伯特·西蒙最先向古典决策理论的“经济人”假设发起挑战，他在《管理行为》一书中明确指出，无论理性标准还是经济标准都无法对管理的决策过程做出明确解释，直接向“理性人”或“经济人”理论发起攻击，并提出了“有限理性”标准和“满意度”原则。其他研究者通过对决策者行为进行研究发现，影响决策的因素非常复杂，除经济因素外还包括决策者的心理与行为特征，例如态度、情感、经验和动机等。

目前，行为决策理论有三个代表性模型，分别是有限理性模型、成功管理模型和社会模型，下面对这三个代表性模型进行具体分析。

◆有限理性模型

有限理性模型又叫作西蒙模型或西蒙满意模型，由赫伯特·西蒙提出，是一个比较符合现实的模型。西蒙认为，人的理性是一种有限理性，这种理性介于完全理性和完全非理性之间，其主要观点如下：

（1）手段与目标是一对矛盾体，二者会相互冲突。西蒙认为，手段与目标之间很少形成一个系统、完整的关系链，组织活动与基本目标之间更是难以建立清晰明确的联系，基本目标与达成这些目标所需的手段之间存在着一定的冲突与矛盾。

（2）决策者追求理性，但不是最大限度地追求理性，而是一种“有限理性”。因为人的认知与知识储备是有限的，不可能掌握决策所需的所有信息，也无法对决策规律产生完整的认知。并且，人的计算能力、智能延伸能力是有限的，计算机可以处理简单的数据，但无法处理数量巨大的变量方程组；人的想象能力与设计能力有限，无法列出所有的备选方案；人的价值取向、人的需求具有多元化的特点，而且没有统一的标准。在这种情况下，人不可能追求绝对的理性。

（3）决策者在决策中追求的是“满意”，并非“最优”，也就是在决策过程中追求接近最优或者相对最优。相较于难以实现的“最优”标准来说，“满意”标准具有可比性、可执行性和可实现性。

◆成功管理模型

成功管理模型是皮特斯与渥特迈提出的，所以又称为皮特斯—渥特迈模型。皮特斯与渥特迈在对许多成功企业进行调查之后发现，理性模型不仅没有在企业成功的道路上发挥出积极作用，反而给企业带来了不良影响，所以这些企业没有遵守理性模型，而是探索出了成功管理模型，这一模型具有五大特点，如表5-1所示。

表 5-1 成功管理模型的五大特点

序号	特点
1	决策者在各个部门间流动，以实时掌握企业正在发生的情况
2	决策者尽量在一段时间里做一件事，完成有限的目标
3	决策者重视行动，不怕失败
4	决策者注重速度和数量，具有极好的执行力，在实践过程中不断积累经验，完善策略。决策者注重实践，也懂得放弃
5	决策者拥有一个无形的有漏洞的体系，通过围绕漏洞的改革来取得重大突破

成功管理模型没有理性的决策程序，因此受到了一些质疑，但这种模型确实能够帮助企业解决很多问题，保证企业获得成功。

◆社会模型

社会模型又称为社会心理学模型，这一模型的理论基础是弗洛伊德的一个观点，即人的大多数行为都是在潜意识中做出的，人没有能力做出理性决策。弗洛伊德的这一观点受到了很多质疑，但有一点获得了大多数人的认可，就是人的决策行为会受到很多社会因素的影响，在这些因素的影响下，决策者很难做出理性决策。

每个人的工作和生活都深受环境与文化的影响，处在同一个环境中，人很难感受到这种影响，但换一个环境就会产生明确的感知。从本质上看，文化的影响就是一种社会压力，会在潜移默化中对决策者的行为、决策和行动造成影响。决策者在决策过程中会同时受到情感与意识的影响，而这些都是非理性因素，在此基础上做出的决策也是非理性的。

社会模型的适用范围有限，因为人不是完全非理性的，在某些情况下，人还是会排除一些因素的影响做出理性决策，但社会因素与社会压力对人的决策行为的影响也不能被忽视。

5.1.4 成就需要理论

成就需要理论属于后期行为科学理论体系，主要研究人对成就的需要，代表人物是美国的戴维·麦克利兰（David C. McClelland）。成就需要理论将人的基本需要分为三种，分别是成就需要、权利需要和亲和需要。在人、社会、团体发展过程中，成就需要发挥着十分重要的作用。一般情况下，成就需要高的人拥有较强的事业心、责任心，有明确的奋斗目标，喜欢创造性的工作，愿意承担责任，不怕苦、不怕累。企业中成就要求高的员工越多，企业越容易获得成功。成就需要不是与生俱来的、不可改变的，而是可以通过后期教育培养提升的。

◆成就需要理论的基本内容

成就需要理论认为人对成就、权利、社交有着强烈追求，因此会产生成就需要、权利需要和社交需要，在工作中就会产生强烈的行为动机，对工作充满热情与动力。经过研究，戴维·麦克利兰对上述三大需求做了具体描述，如表5-2所示。

表5-2　成就需要理论的基本内容

类型	具体内容
权利需要	麦克利兰将组织中的权利分为两类，分别是个人权利和职位性权利。追求个人权利的员工总是围绕个人需要行使权利，在工作中需要实时获得反馈，很多事情都要亲力亲为。如果企业管理者追求个人权利，非常不利于普通员工的发展。职位性权利要求管理者与公司共同发展，要求管理者自觉地接受约束，在行使权利的过程中获得满足感
社交需要	麦克利兰的社交需要又称为友谊需要，与马斯洛的情感需要和阿尔德弗的关系需要相似。麦克利兰认为，如果企业管理者注重友谊需要，在工作过程中过度追求交情和义气，往往会忽略工作原则，导致企业运行效率下降，甚至会给企业带来损失
成就需要	麦克利兰认为有成就需要的人应该具备以下特征：追求工作胜任感，希望在工作中获得成功；会主动承担一些富有挑战性的工作，给自己设立一个具有难度且通过努力可以实现的目标；虽然担心失败，但敢于冒险，遇到困难时会冷静分析，绝不会心存侥幸；愿意承担责任，希望自己所做的工作可以得到明确的反馈等

◆对成就需要理论的评价

根据成就需要理论，HR可以更好地掌握管理人员的高层次需要。但是成就需要深受国别、文化的影响，也就是说在不同的国家、不同的文化背景下，人的成就需要会表现出不同的特征。

人的需求以及自我实现的标准会随着社会和时代的发展而改变。麦克利兰认为在人的生存需要得到满足后，成就需要、亲和需要、权利需要就会凸显出来。在人的需要结构中，这三种需要也有主次之分。在人的主需要得到满足之后，人们往往会追求更大的满足。也就是说，在人的权利需要得到满足后，人们会追求更多的权利；在人的成就需要得到满足后，人会追求更大的成就。同时，麦克利兰认为成就需要会对人的成长与发展产生重大影响，因此人们将麦克利兰的理论称为“成就需要理论”。

5.2 面试邀约：HR提高到场率的操作技巧

5.2.1 面试邀约的前期准备

曾有机构做过一项调查，求职者接到什么样的面试邀约电话会拒绝前去参加面试，答案多是公司发展前景不好、邀约人说话太强势、语言组织不规范等。很多时候，面试邀约直接影响着候选人面试的到场率。如果面试邀约不成功，到场的候选人过少，HR很难招聘到合适的人才。因此，HR在向候选人发起面试邀约之前要做好准备，具体事项如下：

◆电话面试邀约VS微信面试邀约

（1）电话面试邀约

HR通过电话向候选人发起面试邀约，可以初步了解候选人的求职意愿，用一种成本最低、耗时最短的方式获取候选人的基本信息。具体来看，电话面试邀约的作用主要体现在四个方面，如表5–3所示。

表 5–3 电话面试邀约的作用

作用	具体内容
去除不符合岗位要求的候选人，节省双方的时间	如果通过询问发现候选人满足岗位要求，可以进一步询问候选人的求职意向，能否接受岗位要求等，例如工作地点偏远、薪资较低但福利好等。如果候选人明确表示不能接受，可以直接将其过滤掉，短期内不需要再进一步沟通
找到符合要求的候选人，邀请其参加面试	如果能够进入这一环节，说明岗位要求与条件和候选人的能力、求职意向大体相符，可以进入面试邀约环节，距离面试成功又前进了一步

续表

作用	具体内容
做好雇主品牌建设	HR与候选人电话沟通、发出面试邀约、发出面试通知等行为都代表了企业，因此在这些环节，HR要展现自己的专业度，给候选人留下一个良好的印象，让候选人对企业产生好感
创建人才库以备不时之需	HR可以通过电话邀约核对候选人的信息。如果候选人的工作状态有所调整，例如已经转行、跳槽、更换城市等，HR要及时更新候选人信息，建立人才数据库，应对某些岗位急需招聘员工或者内部优化临时招聘员工等情况

（2）微信面试邀约

随着微信的使用越来越频繁，很多公司的人力资源部门喜欢用微信进行面试邀约。微信面试邀约主要有以下几个优点：第一，HR可以快速地与求职者建立联系，保证面试邀约的效率，例如可以直接通过地点定位，解决候选人找路难的问题；第二，作为一个社交平台，微信的沟通交流功能非常强大，HR可以方便快捷地与面试者沟通交流，谈论一些细节问题，节约沟通的时间成本；第三，微信可以在一定程度上弱化人与陌生人沟通的恐惧心理，让HR与求职者之间的沟通更加自然、顺畅；第四，HR通过微信与求职者沟通，可以将聊天记录保存下来，方便在有需要的时候查找信息。

在必要的情况下，HR还可以利用微信向求职者发起视频邀请，与求职者面对面地沟通交流，用自己的人格魅力打动求职者，提高面试邀约的成功率。但无论电话邀约还是微信邀约，HR都要在邀约前做好以下准备工作：

◆邀约的前期准备

（1）做好简历筛选工作

在面试邀约之前，HR要对求职者的简历进行筛选，了解求职者的工作状态（已经离职/没有离职）、经济距离、是否是主动投递简历、薪资要求是否高于公司的岗位待遇等，这些都会影响面试邀约能否成功。如果求职者要求的薪资待遇很高，而且没有商谈的余地，HR可以直接将这份简历删除；如果求职者简历上的住址距离公司较远，上下班不方便，HR要根据实际情况进行考虑。类似的情况还有很多，在面试邀约之前，HR都要仔细斟酌。

（2）做好基本准备

在发起面试邀约之前，HR要将通话要点或者聊天要点记录下来，以免沟通时不知道问什么，或者没有获得自己想要的信息，或者遗漏了某些信息。HR需要记录的通话要点或聊天要点如图5–2所示。

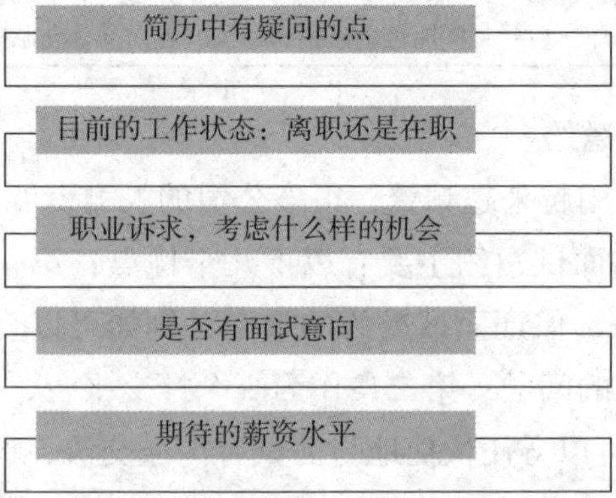

图 5–2　HR 需要记录的通话要点

当然，上面这些信息都是HR需要通过电话或微信邀约了解的基本信息，如果时间充裕，被邀约者对工作岗位比较感兴趣，可以深入交谈，告诉其更多与工作有关的信息。需要注意的是，HR不要在电话刚接通或者刚加上微信好友时就直接告知对方面试时间、面试地点，这种做法非常不礼貌，很容易让对方产生不被尊重的感觉，导致面试邀约失败。

5.2.2　面试邀约的实战攻略

在这个信息爆炸的时代，邀约面试已经不是确认面试时间、面试地点那么简单，首先要保证候选人不会立即挂断电话或拒绝沟通，然后再向候选人传递更多信息，让候选人同意前来参加面试。具体来看，HR在邀请面试时要做到以下几点：

◆确定邀约的目的和问题

HR邀请候选人前来面试，首先要在有限的时间内获取候选人的有效信息。为此，HR要先确定面试邀约的目的和问题。

（1）面试邀约的目的

面试邀约的主要目的是向候选人确认一些信息，包括简历中的基本信息、工作方向、目前的工作状态、求职意向、期待的薪资水平，通过这些信息对候选人进行初步筛选。

（2）面试邀约的问题

在邀约时，HR可以向候选人提问，问题可以是看简历时存在的疑惑地方、候选人的求职需求等。

◆邀约的时间、态度与方式

HR邀请候选人面试，要注意通话时间与态度，不要打扰候选人的休息时间，尽量给候选人留下一个诚恳、温和的印象，以保证邀约成功，具体要求如表5–4所示。

表5–4　邀约的时间、态度与方式

	具体要求
邀约时间	一般情况下，邀约最好选择在上午10：00～12：00，下午2：00～5：00，避开吃饭时间、休息时间和在路上的时间
邀约态度	邀约时，HR要保持良好的态度，语言温和，保持微笑。因为在沟通过程中，虽然候选人看不到HR的表情，但可以感受到。因此，HR要保持良好的态度，给候选人留下好印象，为邀约成功奠定良好的基础
邀约方式	传统HR认为电话邀约最好使用公司的座机，认为这种沟通方式更正式，双方交谈可以更专注。但很多人不喜欢这种沟通方式，而是更喜欢电话、微信或者电子邮件沟通等。在这种情况下，HR可以对多种沟通方式进行组合，从多个渠道与候选人建立有效联系，提高沟通质量与效率

为了提高面试邀约的到场率，在与符合条件的候选人沟通时，HR可以说明企业优势、岗位亮点、公司实力、发展空间、团队氛围等，全面展示企业的优势，吸引候选人前来面试。另外，HR还要把控邀约面试的节奏，面对健谈的候选人要长话短说，不要耗费太多时间，面对拘谨的候选人要主动抛出话题，询问对方是否有想要了解的信息，尽量多沟通、多获取一些有价值的信息。

◆邀约的考察点

在面试邀约时，HR要注意的内容如表5–5所示。

表 5–5　面试邀约的考察内容

考察项目	具体内容
候选人的态度	具体包括候选人的性格、求职动机、求职意愿、与企业的适配度等
候选人的能力	具体包括专业能力和知识储备
候选人的现状	主要指目前的工作状态，离职还是在职，求职信息是否需要更新等
期待薪酬与底线	即候选人目前的薪酬水平、薪酬构成等
候选人对公司的反馈	对于中小企业来说，候选人对公司的反馈具有一定的参考价值，可以有选择性地进行改进

5.2.3　面试邀约的话术技巧

面试邀约要讲究一定的方法与技巧，使用一些话术，让候选人无法拒绝。

◆**面试邀约的沟通技巧**

面试邀请要讲究一定的沟通技巧，如表5–6所示。

表 5–6　面试邀约的沟通技巧

序号	沟通技巧
1	了解对方的求职意愿，是否愿意接受这次面试机会。只有对方愿意，后续沟通才能顺利进行
2	对公司与招聘岗位进行简单介绍，无须透露太多信息
3	在邀约的过程中，HR可以为对方提供一些提问机会，但不能太多。如果对方问题很多，可以请对方来公司详谈，以免在邀约环节耗费太多时间
4	HR在面试邀约时要表现出诚意，一是语气要温和，二是要为候选人提供一些信息，积极回答候选人的问题

在面试邀约之前，HR可以在公司附近做一些公交线路调查，提供给候选人，让候选人感受到公司的诚意。对于重点候选人，HR可以询问其邮箱，向其发送一封电子邮件，邮件内容包括面试时间、面试地点、面试路线以及一些感谢的话，用诚意打动对方，让对方前来参加面试。如果是高端候选人，条件允许的情况下，可以安排车辆进行接送，给候选人极大的尊重与重视。

◆面试邀约的话术

HR在进行面试邀约时要讲究一定的话术，具体内容如表5-7所示。

表 5-7 面试邀约的话术

沟通要点	具体内容
确认对方是否为本人	这里最好用"姓名+称谓"，表示对对方的尊重，给对方留下一个良好印象，例如"请问是 × × × 女士吗？"
自我介绍	向对方介绍公司名称、自己的职位和姓名，例如"你好，我是 × × × 公司的招聘负责人，我叫 × × ×。"自我介绍时要落落大方，保持微笑
询问对方是否方便接听电话	如果候选人是在职人员或者正处在吵闹的环境中，不方便接听电话，HR可以和对方约定一个时间，准时与对方取得联系
了解与挖掘候选人的需求	在这个环节，HR要先了解对方的需求，擅长做什么，不擅长做什么，希望获得怎样的工作机会，期望获得哪方面的成长等。HR对这些信息进行整理，提炼与岗位的匹配点
确定面谈时间或放入人才库	在与候选人沟通之后，如果候选人有面谈意向，HR可以和候选人确定面谈时间，并发送邮件确认。如果候选人没有面谈意向，HR可以将沟通过程记录下来，将相关资料放入企业的人才库，为后续管理提供方便

5.2.4 邮件邀约的注意要点

邀约成功后，HR要给候选人发送一封电子邮件。作为面试沟通的重要补充，电子邮件必须体现一定的专业性，内容包含电话沟通中提及的面试时间、面试地点等信息，还可以附加一些企业信息或岗位信息，开展一场悄无声息的精准化营销。具体来看，邮件邀约要注意以下几点：

◆**提高面试邀请邮件的打开率**

在邀约面试的过程中，HR可以明确告知对方：初次沟通结束后会向其邮箱发送一封电子邮件，告知其邮件的内容，并和对方约定邮件反馈时间。HR可以在邮件中添加公司的网站链接、主要领导访谈视频链接、员工活动视频链接、媒体报道等，让候选人更详细、更全面地了解公司。

◆**重点突出，尤其是候选人关注的地方**

不同岗位的求职者的关注点不同。技术人才大多比较关注学习机会、项目前景、薪资福利等；销售人才大多比较关注产品信息、晋升空间、薪资结构等；高级人才大多比较关注主要领导的管理风格、岗位授权、企业的中长期发展规划等。因此，面对不同岗位的求职者，HR要设计不同的邮件内容，呈现候选人希望了解的重点信息。

◆注重邮件细节，给候选人多一点考虑

HR向邀约成功的候选人发送电子邮件时要注意一些细节，例如不要使用统一的模板与称谓，尤其是“××先生/女士”，以免给对方留下不良印象；邮件字体大小、颜色都要精心设计，带给对方较好的观看体验。如果公司地址比较隐蔽，可以在邮件中附带具体的方向线路，例如公司附近的标志性建筑、公交站点的名称等，方便候选人顺利到达公司。

即便HR做好上述所有工作也不一定能够保证邀约面试成功，因为影响邀约面试结果的因素还有很多，例如岗位薪资、岗位匹配度、企业发展前景等。但无论如何，作为招聘负责人，HR要秉持对工作负责的态度做好面试邀约，在整个过程中做到周到细心、专业自信，给候选人留下良好印象。

当然，HR也可以用微信给候选人发送相关信息，便于候选人接收。但是微信的沟通记录更多的是存放在HR个人的沟通记录中，不利于信息的分享与查找。目前随着企业微信以及阿里钉钉等办公软件的推广，未来可以更好地运用移动终端来提升面试邀约的成功率。

5.3 面试形式：面试常见类型与流程设计

5.3.1 结构化面试

结构化面试又称为标准化面试，是根据特定职位的胜任特征要求，使用专门的题库、评价标准与评级方法，按照固定的程序对应聘者进行考核，从中选拔出符合岗位需要的人才的方法。在结构化面试中，问题的结构就是招聘岗位需要的人员的素质结构。

◆结构化面试的特点

结构化面试的特点如表5-8所示。

表 5–8　结构化面试的特点

特点	具体内容
面试问题多样化	面试问题以职位要求为核心，类型多样，具体包括职位要求的知识、技术、能力，应聘者的工作经历、教育背景，应聘者对某一问题的看法与观点等
面试要素结构化	根据面试要求确定面试要素，并对各要素的权重进行合理分配，为每一道面试题目制定测评要素，明确答题要点，为面试官评分提供准确依据
评分标准结构化	与面试试题相配套的面试评价表上的各项标准要保持结构化。具体来看，面试评价表主要包括三项内容，分别是评价要素、权重和评分标准。其中，评价要素是对每一项测评要素的描述，权重是该要素的水平刻度，评分标准是每项测评要素的量化评分指标
考官结构化	一般来说，结构化面试要安排5～9名考官，根据用人岗位的需要，结合年龄、性别、职务、专业等因素合理安排各类考官的比重，其中设主考官一名，负责向应聘者提问，把控面试的总体进度
面试程序及时间安排结构化	结构化面试要严格按程序进行，一场结构化面试的时间大约为30分钟，具体时间要根据面试题目来确定。同时，每道面试题目也要限制作答时间。一般情况下，一道面试题目的回答时间最好控制在5分钟内

◆结构化面试的设计流程

结构化面试的基本原理是对同类应聘者，用同样的语气和措辞，按照同样的顺序提出同样的问题，按照同样的标准进行评分，具体设计流程如图5–3所示。

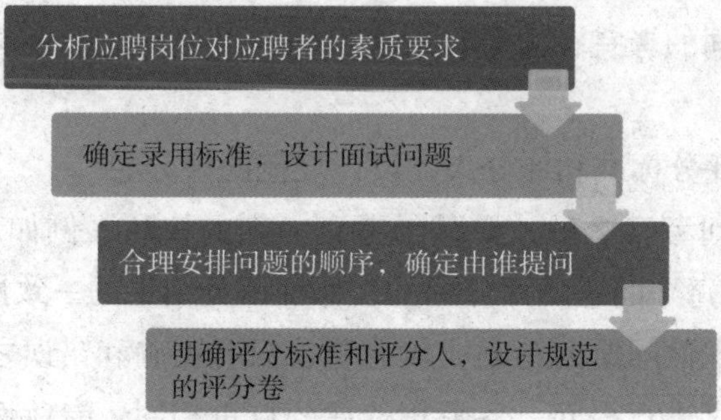

图 5–3　结构化面试的基本流程

（1）分析应聘岗位对应聘者的素质要求

企业招聘新员工的主要目的是弥补岗位空缺，满足企业发展需要。因此，结构化面试最直接的目标就是获得岗位所需人才。因此，在组织面试之前，HR要对招聘岗位进行全面分析，总结出该岗位员工需要具备的一般要求、生理要求和心理要求。

其中，一般要求包括年龄、性别、学历、工作经验等。生理要求包括健康状况、力量与体力、运动的灵活性等。心理要求包括观察能力、集中能力、记忆能力、学习能力、解决问题能力、数学计算能力、语言表达能力、性格、气质、态度等。HR通过岗位分析可以明确某些具体要求的重要性，对其权重进行合理分配。

（2）确定录用标准，设计面试问题

HR要根据岗位要求，结合素质分析，确定录用的基本标准。基本标准指的是求职者应该具备的最主要的素质要求。HR根据素质要求设计面试问题，根据求职者的回答判断其与招聘岗位的适配度，能否胜任该岗位。

（3）合理安排问题的顺序，确定由谁提问

设计好问题之后，要合理安排问题的顺序，将简单的问题放在前面，将有难度的问题放在后面；将具体的问题放在前面，将抽象的问题放在后面；将熟悉的问题放在前面，将生疏的问题放在后面，循序渐进，引导求职者逐渐进入状态，展开思路，展现自己的真实水平。另外，HR可以将问题分发给不同的考官，由考官依次提问，以免问题次序混乱，达不到预期的效果。

（4）明确评分标准和评分人，设计规范的评分卷

确定了提问考官之后，要赋予考官一定的权利，例如评分权。为此，HR要合理设计每个问题的评分标准，保证评分结果的一致性、准确性。

首先，常识性问题的答案比较简单，只有正确和错误之分，可以安排一名非专业考官进行提问，各考官的评分权重相同。专业性问题交给专业领域的考官提问，适当提高其评分权重，或者直接由专业考官打分。因为在结构化面试中，不是所有的考官都必须参与评分。

其次，如果要安排多名考官参与评分，必须合理设置每位考官的评分权重，以免个别考官出现“陪考”现象，导致面试结果不公平、不公正。

一般来说，每位考官的评分权重最好为50%，具体权重要根据具体的面试要求确定。HR要合理安排每个问题的分值，可以采取10分值，也可以采用五段分值，即1分、3分、5分、7分、9分，让各个求职者的得分拉开差距，为最终的录取决策提供方便。

最后，评分表设计必须有规范的格式与明确的说明，让考官明确其在某个问题上的决策权重，并在每个打分栏后面留出一定的空间，方便考官记录求职者的回答，补充自己对求职者的看法，为面试评估总结或者再次面试提供依据。面试评分表设计如表5–9所示。

表 5–9　面试评分表范例

<table>
<tr><td colspan="3">序号：</td><td colspan="2">姓名：</td><td colspan="2">年龄：</td><td colspan="2">文化程度：</td></tr>
<tr><td colspan="2">面试要素</td><td>解决问题的能力</td><td>综合分析能力</td><td>应变能力</td><td>沟通协调能力</td><td>求职动机与岗位匹配性</td><td>语言表达能力</td><td>仪表举止</td></tr>
<tr><td colspan="2">权重</td><td>10</td><td>10</td><td>5</td><td>5</td><td>5</td><td>10</td><td>5</td></tr>
<tr><td colspan="2">考察要点</td><td>分析、解决问题的能力，计划、组织与协调能力</td><td>思维宽度与条理性，抽象概括能力，分析比较能力，洞察力</td><td>情绪控制能力、自制力、思考的周密性、思维敏捷性</td><td>合作意识，协调沟通能力，联系群体的能力</td><td>诚实、注重原则、有责任心、有进取心、心理承受能力</td><td>语言灵敏、流畅，表达准确，逻辑性强，语言描述能力</td><td>文化素养，性格特点、身体状况，体貌体态</td></tr>
<tr><td rowspan="4">评分标准</td><td>优</td><td>9~10分</td><td>9~10分</td><td>4~5分</td><td>4~5分</td><td>4~5分</td><td>9~10分</td><td>4~5分</td></tr>
<tr><td>良</td><td>6~8分</td><td>6~8分</td><td>3分</td><td>3分</td><td>3分</td><td>6~8分</td><td>3分</td></tr>
<tr><td>中</td><td>3~5分</td><td>3~5分</td><td>2分</td><td>2分</td><td>2分</td><td>3~5分</td><td>2分</td></tr>
<tr><td>差</td><td>0~2分</td><td>0~2分</td><td>1分</td><td>1分</td><td>1分</td><td>0~2分</td><td>1分</td></tr>
<tr><td colspan="2">要素得分</td><td></td><td></td><td></td><td></td><td></td><td></td><td></td></tr>
<tr><td colspan="2">总分</td><td></td><td></td><td></td><td></td><td></td><td></td><td></td></tr>
<tr><td colspan="2">考官评语</td><td colspan="7">考官签字：
年　月　日</td></tr>
</table>

5.3.2 非结构化面试

非结构化面试指的是没有固定模式、框架与程序的面试。面试官可以随意向求职者提问，求职者无须采用固定的答题标准进行回答。在面试的过程中，面试官可以根据自身的兴趣与求职者的回答自由提问，提问内容与顺序不固定，还可以根据求职者的特点进行有区别的提问。

虽然在非结构化面试模式下，面试官与求职者都比较自由，但面试结果比较容易受面试官主观因素的影响，面试结果无法量化，无法与其他求职者的评价结果进行横向比较。目前，一些大型企业会同时采用结构化面试与非结构化面试，从多个维度对求职者进行评价，尽可能做出最准确的判断。

◆非结构化面试的信度

在非结构化面试的过程中，面试官与求职者会围绕某一主题“闲聊”，在这个过程中获取自己想要了解的信息，包括求职者的知识广度、思想深度、专业能力、性格特点、组织能力等。目前，很多大型企业中级或高级管理人员招聘以及公务员招聘都会采用这种面试方式。

非结构化面试的信度指的是非结构化面试不受随机误差干扰的程度，需要面试官掌握很多技巧。想要将非结构化面试的作用充分发挥出来，达到良好的信度，必须做到：工作岗位不同，工作性质、职责范围、任职资格也不同。在这种情况下，面对不同的工作岗位，非结构化面试要有针对性地设计考察内容、考察形式、面试题目以及考察角度。另外，求职者的受教育背景、工作经历不同，非结构化面试的面试内容也要有所差异。

因此，在开展非结构化面试之前，面试官要根据面试目标设计面试内容，为面试官的提问提供参照，以免面试内容偏离岗位具体的任职要求。但在面试过程中，面试官无须按照事先设计好的问题按部就班地进行提问，可以根据求职者的回答顺势追问，做到张弛有度。

也就是说，非结构化面试的内容既要提前设计好，让面试提问做到有的放矢，又要因人而异，灵活提问，让求职者发挥出自己的真实水平，同时也要控制求职者的回答范围，以免天马行空、离题万里。

◆非结构化面试的形式

一般来说，非结构化面试可以采用以下几种方式，包括案例分析、脑筋急转弯、情景模拟等，具体分析如下：

（1）案例分析

案例分析指的是让求职者在有限的时间内对真实的案例问题进行模拟分析。相较于其他面试形式来说，案例分析最大的优点就是实践性。面试官向求职者提供与某个特定问题有关的信息，由求职者进行分析并得出结论。在这个过程中，求职者的主要任务就是根据面试官提供的信息进行合理假设，然后向面试官提问，通过提问获取自己需要的信息，最后得出结论并给出建议。

大多数案例分析没有固定的正确答案。面试官采用案例分析的主要目的是通过观察求职者分析案例的过程，了解求职者的反应能力与创新能力。如果求职者能够给出面试官意想不到的解决方案，即便方案不成熟，也可以证明求职者的能力。

近年来，越来越多的企业开始重视面试过程的实践性，尝试在面试过程中模拟日常工作的关键环节，对求职者的实际能力做出更合理的评判。在此形势下，求职者必须全面提高自身素质，更好地应对不同形式的面试。

（2）脑筋急转弯

脑筋急转弯考察的主要是应试者的逻辑思维能力。随着社会不断发展，面试结构不断完善，越来越多的企业在面试内容中增添了脑筋急转弯，以评判求职者的快速反应能力与逻辑思维能力。

（3）情景模拟

情景模拟指的是将求职者放到一个模拟的真实环境中，让求职者解决某个“现实”问题，或者达到某个“现实”目标。在求职者解决问题或者完成目标的过程中，面试官观察求职者的行为过程与行为结果，对求职者的工作能力、人际交往能力、语言表达能力、组织协调能力、考察事务能力等综合素质与能力做出科学判断。

5.3.3 行为描述面试法

行为描述面试法简称BD（Behavior Description）面试法，建立在行为连贯性原理之上。在面试过程中，面试官可以通过求职者对自己行为的描述获取两类信息。

- 过去的工作经历，判断求职者选择本公司的原因，以及求职者未来在公司的行为模式。
- 了解求职者面对特定行为所采取的行为模式，将其与招聘岗位所期待的行为模式放在一起进行对比分析。

在面试过程中，面试官往往会要求求职者对某种行为过程进行描述，例如“能否谈谈过去的工作经历和离职原因”“能否谈谈最近一次的辞职过程”？在这个过程中，面试官提出的问题往往与求职者过去的工作经历与成绩有关，提问方式具有一定的诱导性。在具体应用过程中，行为描述面试需要注意以下几点：

◆收集过去行为事例，判断行为答复

通过收集求职者过去的行为事例，HR可以了解求职者在实际工作过程中遇到类似问题时能否如他们所描述得那样采取行动。相较于求职者空泛的描述，这些事例更有说服力。一般情况下，面对面试官的提问，求职者往往会给出非行为性回答，也就是理论性回答，这些回答并不能反映他们曾经做过的行为。在这种情况下，面试官需要将求职者的语言描述与曾经做过的事例综合起来做出判断。

◆提出行为性的问题

一般来说，行为性问题具有一些典型特征，会围绕某些特定的因素，例如“在之前的工作中，你是否遇到过计划脱离实际的情况？可以谈谈其中一例吗”“你在之前的工作中有没有受到过领导的否定与批评，遇到这种情况你是怎么处理的”？

具体来看，行为性问题通常会围绕四大要素展开，如表5-10所示。

表 5–10　行为性问题的四大要素

要素	问题
解决问题的能力	例如“你在之前的工作中遇到哪些质量问题？是怎样解决的？”“你在之前的工作中遇到过哪些设备问题，是怎样解决的？”
适应能力	例如“你在过去的工作中是否遇到过需要不断按照变化进行调整的情况？当时的情况如何？结果怎么样”“如果在未来的工作中需要不断按照变化调整行动方案，你有什么想法？如果需要在短时间内更换许多工作岗位，你能否接受？”
销售能力	例如“你在过去一年完成的最大一笔订单有多少？是在什么情况下完成的？是怎样完成的？你为什么会选择销售？在未来的工作中你愿意接受销售目标的挑战吗？”
团队协调能力	例如“作为一名部门经理，你如何处理员工之间的矛盾？你擅长化解员工之间的冲突吗？如果需要与其他部门合作完成某项工作，你是否愿意？你会如何协调和其他部门之间的关系？”

◆利用标准化的评定尺度

面试官在采用行为描述面试法时，可能会用不同的行为标准对求职者进行评定。为保证评定结果的准确度，在面试开始前，面试官必须先同意评定标准与评定尺度。例如以适应能力为标准，采用5分制的打分方法，如表5–11所示。

表 5–11　5 分制打分法对适应能力进行评价

分数	评价
1分	不接受工作变动，对工作变动的适应能力为零
2分	不喜欢工作变动，但遇到工作变动会尽量适应，工作表现较差
3分	可以接受工作变动，遇到工作变动会主动学习新知识，工作表现较好
4分	可以接受工作变动，遇到工作变动会快速适应新的工作环境，工作表现进步
5分	喜欢挑战性的工作，遇到工作变动会积极主动地适应新的工作环境，工作表现较好

5.3.4　无领导小组讨论面试

无领导小组讨论采用情景模拟的方式对求职者进行集体面试，一般5～7人为一组，面试官会为一组求职者提出一个与工作有关的问题，让求职者进行讨论，时间一般为1小时。在讨论的过程中，面试官会对求职者的组织协调能力、口头表达能力、辩论能力、说服能力、情绪稳定性、处理人际关系的技巧、非言语沟通能力（如面部表情、身体姿势、语调、语速和手势等）等能力以及自信心、进取心、责任心和灵活性等个性特点进行综合评判，进而对求职者的优劣做出综合评价。

无领导小组讨论评判主要是求职者的论辩能力，具体包括对法律法规、相关政策的理解能力与运用能力，对问题的理解能力，发言提纲的写作能力以及逻辑思维能力、语言说服能力、应变能力、组织协调能力等。

◆无领导小组讨论的功能

无领导小组讨论的功能主要表现在三个方面，如表5–12所示。

表 5–12　无领导小组讨论的三大功能

功能	具体内容
区分功能	可以对求职者能力素质方面的差异做出科学区分
评定功能	可以对求职者能力、素质与水平是否达标做出科学评价
预测功能	可以对求职者的能力倾向、发展潜力、未来在岗位上的表现、可能取得的成就、成功的可能性等做出相对准确的预测

◆无领导小组讨论的优缺点

无领导小组讨论的优缺点如表5–13所示。

表 5–13　无领导小组讨论的优缺点

	主要内容
优点	（1）可以对求职者的能力与素质做出更全面的评价； （2）可以根据求职者的行为言论对求职者做出更全面、更科学的评价； （3）可以为求职者提供相同的表现机会，让求职者充分展现自己，帮助面试官发现求职者的个体差异； （4）节省面试时间，可以对竞争同一岗位的求职者的表现进行横向比较，对求职者之间的相互作用进行全面观察； （5）应用范围广，无领导小组可以在非技术领域、技术领域、管理领域等领域进行全面应用
缺点	（1）无领导小组讨论对面试官以及面试题目的要求较高； （2）求职者的表现容易受到其他求职者的影响

◆无领导小组讨论面试的流程

无领导小组讨论面试的流程大体可以分为三个阶段：第一阶段，求职者了解面试题目，独立思考，列出发言提纲，时间大约为5分钟；第二阶段，求职者轮流发言，阐述自己的观点；第三阶段，求职者交叉讨论，阐明自己的观点，或者对他人的观点提出不同意见，最终得出小组一致意见。

无领导小组讨论面试的具体流程如表5-14所示。

表5-14　无领导小组讨论面试的具体流程

序号	具体内容
1	提前分组，一般6～8人为一组
2	按照方便讨论的原则设置考场，一般采用圆桌会议室，面试官的座位设在考场四周，或者集中在一个易于观察的位置
3	求职者落座后，监考人员为求职者发放空白纸，供求职者拟定讨论提纲，记录他人的主要观点等
4	主考官向求职者讲解无领导小组讨论的具体要求，并宣读讨论题目
5	给求职者5～10分钟的时间准备，构思讨论提纲
6	主考官宣布开始讨论，求职者按顺序发言，每个人的发言时间为5分钟，发言结束后开始自由讨论
7	在求职者讨论的过程中，面试官对求职者的表现进行观察，根据评分标准为每一个求职者打分。需要注意的是，面试官不能参与讨论，也不能给予任何形式的诱导
8	无领导小组讨论的时间一般为40～60分钟，面试官根据讨论情况适时宣布结束，收回求职者的发言提纲，收集各面试官的评分表，组织求职者有序退场
9	按照去掉一个最高分，去掉一个最低分，得出平均分的方式计算出每一个求职者的最终得分，请主考官在成绩单上签字

5.3.5　STAR面试法

STAR面试法可以对求职者做出全面且客观的评价，其中S指的是Situation（背景）、T指的是Task（任务）、A指的是Action（行动）、R指的是Result（结果）。STAR面试法的主要内容和实施流程具体分析如下：

◆STAR面试法的四大内容

（1）Situation（背景）：面试官通过向求职者提问与工作业绩有关的背

景问题，可以了解应聘者取得优秀业绩的前提，进而判断哪些业绩的取得与求职者的个人能力有关，哪些业绩的取得是受市场状况以及行业特点的影响。

（2）Task（任务）：面试官通过提问了解求职者为了完成业务做了哪些工作，每项工作的具体内容是什么，借此了解求职者的工作经验与工作能力，判断求职者是否能够胜任招聘岗位。

（3）Action（行动）：面试官继续了解求职者为了完成这些任务采取了哪些行动，这些行动发挥了什么作用，借此对求职者的工作方式、思维方式与行为方式做出进一步了解。

（4）Result（结果）：最后，面试官要了解求职者为完成任务采取行动后所产生的结果，结果是好是坏，原因是什么。

通过上述四方面问题，面试官可以引导求职者的陈述逐渐深入，获取一些潜在信息，对求职者进行更深入、更全面的了解，做出正确的聘用决策，对企业负责，也对求职者负责。

【问题范例】

请讲一件你通过学习克服困难完成任务的事件。

然后追问以下问题：

这件事发生在什么时候？——S

你要完成的工作任务是什么？——T

接到任务后你做了哪些工作？——A

你用了多长时间掌握完成这项工作需要的知识和技能？

在这个过程中你遇到了哪些困难？

任务的完成情况如何？——R

◆STAR面试法的实施流程

STAR面试法的实施需要分为三个步骤：第一，建立素质模型，也就是明确用人标准；第二，根据招聘岗位的招聘要求，从素质模型中选择一些素质作为面试阶段的主要考察内容，并根据岗位要求设计面试题库；第三，在面试过程中通过提问、追问获取所需信息。

（1）建立素质模型

很多企业形成了比较成熟的素质模型。面对招聘岗位，HR要做的就是在原有素质模型的基础上，对该岗位的直属领导、公司高层、人力资源部门的优秀员工等进行沟通，对招聘岗位做出全面且深入的了解，进一步完善该岗位的素质模型。例如某公司要招聘人力资源总监，招聘人员经过调查分析从全员通用素质模型中提取了四个基本要素，分别是“职业精神”“精准高效”“价值导向”“沟通协作”，然后从管理人员通用素质模型中提取两个要素，分别是“资源整合”“发展他人”，将这六大要素作为面试阶段的主要考察内容。

（2）建立面试题库

为保证面试质量与效率，招聘人员要根据素质模型设计面试题目，每项素质设计4～8个相关的面试题目，最终形成面试题库。仍以人力资源总监为例，针对“沟通协作”这项素质可以设计以下问题：

- 在之前的工作过程中，你是否在某个问题上与公司领导产生过分歧？你是如何处理这个分歧的？
- 某项工作需要人力资源部门与另一个部门合作，但另一个部门的负责人不太配合，你会如何处理这种情况？
- 当你发现下属的工作方式不正确，导致工作进展不顺利，你会如何处理？

（3）发问与追问

设计好面试题目后，面试官下一步就是与求职者进行面对面的提问与交流。在这个过程中，面试官要围绕STAR的四大内容有针对性地进行提问，获取自己需要的信息。如果求职者的回答中包含的信息过少，不足以支撑自己做出正确的判断，面试官可以及时追问。因为在面试过程中获取的信息越多、越具体、越真实，最终做出的决策也就越正确，所以面试官不要害怕提问。

总而言之，使用STAR面试法，面试官要详细了解事件的背景、任务、行动以及结果，在求职者对事件的描述中要清晰地获知与“我”有关的信息，了解求职者为完成任务所做的努力，而不是“我们”所做的工作。

5.4 面试程序：面试甄选操作流程与技巧

5.4.1 面试前：确保提高人员与岗位的匹配度

面试是面试官与求职者之间相互交流信息，面试官判断求职者是否符合岗位要求，求职者判断这个岗位是否符合预期的过程。在各种人才甄选方法中，面试是非常重要的一种方法，可以帮助面试官比较准确地判断求职者是否符合岗位要求，企业能否吸引到合适的人才。

但在实际面试的过程中，如果面试官在面试之前没有做好准备，会导致面试评估结果失准，无法为企业招聘到合适的人才。为了防止这种情况发生，面试官在面试之前要做好准备，保证面试工作有序开展，提高面试的有效性和甄选结果的准确性。

◆确定面试的目的

一般来说，面试的目的大致包括以下几点：

（1）选择人才。

（2）吸引人才。

（3）了解求职者的工作能力与缺陷，简单来说就是能做什么、不能做什么。

（4）向求职者提供与企业有关的信息。

（5）确认求职者与招聘岗位的匹配度。

确定面试目的有利于面试官有针对性地开展面试，有目的地向求职者进行提问，提高面试效率，在最短的时间内筛选出符合企业需求的人才。

◆明确对空缺职位的绩效预期

对空缺职位的绩效预期主要包括以下几点：

- 希望求职者在未来的工作中有怎样的表现?
- 求职者在未来的工作中可能遇到怎样的挑战?
- 为了克服这些挑战，求职者要具备什么样的才能?

通过这些问题，面试官可以对招聘岗位做出更深入的了解，细化对求职者的技能要求，进而设计出更有针对性的问题，以保证面试效率。影响岗位预期绩效的因素有很多，主要表现在三个方面，分别是工作目标、工作障碍和能力要求，如表5-15所示。

表5-15 影响岗位预期绩效的三大因素

影响因素	主要内容
工作目标	工作目标要符合SMART原则，即明确性（Specific）、衡量性（Measurable）、可实现性（Attainable）、相关性（Relevant）、时限性（Time-bound）。明确工作目标可以帮助面试官明确招聘岗位所需的知识与技能
工作障碍	明确工作目标之后，面试官可以对该岗位现有员工的工作表现进行分析，发现能很好完成工作目标的员工的特质，分析个别员工无法完成工作目标的原因，从而总结出该岗位的工作障碍
能力要求	每一种克服工作障碍的场景中都有一套明确的行动方案，这些具体的行动就是该岗位的能力要求。面试官在描述招聘岗位能力要求时要注意以下问题： （1）尽量使用解决、提出、创造这类动词； （2）尽量不要使用模糊不清的词汇或者主动性较强的词汇； （3）可以询问解决工作障碍需要哪些能力

◆提前阅读简历

有些面试官习惯在面试开始前一两分钟浏览简历，或者在面试者自我介绍时浏览简历，无法对求职者的背景资料做出深入了解，导致无法对求职者做出公正、准确的评估。为了防止这类问题发生，面试官要提前阅读求职者的简历，对每一位求职者的相关信息做到了然于胸。面试官在浏览求职者的简历时，要重点关注以下信息：

- 以前的工作经验及绩效表现。
- 以前的相关培训及教育内容。
- 工作兴趣。
- 职业意图。

另外，如果面试官在阅读简历的过程中发现疑点，要做好标记，在面试过程中当面询问。一般来说，需要进行标记的情况包括六种，如表5–16所示。

表 5–16　需要进行标记的六种情况

基本情况	具体内容
求职者工作衔接出现空档	如果求职者两份工作之间的空档期超过三个月，面试官要特别留意，并在面试过程中询问原因，是因为个人能力不足导致应聘频频失败，还是其他客观原因导致没有找到新工作，这一点非常重要。如果是因为个人能力问题导致迟迟没有找到新工作，面试官就要慎重考虑了
频繁转换工作	如果求职者换工作的频率比较高，面试官也要特别留意，在面试时询问原因，判断求职者能否适应本公司的工作环境，能否长久地留在公司，会不会匆忙跳槽等
最近的培训进修情况	面试官要通过简历了解员工的培训进修情况，如果简历中没有这部分内容，可以在面试时询问，考察员工的学习能力和态度。如果求职者在过去五年没有任何培训经历，面试官要特别询问原因
离开上一家公司的真正原因	在面试过程中，面试官要询问员工的离职原因，思考本公司是否存在相似要素，例如工资低、工作压力大、频繁加班等。只有了解求职者的离职原因，面试官才能判断这位求职者是否适合本公司，能否长久地留在公司
竞业限制	如果求职者曾在与本企业存在竞争关系的企业工作，面试官要询问求职者是否签署了竞业限制条款，如果签署了，现在是否已经到期，以免录用到仍处在竞争限制期限内的员工，给企业带来法律风险
自己创业	如果求职者有创业经历，面试官要询问创业项目、创业结果、创业失败的原因、放弃创业的原因、以后是否还会创业等，从而对求职者的能力做出进一步判断

5.4.2　面试中：面试实施的五个阶段

整个面试过程要经历五个阶段，分别是关系建立阶段、导入阶段、核心阶段、确认阶段和结束阶段。每个阶段都有任务，面试阶段不同，面试题目的类型也不同。

◆关系建立阶段

在关系建立阶段，面试官可以从一些简单的、常规的问题切入，例如受教育经历、工作经历等，消除求职者的紧张情绪，营造良好的氛围，为接下来的沟通奠定良好的基础。为了拉近与求职者的关系，面试官还可以提一些问题，向求职者表示关心，例如“路上堵车吗？”“突然降温了，很冷吧？”等。

◆导入阶段

在导入阶段，面试官可以提问一些求职者意料之中、有所准备的开放性问题，例如“请介绍一下自己”“请介绍一下自己过去的工作经历”“请介绍一下自己在产品开发方面的经验”等，以帮助求职者快速进入面试状态，推动面试工作有序进行。

◆核心阶段

在核心阶段，面试官可以提问一些行为性问题，与其他问题相配合，让求职者讲述与核心胜任力有关的事例。面试官通过这些事例对求职者的各项核心胜任力进行判断，最终决定是否录用。

在提问环节，面试官可以用一个开放性问题引出一个话题，然后用行为性问题将这个话题聚焦在某个关键的行为事件上，然后使用探索性问题进行追问，逐步获取自己想要的信息，或者使用假设性问题，对那些在过去的经历中找不到合适事例的求职者进行提问。

◆确认阶段

在确认阶段，面试官的主要任务就是通过一些开放性问题确定在核心阶段获取的各类信息的准确性。在这个过程中，面试官尽量不要使用封闭性问题，以免对求职者产生诱导，无法获得真实的信息。面试官可以提出以下问题，例如：

“刚才我们讨论了几个具体的事例，现在你能不能谈谈在与新顾客建立交易关系时，你都做了哪些事情？”

“刚才谈到你曾经帮助部门领导制订绩效考核方案，现在能不能谈谈你在这项工作中具体负责哪些工作？”

这类问题还有很多，面试官可以根据实际情况自行思考、提问。

◆结束阶段

在面试结束阶段，面试官完成了所有问题的提问，获取了自己想要的信息，也对求职者做出了基本判断，此时，应该给求职者提问的机会，询问求职者是否有问题要问。面对求职者的提问，面试官要友善地做出回答。无论录用与否，面试官都要在良好的氛围中结束面试。如果面试官对某个求职者的录用意见不一致，不要急于辩论、得出结论，可以组织第二次面试，同时做好面试记录。

在面试过程中，面试官除了通过向求职者提问来获取自己需要的信息外，还要主动向优秀的求职者介绍公司以及招聘岗位。因为在优秀人才资源稀缺的当下，面试不再是公司对求职者的单项考核，已经转变为公司与求职者相互考察、相互选择的过程。因此，面对优秀的求职者，面试官要主动介绍公司，例如公司的主营业务、发展历史、取得的荣誉、工作环境以及各种福利待遇、成长空间等，以诚恳的态度打动求职者，给求职者留下良好的印象。

在介绍公司及招聘岗位的过程中，面试官要谨记保密原则，一些核心业务、核心数据不能随意地向外透露，并且向求职者介绍的所有信息都应该真实，不能欺骗求职者。除了用福利待遇、成长空间打动求职者外，面试官还可以主动留下求职者的联系方式，甚至可以直接向求职者介绍招聘岗位的直属领导或团队成员，释放积极肯定的信号，以提高双方达成一致协议、成功录用的概率。

5.4.3 面试后：面试评估的六个原则

在面试结束后，面试官要对求职者进行评估，评估内容主要包括两个方面：一是求职者的素质；二是求职者的能力。评估结束要撰写评估意见。在评估过程中，面试官要遵循六大原则，如表5–17所示。

表 5–17 面试评估需要遵循的六大原则

原则	主要内容
重要性原则	在面试过程中，面试官会听到不同的案例、获取不同的信息，在评估过程中要对这些案例、信息的重要性进行排序，将重要的案例作为评估对象。例如，面试官请求职者给出一个能够体现思维能力、分析能力的案例，一个案例发生在一个不重要的情景中，求职者表现出很好的思维能力；另一个案例发生在一个重要的情景中，求职者的表现不是很好。在这种情况下，面试官要基于第二个发生在重要情景中的案例对求职者的思维能力、分析能力做出判断
新近性原则	用最近的行为对将来的行为进行预判。例如，求职者为证明自己在某方面的能力给出了一些案例，有些发生在很多年之前，有些则发生在最近一段时间。面试官要根据最近一段时间的事例、行为进行评分，不要考虑多年之前的案例

续表

原则	主要内容
相关性原则	与应聘岗位相关的案例更能说明求职者将来的工作能力。例如，某求职者应聘推销员，在面试过程中讲述了一个自己在社会活动中表现优秀的案例，又讲述了一个在销售活动中失败的案例。面试官要结合第二个案例对求职者进行评判，因为第二个案例与其应聘的岗位关系更密切
一致性原则	应聘者所给出的事例是否前后一致，面试官可以据此判断事例的真实性。如果求职者在面试过程中围绕某一能力给出两个相互矛盾的事例，面试官要认真思考，判断哪个事例是真，哪个事例是假，从而对求职者的能力做出更真实、准确的判断
避免感同身受	在面试过程中，求职者可能会有技巧地讲述一些事件或案例以期唤起面试官的同理心。面对这种情况，面试官要保持理智，冷静思考，探究求职者背后的意图，分析这个事件反映出来的问题，尽量避免感同身受，让个人情感左右自己的判断
避免被表象迷惑	有些求职者经过专业训练，可能会在面试过程中塑造一个完美的假象，隐藏真实的自己。如果面试官在与求职者交谈过程中发现求职者说话滴水不漏，各项表现都非常优秀，就要产生警惕之心，深入探究，找到破绽，以免被求职者的假象迷惑，招聘到真实能力与面试表现不符的员工

5.4.4 “聊、讲、问、答”面试策略

HR面试常用的技巧有四种，分别是聊、讲、问、答，具体分析如下：

◆聊

面试官围绕招聘职位与求职者聊，时间大约为3分钟。之所以选择聊这种方式，是因为求职者还不是公司的正式员工，与面试官不存在上下级关系，所以要采取一种关系对等的方式。聊与讲不同，聊是一种小范围内的非正式交流，气氛轻松愉快，可以让求职者敞开心扉，发挥出正常水平，吐露更多信息，帮助面试官更全面地了解求职者。

◆讲

在面试过程中，面试官要给求职者留出3分钟“讲”的时间。虽然面试官采用的是聊天方式，但因为面试官与求职者之间的心理状态、所掌握的信息不对称，求职者在表达自己看法时往往采用讲的方式。

求职者在面试过程中往往急于展示自己的才华与能力，以期让面试官相信自己可以胜任这份工作。在这种心态的支配下，求职者很难心平气和地聊，只能一本正经地讲。如果求职者可以和面试官轻松地聊天，说明求

职者的能力与个人素质都比较强。

如果前期没有轻松的聊天，求职者可能不知道应该讲什么，因此面试开始时的聊天很有必要。通过聊天，求职者会逐渐放下戒备心理，放松心态，发散思维，展现自己的能力与智慧。在面试过程中，求职者3分钟的演讲非常重要。因为面试官会通过这个环节判断求职者的基本能力，了解求职者的受教育经历、行业经历、从业经验、资源背景、知识总量、思维宽度、反应速度、语言组织能力、逻辑能力、概括能力、应变能力等能力，这些都是无法通过浏览简历、笔试、测试等获取的。

即便求职者在简历中填写了受教育经历、工作经验等内容，但看与听是两个完全不同的测试维度，可以帮助面试官获取不一样的信息。有经验的面试官可以根据求职者的演讲获取自己需要的基本信息，对求职者形成比较清晰的看法，对求职者能否胜任岗位做出基本判断。

在求职者演讲的过程中，面试官要认真听讲，通过眼神或者微笑给予肯定与鼓励，不要轻易打断陈述。当然，面试官可以故意打断求职者的发言，考验求职者的临场应变能力。但实践证明，这种方法的效果并不好。首先，求职者的陈述思路被打断；其次，可能会延长面试时间，导致面试效率下降。

◆问

面试官提问要聚焦关键问题与主要矛盾，做到刚柔并济。具体来看，面试官提问的内容主要有三点：第一，求职者在3分钟陈述以及简历中没有透露的信息，例如上一份工作的薪资、离职原因等；第二，求职者在陈述中自相矛盾的地方，或者陈述与简历存在矛盾的地方；第三，求职者的陈述或简历中与应聘职位不相符的地方。

在提问的过程中，求职者的提问语气要做到因人而异。面对性格爽朗的求职者，面试官可以直接提问，加快节奏；面对性格内向的求职者，面试官的提问方式可以委婉一些。如果时间充裕，面试官可以就一些问题与求职者讨论，询问求职者的看法与观点。提问不能盲目，要聚焦关键问题，只有这样才能将提问的效果充分发挥出来。面试官通过提问不但可以获取一些想要了解的关键信息，而且可以考察求职者的应变能力。

◆答

在面试过程中，求职者在回答了面试官的提问后，也可以向面试官提问，例如薪资待遇、休假方式、上下班时间、业务程序、公司背景、岗位之间的关系等。面对求职者的提问，面试官要实事求是地回答问题。整个过程最好控制在4分钟以内，时间太长就会变成讨论和谈话。

在整个过程中面试官要遵循“二八原则”，扮演好提问者和倾听者的角色，不要过多地占用面试时间，要将宝贵的面试时间交给求职者，让求职者充分表达、展现自己。只有这样，面试官才能获取尽可能多的信息，对求职者的能力与素质做出相对正确的判断。在求职者回答问题、陈述观点的过程中，面试官只要做好倾听和记录即可，即便不认同求职者的观点，也不要出言打断，更不要当场进行评判，以免对求职者的思路造成干扰。

综上所述，依据不同岗位，一场面试的总时长以30～60分钟为宜。时间太短，面试官无法获取足够的信息，对求职者做出相对正确的判断；时间太长，会增加面试成本，导致面试效果大打折扣。如果在面试过程中遇到明显不能胜任的求职者，面试官可以缩短面试时间，尽快结束面试。如果一次沟通无法充分判断候选人，可以再邀约第二次面谈。通常普通岗位的面试以不超过三次面试为佳，避免造成候选人对岗位的热情骤减。

5.4.5 HR面试提问的七个实战技巧

在面试过程中，面试官可以通过提问对求职者做出更深入的了解，包括求职者的心理特点、行为特征、能力素质等，还可以通过提问辨别求职者所提供信息的真伪。如果求职者声称自己有三年的销售经验，而且曾取得不错的销售成绩，但却回答不出“在你之前的销售工作中，是否遇到过不那么容易被取信的顾客？你是如何获取这类顾客的信任的？”之类的问题，说明这位求职者的工作经验很可能是编造的。

面试提问的方式有很多，包括连串式提问、开放式提问、封闭式提问、引导式提问、非引导式提问、清单式提问、假设式提问等，每种提问方式都有自己的优缺点，下面进行具体分析。一个称职的HR，一定要掌握良好的提问技巧，避免因为不当的提问，变向地鼓励候选人“造假”，造成招聘事故。

◆连串式提问

面试官向求职者提出一系列问题，要求求职者逐一回答。例如：“你在过去的工作中出现过什么重大失误？你吸取的教训是什么？如果今后再遇到此类情况，你会如何处理？”或者“你在过去的工作中有没有取得过骄傲的成绩？如果有，是什么？这件事带给你什么思考？”这种提问方式的优点在于可以考察求职者的反应能力、逻辑思维能力，可以围绕某个话题进行深挖，获取更多潜藏的信息；缺点在于如果面试官掌握不好分寸，容易给求职者留下凌厉、咄咄逼人的印象。

◆开放式提问

开放式提问指的是无法用“是”或者“不是”来回答的问题，必须进行解释。也就是说，开放式提问必须能够给求职者一定的阐述空间，这一点非常考验面试官的提问能力。开放式提问常用的词语包括“如何”“什么”“为什么”“哪个”等。求职者在回答这类问题时，首先要开放思维，尽量给出圆满的回答。在回答问题时要保持思路清晰、逻辑严谨，尽量展现自己各方面的能力，让面试官尽可能全面地了解自己。如果求职者不能完全打开自己，让自己被面试官了解，很难顺利拿到录取书。

一般来说，面试刚开始时，面试官都会提一些开放式问题，刺激求职者积极思考，以便了解求职者的真实能力与水平，但因为开放式问题没有标准答案，不便于总结、分析，也无法进行量化处理。

◆非引导式提问

非引导式提问没有特定的回答方式与答案，例如“请谈一次成功的经历”“请谈一次失败的经历”“请你谈一谈担任学生干部时的经历”等。对于这类问题，求职者可以充分发挥，讲述自己内心的感受、意见、看法等。在求职者讲述时，面试官要认真聆听。

非引导式提问的优点在于可以给求职者充分的发挥空间，根据求职者回答的问题获取更多信息，包括阅历、经验、语言表达能力、分析概括能力等，通过求职者的回答对求职者的能力做出判断；缺点在于比较耗费时间，不容易聚焦候选人的核心能力。

◆封闭式提问

封闭式问题比较简单，大多是一些常规问题，而且涉及范围较小，面试官可以得到具体的回答。封闭式提问的优点在于可以让求职者快速给出答案，节省时间与精力，便于总结分析；缺点在于面试官可以获取的信息有限，不利于对求职者做出更全面的了解。封闭式提问的具体应用场景如表5–18所示。

表 5–18 封闭式提问的具体应用场景

应用场景	提问内容
工作经历	包括过去的工作职位、工作成绩或成就、个人收入、工作满意度、离职原因等
学历	包括所学专业、学习成绩、优势学科、最讨厌的学科、课程设置等
早期家庭状况	包括父母的职业、家庭收入、家庭成员等
个性与追求	包括性格、爱好、愿望、情绪、人生目标与人生态度等

面对这类问题，求职者要如实回答，切忌伪造信息。

◆引导式提问

引导式提问一般是特定问题，求职者只能做出特定回答，采取一问一答的方式进行。这类问题的主要目的是征求求职者的某些意向，并要求求职者做出肯定回答。例如“在你做部门主管期间，部门有多少人，主要负责什么工作”等。对于这类问题，求职者只要给出具体数字以及具体的工作内容即可，无须回答太多内容。引导或提问的优点在于面试官可以获得具体的信息，省时省力；缺点在于可以获取的信息有限。

◆清单式提问

清单式提问往往会伴随一些可以选择的答案，例如“你之前工作的单位的主要问题是什么？业绩差、产品质量差还是其他？”清单式提问的优点在于可以鼓励求职者从多个角度分析问题，为求职者提供回答问题的思路，帮助求职者明确面试官的意图，以免求职者在回答问题的过程中偏离主题，不知所云。

◆**假设式提问**

假设式提问指的是面试官假设一种情况，让求职者做出反应，回答问题，以考察求职者的反应能力、思维能力和解决问题的能力。例如“假如你是部门主管，你会怎么解决这个问题？”“如果你是肇事司机，你会怎么做？”面对这些问题，求职者要将自己置身于面试官设定的场景中，以主人公的身份来思考问题，给出答案。假设式提问可以帮助面试官对求职者将来的工作表现做出一定的预判，但人的行为与语言相互独立，即便求职者给出的回答令面试官满意，将来的工作表现也并不一定能令人满意。

虽然面试官可以通过提问获取很多信息，但提问是否有效主要取决于问题的质量，这就对面试官设计问题的能力提出了较高的要求。无论什么类型的问题，面试官在设计时都要有明确的考察目标。另外，虽然开放式提问、非引导式提问、假设式提问等问题都没有标准答案，但面试官也要提前设定评判指标，以免面试官之间的意见相差过大，无法协调，不能给出统一意见。

第6章
人才测评技术

6.1 操作流程：招聘测评实战流程与方法

6.1.1 确定人才测评的目的

企业在进行人才招聘的过程中，除了通过主观的方式对求职者进行评判外，还可以借助科学的方法对人才进行测评。所谓人才测评，是以现代心理学和行为科学为基础，运用多元化的测评方法，例如情景模拟、心理测验等，对求职者的知识、能力、技能、个性特征、职业倾向、动机等素质进行测试与评价。由于综合运用心理学、行为科学、管理学、测量学、统计学等学科的知识，因此人才测评可以帮助面试官比较客观准确地了解求职者在特定情景下的行为反应和心理状态。

即便在招聘过程中可以借助各种各样的手段和方法，但很多企业仍然感觉招聘到能力出众的理想人才非常困难。至于衡量和判定人才是否“理想”的标准，企业可能也没有明确的答案。因此，企业在进行人才招聘和选拔时，首先要明确两个基本问题：

- 问题一：企业需要的是什么类型的人才，候选人能否满足这些要求?
- 问题二：候选人看重的是什么，企业能否满足候选人的期待?

企业只有基于自身情况，找出这两个问题的具体答案，才能够描绘出具体的人才画像，并在鱼龙混杂的人才市场筛选和甄别出自己需要的“理想人才”。企业绘制人才画像可以从素质、知识、能力和经验四个维度入手，其内容与特征如表6–1所示。

表6–1　企业绘制人才画像的四个维度

维度	内容	特征	权重（%）
素质	一般指自身特质决定的，根深蒂固不容易改变的，例如性格、智商、人格、自我定位、人生观、价值观、忠诚度等	能不能做	30
知识	专业知识、岗位知识、学业情况、学历、培训经历、资格证书情况	知不知道怎么做	20
能力	指在一定知识基础上完成目标和任务的可能性，一般分为核心能力（沟通、组织、协调等）和专业能力（专属于某一岗位的特有能力）	会不会做	30
经验	从事某一工作的时间长短，随着时间的推移，能力的提升趋缓，增长的更多是经验，经验体现的是处理事情的熟练程度和处理异常事务状况的能力	做了多久，熟练程度	20

至于各个维度所占的权重，企业需要根据自身的实际情况和用人需要进行设定。另外，企业在进行人才测评之前，还需要确定人才测评的目的，是选拔、培训、考核、诊断还是配置。

◆以选拔为目的

企业在内部进行人员选拔以及在外部进行人才招聘的过程中，都会面对多个候选人，要选拔出最符合岗位需求的候选人，就要针对岗位的特点制定理想的候选人标准，然后通过科学合理的测评方法进行人才测评。

◆以培训为目的

企业内部的员工培训，尤其是针对中高层管理者的培训，是企业进行人力资源开发、激发人才潜能的重要手段。由于中高层管理者的工作与企业发展息息相关，因此企业对中高层管理者的培训与对基层员工培训存在本质区别。在培训之前，企业首先需要通过科学的测评方法判断中高层管理者的素质水平与岗位素质标准之间的差异，并对培训需求进行准确评估。

目前，国内外很多大型企业已经将人才测评技术应用于培训需求分析，并将其作为重要的培训方法。

◆以考核为目的

企业传统的绩效考核往往采用民主评议、上下级评议等方式对个体能力进行考核，但这样的考核方式容易受个体人际关系等人为因素的影响，不能准确地反映个体的真实水平。而通过人才测评对个体绩效进行考核，可以在一定程度上规避主观因素的影响。因此，已经有越来越多的企业将人才测评应用在企业的绩效考核上。

◆以诊断为目的

企业在发展过程中往往需要对一些与企业运营相关的问题进行分析，以保证企业健康可持续发展。例如，为何岗位相同、外界的市场环境也没有发生太大变化，但不同个体所取得的绩效却存在很大差异？针对这类问题，企业可以借助于人才测评的各种方法进行测量和评价，发现导致绩效差异的关键因素，制定具有针对性的培训和指导策略，提高企业的整体竞争力。

◆以配置为目的

企业运营活动的开展需要以团队组建为基础，但由于不同的个体千差万别，企业的团队配置需要综合多方面的因素。团队的性质不同，对员工个性、能力等方面的要求也存在一定的差异。如何准确识别每个员工的特点，达成互补，也需要借助人才测评技术。

企业通过运用人才测评技术，不仅能够帮团队的管理者认识每个成员的素质特点，还有助于团队进行最科学、高效的配置。

6.1.2 明确人才测评的指标

在确定人才测评的目的之后，企业要明确人才测评指标。由人才测评的定义可知，人才测评指标主要包括知识、能力、技能、个性特征、职业倾向、动机六大维度。招聘岗位不同，人才测评指标也不同。例如招聘一位中高层管理者，在知识维度需要测评其是否接受过系统的管理方面的教育，是否了解先进的管理知识与理念等；在能力维度需要测评其人际沟通能力、问题解决能力、语言表达能力、逻辑思维能力、团队组织能力等；在技能维度需要测试其创新能力、信息处理能力等；在个性特征维度需要测试其是否稳重、有无责任心、能否冷静地处理问题、是否具有亲和力等；在职业倾向维度需要了解求职者的职业规划，判断其与公司的发展方向是否一致；在动机维度需要了解求职者换工作的动机，以判断求职者的价值观是否与企业相符等。

具体来看，HR在进行人才测评指标体系设计时，一般需要经过五个步骤，如图6-1所示。

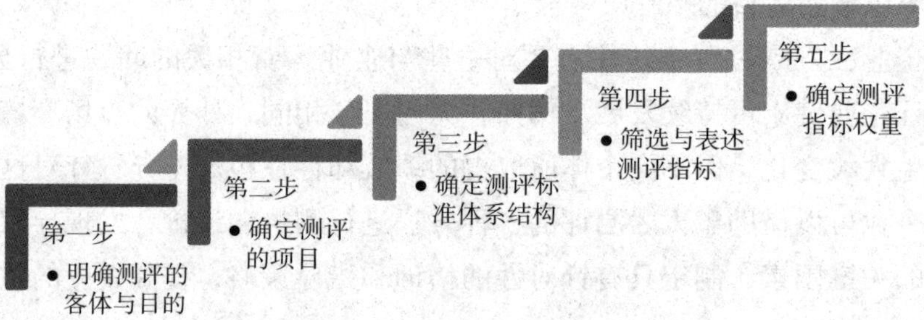

图6-1 人才测评指标体系设计的五大步骤

◆第一步：明确测评的客体与目的

HR要设计人才测评标准，首先需要明确测评的客体和目的。测评的客体即测评对象，每个测评客体都有自己的特点，这就决定了HR要制定的测评标准体系有所差别。值得一提的是，所处行业的性质会决定测评客体的特点，例如技术行业工人与科研行业人员的测评标准体系存在很大差异。

不过，即使测评客体相同，如果测评目的不同，所制定的测评体系也不尽相同。以考核为目的与以诊断为目的的素质测评的标准体系必然存在很大区别。

◆第二步：确定测评的项目

在明确测评的客体与目的后，便可以确定测评的基本内容。但在测评体系的设置构成中，HR要尽可能将测评内容标准化，通过便于操作的项目呈现出来。确定测评项目是将测评内容标准化的重要手段。

◆第三步：确定测评标准体系结构

在确定测评项目后，HR需要确定测评标准的体系结构，也就是将人才素质测评标准体系划分为清晰合理的层次结构，如表6–2所示。

表6–2　人才素质测评标准体系的三大层次

层次	地位与作用
第一分析层次：测评目标	是测评体系的一级指标，体现了测评对象的总体特征
第二分析层次：测评项目	是测评体系的二级指标，能够反映一级指标的具体特征
第三分析层次：测评指标	是测评体系的三级指标，能够说明二级指标的具体内容

以上三个分析层次，虽然呈现的程度有所不同，但实际上所体现的都是测评对象的特征。

◆第四步：筛选与表述测评指标

人才测评方法想要客观地反映个体的特点，需要对测评指标进行分析和研究。每一个人才测评指标都需要清晰界定其内涵和外延，使测评者、被测评者以及企业管理者明确其含义，而且指标的表述要尽可能清晰、准确，以避免因执行标准不同而带来的测评误差。

综合对单个测评指标的分析后，测评体系还应该建立在对整个指标体系的把握上，对重复指标进行删减，对看似精确但可操作性差的指标，利用简便可测量的指标进行替换，这就涉及人才素质测评指标的筛选问题。一般情况下，HR可以通过两个标准对测评指标进行检验：其一，该测评指标是否存在价值；其二，该测评指标是否具有可操作性。如果某测评指标不能满足这两个标准，即其价值和可操作性不能兼而有之，就应该将其剔除，选择其他更为合适的测评指标。

如果某测评指标满足了这两个标准，HR也要检验是否存在其他更合理的测评指标，具体的检验方法如下：针对具体的测评指标，陈述应用的理由和用途，也就是为何选用这个测评指标，其对应的结果在人力资源管理中有何价值。如果一个测评指标的潜在价值得到了肯定，就应该将其保留在人才测评体系中。

◆**第五步：确定测评指标权重**

不同企业的不同岗位需要的人才侧重点有所不同，因此对于不同的测评对象，不同的测评指标在测评体系中的地位不同，具体到人才测评体系设计中就表现为不同的测评指标具有不同的权重。

6.1.3 设计测评方法与题目

在测评目的和测评指标明确以后，HR要根据所需人才的能力等设计测评方法以及具体的测评题目。因此，HR可以通过对相应人才的专业技能、核心素养等要素进行梳理，构建人才胜任力模型，然后根据胜任力模型确定具体的测评方法，完成整个人才测评矩阵的构建。

例如，企业在进行校园招聘时，更看重求职者的语言表达能力、团队协作能力、逻辑分析能力等，HR就可以针对这些能力设计测评方法和题目，如通过面试测试其语言表达能力，通过笔试测评其逻辑分析能力等。

◆**多维设计题目**

为了满足客观、准确的测评需求，HR需要从多个维度设计测评题目，例如题目难易、题目设置以及题目来源等，如表6-3所示。此外，HR在设计题目时要尽可能体现题目的针对性和独特性。

表6-3 设计题目的三大维度

设计维度	具体要求
题目难易	题目难易程度的设计受多方面因素的影响。例如人才测评的目的不同，题目的难易程度也会不同。当以选拔为目的时，题目的难度可能比较大，这样才能在较短的时间内选拔出合格的对象；当以配置为目的时，题目的难度应该适中，以便在区分人才的同时不造成过大的分数差距
题目设置	题目设置受到多方面因素的影响。例如HR可以根据岗位任职要求的不同设置不同类型的题目，技能类岗位需要着重考察候选人的专业技能，需要设置较高比例的专业题目；根据整体测评的难易程度，可以设置不同类型的题目，当测评简单时，就可以设置一些判断题和单选题等
题目来源	为了保证测评的科学性，HR需要确保测评题目的来源有据可循，例如参考了哪些法律条文、专业书籍等，而且题目来源要规范、明确，便于后期统计和撰写测评结果。在整理考点的过程中，HR可以根据需要考核的重点、难点等内容设计测评题目，从题目类别、考察维度、题型等维度入手制定测评的工具表单

◆**题目验证与定稿**

题目设计完成后，HR还需要对题目进行验证才能够定稿。

（1）题目验证

题目验证就是通过试做题目验证题目设置是否合理。由于题目是基于特定的对象而设计的，因此被挑选出来试做题目的人员应该与真正的考察对象具有较高的相似性，然后根据试做反馈对题目的难易程度进行调整。

（2）题目定稿

经过题目设计和验证两个环节后，HR就可以进行题目定稿，定稿的同时应该提供一份清晰无误的统一阅卷标准。不过，需要注意的是，如果前期的题目设计过程存在不理想或失误的情形，HR要对阅卷标准进行一定的调整。

6.1.4　测评方案设计与实施

解决了“为什么测”和“测什么”的问题之后，HR需要解决“怎么测”的问题，即测评方案设计与实施。测评方案设计需要具体到测评技术、测评时间规划、测评场地安排、测评人员分工等方面，在进行准确、合理规划的同时，尽可能降低资金消耗。

测评方案实施，就是按照测评方案的内容（比如测验顺序、分工计划等）完成人才测评的预定任务。

◆**实施测评前的准备工作**

由于人才测评涉及的环节多、任务重，因此需要在测评之前做好充足的准备。实施测评前的准备工作如表6–4所示。

表6–4　实施测评前的准备工作

序号	工作内容
1	准备测评场地、需要的设备和材料等
2	确保测评场地采光良好、无噪声干扰、桌椅布置合理
3	确保测评设备，例如音像放映设备和摄像装置等无故障
4	确保测评所需的材料（例如测试编号、题本、答题纸等）均无缺失

◆确定测评小组成员

负责测评的成员组成测评小组，测评小组的主要成员构成如表6–5所示。

表 6–5　测评小组成员构成

成员构成	负责的工作事项
人力资源部总监	主要负责测评策划和主持等工作
招聘主管	主要负责收集和整理测评对象的资料，维持测评秩序等工作
公司总经理	担任面试环节的主考官
测评专家	对于测评的具体结果进行分析，并提出相关建议，可以由多名成员担任该角色

◆培训测评人员

测评方案的规范实施是确保人才测评有效性的基础，因此，在正式的测评之前，测评人员需要接受测评步骤、操作方法等方面的培训。此外，由于参与测评的人员既包括企业内部的成员，也包括外聘的测评专家，因此培训过程需要兼顾人员的特点。需要接受培训的测评人员如表6–6所示。

表 6–6　接受培训的测评人员的构成

人员构成	优势
企业人力资源部门的成员	了解企业的人员构成，对测评的流程等比较熟悉
企业的中高层管理者	了解企业的人员构成，对测评的相关事项不太了解
外聘的测评专家	不了解企业的具体情况，但具有比较丰富的测评经验

◆测评时间及地点安排

在实施测评方案时，HR需要确定测评时间和地点。例如，某公司人才测评的时间与地点安排如表6–7所示。

表 6–7　测评时间及地点安排

内容项目	时间	地点	涉及人员	备注
心理测试	上午8：00	测评室	应聘者8人	各自填写测试量表
专业笔试	上午10：00	会议室	应聘者8人	
无领导小组讨论	下午2：00	会议室	笔试合格者5人	讨论时间约1小时

续表

内容项目	时间	地点	涉及人员	备注
面试	上午10：00	会议室		面试时间约1小时
最终录取		电话通知	录取人员	

◆必要的后勤保障

不同的人才测评项目可能涉及企业的多个部门，包含大量的协调工作。因此，除必要的测评小组成员外，企业还可以指定相关部门负责后勤保障工作，确保测评方案顺利实施。

◆实施环节的说明

不同的测评方法在实施过程中需要注意不同的事项，下面以心理测试和专业笔试为例进行说明。

（1）心理测试

心理测试主要指通过专业的量表等方法测试个体的相关特质，并根据量表得出的结果进行分析和评价。例如HR运用卡特尔16PF测评量表、霍兰德职业兴趣量表等对受试者进行测试，根据最后得出的测验结果，分析受试者是否符合企业要求。

（2）专业笔试

专业笔试是企业在人才招聘和选拔过程中经常使用的一种测评方法，主要是通过专门设置的题目考察候选人的专业知识结构等。例如HR运用人力资源管理知识试卷考察受试者是否具备人力资源管理岗位所需的专业知识，通过对比不同受试者的知识，选拔出企业所需的人才。

6.1.5　统计与撰写测评结果

在各项测评结束之后，HR需要进行结果的统计以及测评报告的撰写。不同类型的测评方法得出的测评结果不同，主要可以分为定性结果和定量结果，测评报告应该综合不同结果进行撰写。

在企业进行人才测评的过程中，由于参与测评的人数比较多，而且有的测验的题量比较大，因此很多测验可以直接在计算机上完成，并在测验结束后直接由计算机进行成绩统计和结果输出。例如，卡特尔人格测验等心理测试的电子版可以直接在测试者答题结束后给出相应的结果分析。

由于企业进行人才测评的目的很明确，因此对不同测验结果的分析相当于通过多种测评工具对某一维度进行分析。那么，HR应该如何根据受试者在不同测评中的结果来撰写总体的测评报告呢?

◆撰写要诀：TOPS

企业中常见的测评报告的类型大体上可以划分为人员甄选报告和人员盘点报告，其应用场景和特点如表6-8所示。

表 6-8 人员甄选报告和人员盘点报告的具体应用

评鉴类型		应用场景	特点
人员甄选	内部	选拔	关注培养潜力
		竞聘	关注准备度
	外部	社招	考虑维度更多
		校招	综合简评
人员盘点		决策参考	客观、中肯
本人反馈		委婉、鼓励	

不管测评报告属于哪种类型、应用于何种场景，其撰写都需要遵循以下要点：

（1）T（Targeted）：有的放矢

企业进行人才测评的目的是明确的，测评报告的撰写也应该尽可能与目的相呼应。也就是说，测评报告应充分、清晰地体现出“读者”期望获得的信息。

例如，人员甄选类测评报告需要体现出候选人之间的差异，为企业的人才决策提供参考，为了尽可能使结果更加分明，可以通过划分等级或量化分数的形式呈现，必要的情况下，还应该针对岗位特点列出各个候选人的优缺点。人员盘点类测评报告需要结合不同的岗位进行详细分析，针对个体测评结果给出具体的培养建议。

（2）O（Over-arching）：贯穿整体

受测评类型与应用场景的影响，测评报告的内容会表现出一定的繁简差异，但所有的内容都应该为测评目的服务。

（3）P（Powerful）：掷地有声

撰写测评报告时需要注意，测评报告的结果以及引申出的建议应该陈述得当、掷地有声，切忌废话连篇。

（4）S（Supportable）：言之有据

测评报告撰写的依据是测评的统计结果，其中所有的内容都应该言之有据，不可随意杜撰或乱做猜测。

◆撰写步骤：ARTS

撰写测评报告的过程依据先后顺序可以分为撰写前、撰写中和撰写后，整个过程仿佛撰写人在“穿项链”，需要“找珠子”（Awareness），然后“摆珠子”（Relate & Test），最后“穿珠子”（Structuring），具体如图6–2所示。

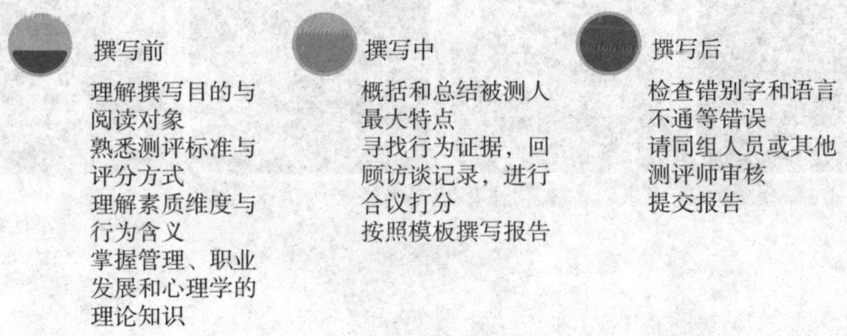

图 6–2 撰写测评报告的三大步骤

“找珠子”的过程，也就是撰写前的阶段尤为重要。HR想要穿出一串理想的项链，就需要找到喜欢的珠子。撰写测评报告也是如此，HR需要先找到测评结果中具有价值的信息。

“找珠子”是一个认知和觉察的过程，这个过程收集的信息主要包括七个方面：他人评价、经验履历、事件行为、身体语言、用词用语、性格测验和智力测验。HR将测验得出的信息按照七个方面进行归类、管理便可以得到一条代表同一论据的“证据项链”，也就是“摆珠子”的过程。

为了进一步证明这一论据，HR还需要进行信息验证，即“穿珠子”。验证报告的过程则表现为寻找更多信息提升这一论据的可信度。此外，不同的“证据项链”之间也可以进行交叉验证，即挖掘个体行为背后更深层次的特质，这也是个体最为稳定的“内核”。

挖掘个体的“内核”就是找到验证报告的灵魂，然后明确解释框架（Structuring），将确认好的证据链条进行拼接，形成整体描述，具体流程如图6-3所示。

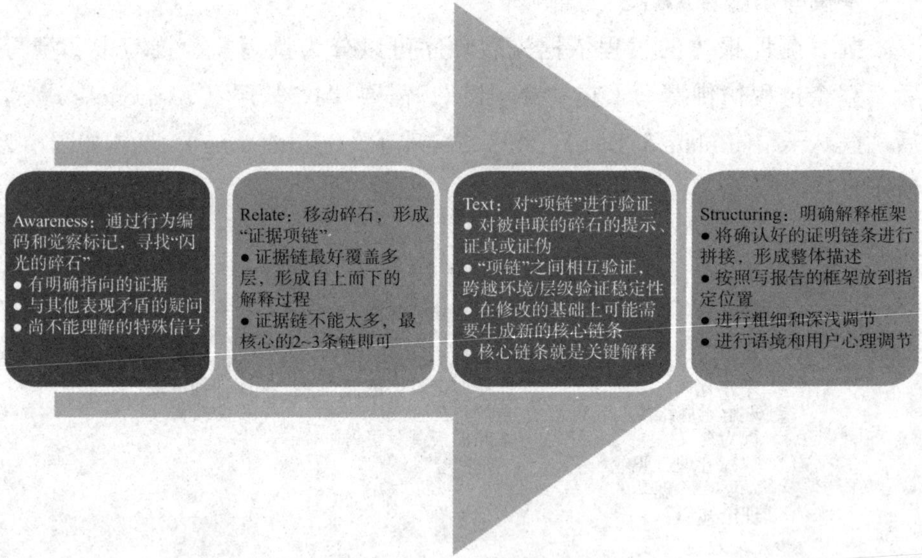

图6-3 “找珠子”的四大步骤

◆测评报告的组成要素

一份测评报告应该由以下要素组成：推荐建议、综合评价、优劣势分析、能力评价、使用建议、组织培养意见等，这些组成要素的目的、内容和适用场景各有不同，如表6-9所示。

表 6-9　测评报告的组成要素

要素	目的	内容	适用场景
推荐建议	一句话明确评价结果	是否推荐上岗、入池、重点考虑等	外部招聘、内部竞聘、潜才储备
综合评价	让报告阅读者可以看清受测者的整体概貌，属于定性评估	在对受测者进行综合评价时，内容不局限于能力素质，还可以包括性格特点、风格动机等，是对受测者核心特点的概述型介绍	外部招聘、内部竞聘、发展类评估、人才盘点、潜才储备
优劣势分析	总结受测者的优劣势，使报告阅读者可以迅速把握受测者的优点与不足	不限于能力评估，可以包含任职资格、履历经验、性格特征等	外部招聘、内部竞聘、潜才储备
能力评价	根据测评标准逐一对受测者的各项能力素质进行分析	围绕受测者在各项能力素质上的分数以及能力素质项本身的定义与行为描述，对受测者各方面能力素质项进行评估分析	发展类评估、人才盘点
使用建议	使报告阅读者了解使用与激励受测者的关键点以及使用风险	使用关键点：沟通要点、任务布置要点等； 激励关键点：如何激发受测者的工作激情； 使用风险：应着重关注其哪些方面的表现； 针对竞聘项目的使用建议，从提高人才胜任力的角度出发，提出需要组织提供相应支持的有关建议	外部招聘、内部竞聘、人才盘点
组织培养意见	以受测者的上级为阅读者，提出未来培养发展的建议	立足受测者的现状与未来发展需要，提出培养发展建议	发展类评估、人才盘点、潜才储备

6.1.6　对测评结果进行反馈

测评报告的统计和撰写并不意味着测评的结束，企业管理者不仅需要根据测评结果做出人才决策，还应该将测评结果反馈给受试者。这种反馈既不是简单地告知受试者测评分数或结果，也不是粗暴地指出受试者的不足，而是通过测评结果帮助受试者更加了解自己的工作状态，并尽可能挖掘个人的工作潜力。

企业的人力资源部门要科学合理地反馈测评结果，在这个阶段要遵循六大原则，如图6-4所示。

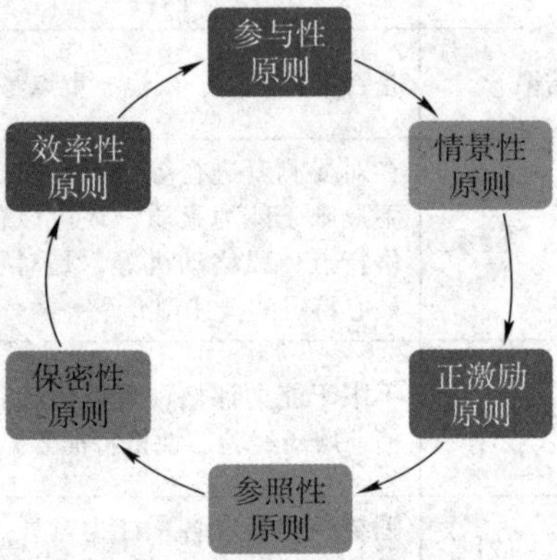

图 6-4　测评结果反馈需遵循的六大原则

◆参与性原则

受试者，尤其是企业内部的员工不应该仅仅是被动地参与测评过程，还需要积极地参与到人才测评的过程中，尤其是结果反馈阶段。

企业的HR可以采用三种方法进行结果反馈，如表6-10所示。

表 6-10　测评结果反馈的三大方法

方法	具体应用
讲述—推销法	将真实的测评结果告知受试者，并给出针对性的建议，让受试者进行思考和分析
讲述—倾听法	将真实的测评结果告知受试者，并让受试者讲出自己对于结果的看法
解决问题法	人力资源工作者和受测者在相互尊重的基础上，共同讨论测评给出的结果，并讨论如何解决受试者在人员测评中反映出来的问题

◆情景性原则

HR进行人才测评时所使用的各种方法虽然是经过验证的，能够比较客观地反映受试者的真实情况，但测评结果仍然受到多种因素的影响。情景性原则指的就是HR在进行测评结果反馈时需要综合考虑多种因素的影响。

例如受试者当前的心理状态、所经历的工作变动等，都有可能对测试结果造成影响。此外，出于对受试者主观方面的考虑，受试者在进行测试时，也有可能规避对个人不利的选择。因此，HR在进行结果反馈时，既需要准确呈现结果，又不能“唯结果论”。

◆正激励原则

正激励原则指的是HR在进行结果反馈时应该更多地肯定受试者的长处，指出其具有潜力的方面，激发受试者的工作积极性，而非一味地指出受试者的问题。很多人对于人才测评有一种错误认知，即认为反馈测评结果就是对受试者进行批评和惩罚。这样的认识是错误的，违背了人才测评的初衷。

在测评结束后，HR之所以需要进行结果反馈，主要是为了在呈现测评结果的同时帮助受试者在工作过程中扬长避短，只有这样才能在为企业提供人才决策的同时提升员工工作的积极性，激发员工的工作潜力。

◆参照性原则

无论采取何种测评方法，测评结果反馈都应该以测评条件和其参考的常模总体为基础。一般情况下，当实测条件和常模总体发生变化时，测评结果也会改变。因此，当人力资源工作人员向受试者进行结果反馈时，需要从相似度更高的情境中进行分析。

在企业的人才测评实践中，测评结果往往会受到受测者群体特点的影响。例如在针对企业员工对管理者态度的测验中，由于基层职工工作内容单一、与管理者接触少等原因，可能导致测评分数偏低；而市场营销等部门的员工，在平时的工作中与管理者有更多接触，评测分数也会有所不同。因此，HR在进行结果反馈时不能将不同部门或职位的测评结果直接进行比较并得出结论。

◆保密性原则

保密性原则指的是受测者的测评结果不能公开，仅限于受测者本人和相关管理者知晓。在企业的不同测评中，保密性原则所涉及的具体内容也有所不同。

之所以要在测评结果反馈的过程中坚持保密性原则，主要有两方面原因：其一，只有测评结果保密，才便于测评活动的开展，让员工能够坦诚地参与测试，反映企业人力资源管理方面真正存在的问题；其二，只有测评结果保密，才有助于问题的解决，激发受测者的潜能。

◆效率性原则

效率性原则指的是HR在进行测评结果反馈时，应该注重反馈效率，着重反馈与企业发展密切相关的问题，而非“眉毛胡子一把抓”。因为企业人才测评可能涉及大量的人员，HR如果不坚持效率性原则，就需要消耗极大的人力、物力和财力，导致人才测评的成本过高。

6.2 测评工具：选择合适的招聘测评工具

6.2.1 根据测评目的来选择

经过十几年的发展，我国人才测评技术实现了快速发展，人才测评工具的种类越来越多，令人眼花缭乱，不知道应该如何选择。在实践过程中，人才测评工具的选择应该以应用为导向，对测评目的、测评岗位、测评对象、工具特点进行综合考虑。为了保证测评效果，HR不要使用单一的测评工具，可以对多种测评工具进行组合应用。

简单来说，人才测评是运用现代心理学、管理学及相关学科的研究成果，通过心理测验、情境模拟等客观化方法对人的能力、水平、性格特征等因素进行测量，并根据职位需求及企业组织特性对其素质状况、发展潜力、个性特点等心理特征作出科学地评价，为企业用人、选人、育人等人力资源管理和开发工作提供有价值的参考信息。根据测评目的，人才测评可以分为五大类，分别是配置性测评、选拔性测评、考核性测评、发展性测评、诊断性测评。

◆配置性测评

配置性测评又称为任职测评，目标岗位非常明确，主要目的是实现人岗匹配，主要包括社会招聘、内部竞聘、岗位晋升测评。

配置性测评不仅关心人才的知识、技能和能力，还关注人才的性格特征和求职动机与岗位特点、企业文化的适配性。具体来看，配置性测评可以采用的工具包括在线素质测评（人格测验、动机测验）、行为化面试等。

◆**选拔性测评**

选拔性测评没有明确的岗位目标，主要目的是实现人与组织匹配，包括校园招聘、后备人才选拔等，关注的是人才的发展潜力，而不是目前的工作能力。由于选拔性测评面向的人员数量众多，测评精度不高，因此，经常使用群体互动式的测评方法，例如在线素质测评、笔试和无领导小组讨论等。

◆**考核性测评**

考核性测评又称为鉴定性测评，主要目的是考察人才是否具备某种素质，如果具备，具备多少。考核性测评主要包括年终考评、任期内测评等，可以对员工素质做出全面评价，属于一种总结性测评，测评结果必须做到有据可查、充分全面。考核性测评主要关注人才的“非能力”指标，例如职业素养、工作态度、行为（管理）风格等，采用的方法包括多维行为反馈技术（360度评估反馈）、述职答辩等。

◆**发展性测评**

发展性测评的主要目的是深入了解被测评者的能力特点，为后续的员工培训提供指导，包括人才素质盘点、培训需求诊断、职业发展测评等，其特点是可以对被测试者的能力进行全面考察，发现被测试者的优缺点，提取出可以通过培训得到提升的要素，例如基础工作能力、管理能力、领导力等。发展性测评采用的工具主要是360度评估反馈、结构化面试、评价中心、管理游戏、培训式测评等。

◆**诊断性测评**

诊断性测评的主要目的是找到问题的原因，提出改进方案。测评结果由管理层、决策层知悉、保管，不公开。为了保证测评结果，诊断性测评的内容要设计得非常精细、全面，整个测评过程必须具有较强的系统性，常用的测评工具主要包括评价中心、多维行为反馈、结构化面试等。

在实际测评过程中，测评人员经常遇到一场测评需要达到多个目标的情况。如果测评时间充足，测评人员较多，可以尽量覆盖所有的测评内容，实现更多目标。如果测评时间有限，测评人员精力不足，或者测评预算不多，就要抓主要矛盾，聚焦最主要的测评目标来设计测评工具。

目前，常用的诊断性人才测评形式有校园招聘、社会招聘、后备人才选拔等，这些测评形式对应的测评工具如表6–11所示。

表 6–11　基于不同招聘形式的测评工具

招聘形式	关注点	特点	要求	对策
校园招聘	学生的掩饰性，面试中如何识破“面霸”“面经”	规模大，范围广，时间短，任务重，形象工程	操作简便，效率要高，测试题目有一定的保密性	专业笔试、素质测评、面试、无领导小组讨论
社会招聘	如何考察求职动机和稳定性，如何发现潜质高的人才	专业多，个体差异大，上岗要求急，影响公司业务	针对性强，立即改变组织绩效	人才标准统一性、素质测评、面试、无领导小组讨论、案例分析等
高管招聘	判断候选人的经营管理理念、价值观和对公司文化的认同度	重要度、复杂度高，人难找，试错代价大	高质量，高效率	领导力模型提炼人才标准、高层领导担任考官、多种方法并用
内部竞聘	公平性是根本，关注个性与团队的匹配	影响面大	组织流程严密，保密性要求高	专业笔试、结构化面试
后备人才选拔	发现高潜质的管理人才	来自不同岗位、年龄、学历、工作经历	方法的针对性、有效性	专业笔试、素质测评、面试、无领导小组讨论

6.2.2　根据测评对象来选择

测评对象指的是岗位。岗位不同，测评重点不同，所采用的测评工具也有所区别，具体分析如下：

◆岗位类别

首先是管理岗位。管理岗位的职级不同，对员工的能力要求不同，使用的测评工具也不同，具体如表6–12所示。

表 6-12 管理岗位的测评工具

管理类岗位	职位描述	特点	关注点	测评工具
高层管理人员	经营决策层、公司经营班子	处于金字塔的顶端，管理整个企业或多个部门，工作千头万绪，关注全局性、长远性问题	经营意识、战略思维、决策能力、领导风格等	通常采用公文筐、角色扮演、行为化面试、领导风格测验等工具
中层管理人员	部门总监、经理、主任等	企业的中坚力量，承上启下，上传下达，既关注全局性的问题，又关注细节性的问题	识人用人、团队激励、人际关系建立、组织协调、系统思维、个性特征等	通常采用公文筐、案例分析、行为化面试、无领导小组讨论、行为风格测验等工具
基层管理人员	科长、主管、班组长	既是个人贡献者，又是管理者，关注细节性、短期性的问题	沟通协调、执行推进、辅导下属、学习能力、专业能力	通常采用专业知识测试、结构化面试、无领导小组讨论、个性测验等工具

其次是非管理岗位。岗位类别不同，工作内容不同，人才测评的关注点不同，使用的测评工具也不同，如表6-13所示。

表 6-13 非管理岗位的人才测评工具

非管理类岗位	职位描述	特点	关注点	测评工具
职能类岗位	行政、人力资源、财务	具有一定的管理性质	沟通协调、系统思维、大局意识、团队合作、执行推动等素质	案例分析、无领导小组讨论、结构化面试、个性测验等工具
营销类岗位	销售、市场、品牌、售后服务	喜欢和人打交道，有业绩的压力，会遇到意想不到的困难	与人际沟通相关的能力，如灵活性、自信心、抗压能力等	压力面试、情景面试、角色扮演、无领导小组讨论、个性测验等工具
技术研发类岗位	IT工程师、电气工程师等	和事务打交道较多	逻辑思维、学习能力、创新能力等	智力测试、行为化面试、案例分析、个性测验等工具

续表

非管理类岗位	职位描述	特点	关注点	测评工具
技能类岗位	生产操作工人、劳务人员	与机器、工具打交道较多，工作需要一定体力，工作环境较艰苦	专业知识、工作经验、操作技能、情绪稳定、吃苦耐劳、责任心、主动性等	行为化面试、心理健康测验、专业面试、现场实操等测评方法

◆人员情况

被测评人员的情况不同，所采用的测评工具也不同。如果被测评的人员数量比较多，HR通常使用在线素质测评工具、笔试、无领导小组讨论等规模化的测评工具；如果被测评人员的年龄比较大，HR要选择一些简单的测评工具，测评时间不要太长；如果被测评人员比较年轻，HR可以选择一些有趣的、人性化的测评工具。

6.2.3 根据工具特点来选择

每种测评工具都有自己的优缺点，HR选择测评工具要考虑其适用性。

◆笔试

笔试是一种传统的测评方式，操作简单，测评维度较广，可以同时面向大量被测评者，且成本较低。目前，笔试主要用于测评初期的人员筛选，根据笔试得分筛选出优秀的候选人进入下一个环节，减轻后续操作的工作量，让测评更有针对性。笔试的缺点在于无法对被测试者的人际沟通、团队管理、执行力等能力进行测评。

◆心理测验

根据测验内容，心理测验可以分为能力倾向测验、人格测验、工作动机测验、职业兴趣测验、情绪智商测验等几大类，聚焦被测试者深层次的素质。

心理测验的优点在于标准统一，可以得出相对客观的结果，适用于大规模测评；缺点在于对场地要求较高，需要在有网络和计算机的环境下开展，而且只能为HR提供一个参考性结果，不能作为最终的评判标准，需要结合其他的测评工具一同使用。

◆面试

面试是一种常用的测评方式，尤其是近年来非常流行的半结构化面试，可以在很大程度上保证测评结果的科学性、合理性。在组织面试之前，HR要先筛选被测试者的个人简历，排除不符合要求的人员，也可以在面试过程中针对简历中的重点信息有针对性地进行考察。一般来说，面试常用的测评工具有两类：一类是行为化面试，另一类是情景化面试，其优缺点如表6-14所示。

表 6-14 行为化面试与情景化面试的优缺点

	优点	缺点	适用范围
行为化面试	HR可以灵活地对被测试者提问，可以采用一些提问技巧识别被测试者提供的虚假信息，对被测试者的回答做出比较准确的判断	时间不太容易控制，而且面试官要在面试过程中思考追问的问题，这就要求面试官掌握丰富的追问技巧，面试结果深受面试官个人因素的影响	主要用于外部人才招聘测评
情景化面试	时间可控，面试官不需要思考如何追问，但要对被测试者的回答进行鉴别，需要与其他测评方法结合使用	面试结果深受测评题目的影响，题目质量好，面试结果就比较准确，而且被测评者容易作假，无法对动机类指标进行考察	主要用于内部人才的选拔测评

◆评价中心

评价中心是一种综合测评系统，涵盖了多种测评方法和测评技术，具有两大优点：第一，方法多，可以对被测评者开展全面且有针对性的测评；第二，高度情景模具比较可靠，效度较高，可以对被测评者将来在工作岗位上的表现做出比较准确的预测，预测效度高达0.65，是所有测评方法中预测效度最高的一种方法。

（1）无领导小组讨论

无领导小组讨论的优点在于被测试者可以充分互动，有同等的发挥机会，可以在很短的时间内表现出个体差异；可以同时面向多人开展测评，极大地提高测评效率。缺点在于在无领导小组讨论的过程中，测试者需要同时对多名被测试者进行观察，这就要求测试者要具备极强的注意力、观察力和判断力。同时，无领导小组讨论的测评结果深受题目质量以及分组的影响，经过训练的被测试者也有可能在测试过程中进行伪装。目前，无领导小组讨论主要用于大规模测评，或者校园招聘、后备人才选拔等考察人际能力的测评活动。

（2）公文筐测验

公文筐测验为被测试者创建一个“真实”的工作情景，让被测试者在这个场景中，按照规定的条件，例如时间有限、信息有限、孤立无援等，以管理者的身份处理公文材料，形成公文处理报告。公文处理结束后，被测试者要填写行为理由问卷，说明处理公文材料的理由、依据和原则。如果面试官想要了解更多与被测试者有关的信息，可以与被测试者面谈。

公文筐测验的逻辑是对被测试者在规定条件下的公文处理行为进行观察，对采取这种行为的理由进行分析，对被测试者的各项管理能力进行评估，这些能力包括计划、组织、授权、决策和解决问题的能力等。

公文筐测验的优点在于表面效度高、预测效度高，测评结果比较准确，应用范围较广；缺点在于题目开发和阅卷难度较大，需要消耗大量时间，而且成本较高。鉴于此，目前公文筐测验主要用于中高层管理人员选拔等测评活动。

（3）角色扮演

角色扮演是一种情景模拟测试方案，主要用来测试被测试者的人际关系处理能力。在角色扮演方案中，面试官会设置一些人际关系与矛盾，要求被测试者扮演某个角色，解决这些矛盾。在测试过程中，面试官对被测试人员的行为表现进行观察，对其行为风格、思维的敏捷性、决策能力、指挥能力、控制能力、协调能力、问题解决能力、人际交往技巧能力、应对突发事件的能力等进行分析，并做好记录。这种测评方法适用于中高层管理人员、营销人员的招聘与测评。

（4）管理游戏测评

管理游戏测评也是为被测评者创建一个虚拟的工作情景，这个工作情景中会出现很多日常管理过程中可能遇到的问题，要求被测评者妥善解决这些问题。管理游戏测评涉及多方面内容，包括市场营销管理、财务管理、人事管理、生产管理等。

在管理游戏测评中，主考官会扮演其中一个角色，给测试增加难度，给被测试者一定的压力，激发矛盾与冲突，对被测试者的应变能力、人际交往能力等做出更准确的评价。管理游戏测评的优点在于适用范围广、趣味十足，缺点在于题本开发难度较大、成本较高，主要适用于对测评存在抵触心理的人群。

◆ 360度评估反馈

360度评估反馈又称为多源反馈调查技术，是由与被测评者关系密切的上级领导、同级同事、下属、员工本人、客户等以匿名的方式对被测评者进行评价，通过多次测评，帮助被测评者认识到自身的优点和不足，以实现更好地成长。

360度评估反馈的优点在于评价维度多、评价视角广，评价结果更准确、科学、完整，缺点在于容易受到组织文化和评估问卷等因素的影响，导致评价结果不太客观。基于此，360度评估反馈主要适用于年度考评、素质盘点、能力发展等活动。

6.2.4　根据测评效果来组合

为了保证测评结果的准确性，测评人员通常会选用多种测评工具组合应用。面对种类繁多的测评工具，测评人员如何组合使用呢？根据想要达到的测评效果，测评人员可以按照以下几大原则对测评工具进行组合。

◆针对性与互补性兼顾

测评指标不同，测评人员选用的测评工具也应有所差异。例如，测试被测评者的沟通能力可以使用无领导小组讨论。但如果测试被测评者的创新能力，就不宜使用无领导小组讨论。另外，测评者对测评工具进行组合应用时应该尽量涵盖多种测评技术，例如将无领导小组讨论与公文筐测验相结合，对被测评者的人际交往能力、人际关系处理能力、事件处理能力等进行全面评价，保证评价结果全面、客观、准确。

◆效率性与准确性并重

有些测评工具操作简单，用时较短、成本较低；有些测评工具操作起来比较复杂，耗时较长，而且成本较高。测评者在对测评工具进行组合应用时要对测评活动消耗的时间成本与测评结果的准确性进行衡量，使其保持平衡。

总体来看，测评时间不宜过长，使用的测评工具也不能太多。一般情况下，一次测评活动使用的测评工具最好不要超过五种。测评内容过多可能会增加被测试者的负担，导致被测试者压力过大，无法发挥出真实水平，从而使测评结果出现偏差。

◆主观性与客观性结合

根据有无评委介入，测评工具可以分为主观性测评工具与客观性测评工具两种类型，其中主观性测评工具主要包括面试、无领导小组讨论、角色扮演、公文筐等，客观性测评工具主要包括笔试、心理测验等。为保证测评的全面性，测评人员最好对主观性测评工具与客观性测评工具进行组合应用。

总而言之，每种测评工具都既有优点，又有缺点。HR不要试图寻找完美的测评工具，只要明确各个测评工具的优缺点，根据企业的实际情况掌握1~2种测评工具即可。为了更好地了解这些测评工具，将测评工具的价值真正发挥出来，HR可以参加一些培训活动，提高使用测评工具的能力与水平。

6.2.5 主流测评工具的选择

◆主流测评工具的选择

面试人员选择测评工具时要从两个维度进行考虑：一是信度；二是效度。信度指的是测评结果的可靠性、一致性和稳定性程度。例如某测评工具对同一位被测试者前后两次测试结果大体相同，就说明这款工具的信度较高。效度指的是测评的有效性，即测评工具能够准确地测评出所要测评内容的准确程度，准确度越高，测评工具的效度就越高。

目前市面上的测评工具有很多，根据测量类型大体可以分为以下几类：

- 测试能力的工具主要包括360评估、BEI访谈、评鉴中心、情商测评、潜能测评。
- 测试结果的工具主要包括组织氛围调研、满意度调研、团队效能测评等。
- 测试个性的工具主要包括大五人格测试、MBTI、DISC、PDP、九型人格测试、霍根测试等。

下面我们对几种常用的测试工具进行简单介绍。

（1）大五人格测试

大五人格测试曾被称为最准确的心理测试，具有较高的权威性，获得了国内外认可，属于一种主流的性格测评工具。大五人格测试将人的性格划分为五大类，分别是：

- 外倾性：愿意主动发起社交，与外向型性格相似。
- 开放性：愿意接纳和包容新鲜事物，能够跳出组织边界思考问题，鼓励他人提出自己的想法和观点。
- 严谨性：具有很强的逻辑性、审慎性。
- 宜人性：愿意相信他人，在意他人的感受。
- 神经质：情绪不太稳定，比较敏感。

这五类性格的特征如表6–15所示。

表6–15　人格五因素及相关特征

高分者特征	特质量表	低分者特征
烦恼、紧张、情绪化、不安全、不准确、忧郁	神经质（N）	平静、放松、情绪稳定、果敢、安全、自我陶醉
喜欢社交、活跃、健谈、乐观、喜欢玩乐、重感情	外倾性（E）	谨慎、冷静、无精打采、冷淡、退让、话少
好奇、兴趣广泛、有创造力、有创新性、富于想象	开放性（O）	比较传统、兴趣少、不善于分析、追求实际
心肠软、脾气好、助人为乐、直率、宽容、容易相信他人	宜人性（A）	愤世嫉俗、粗鲁、多疑、不愿意与他人合作、残忍、易怒

续表

高分者特征	特质量表	低分者特征
有条理、自律、勤奋、可靠、准时、细心、有抱负、有毅力	严谨性（C）	没有目标、不可靠、懒惰、粗心、松懈、意志薄弱、贪图享乐

目前，很多企业都会在招聘中使用这一工具测试求职者的性格特征，识别求职者的发展潜力，判断求职者是否适合公司。

（2）DISC测试和PDP测试

DISC测试是根据美国心理学家威廉·莫尔顿·马斯顿博士出版的《常人的情绪》一书而建立的，最初用来测试人的情绪反应，将人的性格分为四种类型，分别是支配型（Dominance）、影响型（Influence）、谨慎型（Compliance）、稳健型（Steadiness）。

PDP测试主要用来衡量人的行为特质、活力、动能、压力、精力及能量变动情况，将人的性格分为五大类型，分别是支配型、外向型、耐心型、精确型、整合型，并且用五种动物对这五类性格进行描述，分别对应的是“老虎”“孔雀”“考拉”“猫头鹰”“变色龙”。

之所以将这两种测试工具放在一起讨论，是因为它们的本源存在一致性，可以相互对应，如表6-16所示。

表 6-16　DISC 测试与 PDP 测试对照

DISC测试	共同特点	PDP测试
高D型	善于抓住机会，注重结果，可以果断地做出决策，是一个典型的指挥官形象	老虎
高I型	擅长社交，乐于表达和展现自己，积极乐观，比较敏感，渴望得到关注与肯定，是一个奠定的社交者形象	孔雀
高C型	擅长发现风险，注重逻辑性和条理性，关注细节，对数据比较敏感，决策时比较慎重，所以决策速度较慢，是一个典型的思考者形象	猫头鹰
高S型	关注人际关系，追求人际关系的和谐，善于化解冲突与矛盾，擅长规避风险，是一个典型的协调者形象	考拉
DISC型	可以同时关注事物、人际、机会、风险四个维度，没有太鲜明的性格特点，擅长与人交际，处事圆滑，具有极强的沟通能力与公关能力	变色龙

虽然DISC测试和PDP测试的信度不如大五人格测试，但因为操作简单，实用性高，结果偏差也不大，所以受到了很多HR的推崇。

（3）霍根测评

目前，霍根测评被认为是在个性、潜力、动机等方面可信度非常高的一种测评工具，有专业的霍根测评认证，主要用于领导力发展测试，应用范围较广，而且比较权威。霍根测评主要包括三大内容，如表6–17所示。

表6–17 霍根测评的三大内容

测评指标	具体内容
HPI潜力（优势及胜任力）	通过对求职者的个性与习惯进行判断，对其在未来工作中可能取得的绩效进行预测
MVPI动机、价值观、偏好	通过对员工的核心价值观、目标和兴趣进行测评，来判断员工的价值观与企业的价值观是否一致
HDS挑战（偏离诱因及绩效风险）	对员工性格中的消极部分进行衡量，对这种消极性格可能引发的风险进行预判，对高风险特征进行描述，尤其是员工在人际关系方面的不良表现、不良工作行为或领导风格等

（4）SHL测评

SHL的测评工具有很多，这里主要介绍SHL的职业性格测评工具。SHL的职业性格测评结束后会生成三份报告，分别是：

OPQ报告：这份报告主要从人际关系、思考模式、情绪与情感三个维度展示被测评者的职业性格。测试结果的极值偏高或者偏低，都会被认为具有鲜明的职场性格，而且会引发完全不同的行为偏好。

MQ报告：这份报告主要显示被测试者的职业动机。这里的动机分为两种不同的类型，分别是正向的激励动机和负向的激励动机。HR可以根据被测试者的MQ报告灵活调整激励策略，产生真正的激发作用。

OPQ全方位胜任力报告：这份报告是在OPQ报告和MQ报告的基础上生成的，从胜任力维度对被测试者的优劣势进行分析。这份报告可以清楚地展示被测评者的优缺点，并为其提供发展建议。

目前，SHL测评报告主要用于人才选拔，例如中高管引入、内部晋升等。

（5）PSE测评

PSE是一款动机测评工具，由哈佛大学教授Dr. David Mclleland研制，主要用来测试被测评者的社会动机，了解管理者真正的内在驱动力。PSE测试主要是让被测评者看一幅图或者一幅画，让被测评者描述所看到的内容，测试者通过被测试者的描述，对其动机做出判断。“一千个读者心中有一千个哈姆雷特”，所以每位测试者的描述都不尽相同，这就对测试者的能力提出了较高的要求。

（6）MBTI测试

MBTI测试是全球非常权威的性格测试方法，目前已经成为国际主流的职业人格评估工具。MBTI测试从四个维度将人划分为不同的类型：根据精力来源将人划分为内向型与外向型，分别用I和E表示；根据感知世界的倾向将人划分为感觉型和直觉型，分别用S和N表示；根据判断决策的倾向将人划分为思考型与情感型，分别用T和F表示；根据生活方式倾向将人划分为判断型和感知型，分别用J和P表示，最终四个维度相互组合形成十六种性格特征，如表6-18所示。

表6-18 MBTI测试的十六种性格特征

性格类型	具体特征
内倾感觉思维判断（ISTJ）	安静、严肃、实际、有责任感、有逻辑性、不易分心，喜欢将工作、家庭和生活都安排得井井有条，传统、忠诚
内倾感觉情感判断（ISFJ）	安静、友好、有责任感、勤勉、忠诚、体贴，重视小细节，关心他人的感受，将工作和家庭营造得有序而温馨
内倾直觉情感判断（INFJ）	寻求思想、关系、物质之间的意义和联系，对人有很强的洞察力，有责任心，坚持自己的价值观，有计划地实现目标
内倾直觉思维判断（INTJ）	在实现想法和达成目标的过程中有创新的想法和非凡的动力，能很快洞察到外界事物的规律并形成长期计划，多疑、独立，对自己和他人都有很高的要求
内倾感觉思维知觉（ISTP）	灵活、忍耐力强，发现问题会马上行动，找到实用的解决方法；善于分析事物运作原理，能从大量信息中找到问题的关键；对问题产生原因和处理结果感兴趣，逻辑性强，重视效率

续表

性格类型	具体特征
内倾感觉情感知觉（ISFP）	安静、友好、敏感、和善，喜欢有自己的空间，喜欢按照自己的时间表工作，忠诚、有责任心，不喜欢争论，不愿意与他人发生冲突，不喜欢强迫他人接受自己
内倾直觉情感知觉（INFP）	理想主义、忠诚、好奇心重，善于发现事情的可能性，理解别人，可以帮助他人实现潜能，适应力强，灵活，善于接受
内倾直觉思维知觉（INTP）	对于自己感兴趣的任何事物都要寻求找到合理的解释，喜欢理论性和抽象的事物，热衷于思考，安静、内向、灵活、适应力强、多疑、挑剔、喜欢分析
外倾感觉思维判断（ESTJ）	实际、果断、行动力强、善于组织、注重效率、注重日常的细节，有一套清晰的逻辑标准，坚定地实施计划
外倾感觉情感判断（ESFJ）	热心肠、有责任心、善于创造温馨和谐的环境与氛围，喜欢和他人一起完成任务，忠诚，善于发现他人的困难并提供帮助，渴望得到他人的认可和赏识
外倾直觉情感判断（ENFJ）	热情、为他人着想、易感应、有责任心，注重他人的感情、需求和动机；善于发现他人的潜能，希望帮助他人成长和进步；忠诚、友善、喜欢社交、善于帮助他人
外倾直觉思维判断（ENTJ）	坦诚、果断，有天生的领导能力，善于发现组织政策的不合理性和低效能性，全面地解决问题；善于做长期的计划和目标；见多识广、博览群书、会坚定有力地陈述自己的想法
外倾感觉思维知觉（ESTP）	灵活、忍耐力强、实际、注重结果，喜欢积极地采取行动解决问题，注重当前，喜欢物质享受和时尚，乐于接受新事物
外倾感觉情感知觉（ESFP）	外向、友好、接受力强、热爱生活、喜欢合作，在工作中讲究常识和实用性，灵活、自然不做作，能快速接受新事物
外倾直觉情感知觉（ENFP）	热情洋溢、富有想象力，认为人生有很多的可能性，需要得到别人的认可，也喜欢赞美和帮助他人，灵活、不做作，有很强的即兴发挥能力，善于表达
外倾直觉思维知觉（ENTP）	反应快、睿智，善于激励别人，警觉性强、直言不讳，善于解决问题，善于用战略的眼光分析问题，善于理解别人，不喜欢例行公事，喜欢发展新爱好

◆主流测评公司的分析

目前，国内的测评公司主要分为两种类型，一类是外资公司，包括DDI、SHL、TTI等，主要服务中高端客户；另一类是本土公司，包括北森、诺姆四达等，主要服务中低端客户。此外，还有一类代理外资企业，包括海文联合代理的Assess、ATA代理的wave等。

在本土测评公司中，只有极少数公司有能力研发测评工具，会尝试开发自己的测评系统，吸引了很多公司主动寻求合作。国外的测评公司主要依赖国外的测评系统，代理公司使用的也是国外的测评系统。

从市场分层的角度看，国内各大测评公司的特点与定位如表6-19所示。

表6-19　国内各大测评公司的特点与定位

公司	类别	优势	劣势
诺姆四达	系统类	有品牌、包装好、产品人性化、有客户积累	产品质量存在缺陷，解读能力不足
北森			
KNX	民营类	前提投资大，有资深顾问	咨询沉淀不足
善择	产品类	经典产品畅销 产品带动培训或咨询	研发力量不足 对国外合作方有较强的依赖
TTI			
SHL（中国）			
中智	国产全能	价格便宜	部门之间存在一定的壁垒
智联	销售类	价格便宜 由简历带动测评	缺乏专业人员
前程无忧			
Hay（现KF）	国际巨头	外企市场 技术雄厚、经验丰富 强大数据库与后台支持	价格较高 本土化较差
DDI			
PDI			

6.3 人岗匹配：基于胜任模型的招聘测评

6.3.1 胜任力模型理论的演变发展

胜任力翻译自英文Competency，本意是“合适的”，在很多领域都有应用。目前，全世界公认的首次关于胜任力的应用性研究是管理学之父泰勒对“时间—动作”的研究。

20世纪50年代，美国国务院选拔外交人员。因为美国国务院发现基于传统标准选拔出来的优秀人才在实际工作中的表现总是差强人意，所以需要制定一个更加科学的标准来选拔更合适的人才。哈佛大学的麦克利兰教授参与制定选拔标准，将工作表现好和工作表现差的人员的具体特质提取出来进行对比，找到导致两者两极分化的具体原因，将其作为选拔外交人员的标准。1973年，麦克利兰发表*Testing for Competency Rather Than Intelligence*一文，掀起了“胜任力”运动。

1993年，哈佛商学院的管理硕士莱尔·史班瑟（Lyle M. Spencer）对“胜任力”这一概念给出了明确定义，认为“胜任力是指与参照效标（一般绩效或高绩效）有因果关联的个体的潜在基本特质”。而基本特质指的是“个人个性中最深层且长久不变的部分”。基本特质不仅与人担任的职务有关，而且会对人在实际工作中的行为与绩效产生直接影响。基于此，我们可以得出胜任力的三大特性：一是与具体的工作密切相关；二是有可能在具体的工作岗位上创造较高的产出；三是包含部分个体特质。

胜任力可以划分为两种类型：一种是基准性胜任力；另一种是鉴别性胜任力。基准性胜任力是对岗位的基本要求，可以通过后期训练获得；鉴别性胜任力指的是无法在短期内获得的抽象性元素，例如态度、动机、价值观等，是对岗位的重要要求，是员工取得高绩效的重要条件，是面试官选拔人才的重要参考。

众所周知，通过培训，员工可以通过获得一些基本素质与技能来应对日常工作，但动机、价值观、态度等无法通过培训获得，需要员工自我塑造。也就是说，基准性胜任力属于显性因素，鉴别性胜任力属于隐性因素。企业在选拔人才时要将隐性因素作为重要标准，招聘符合岗位要求、将来可能获得高绩效的员工，从而规避招聘风险。

自泰勒发起“管理胜任特征运动”后，胜任力研究逐渐成为管理学领域的一个重要课题。在研究者的努力下，出现了很多适用于不同岗位、不同行业的胜任力模型，其中就包括前面提到的冰山模型。

对胜任力模型进行分析可以发现，企业在判断求职者的胜任力时既要考虑显性特质，也要考虑隐性特质。其中，知识、技能等显性特质比较容易发现，价值观、态度、社会角色、自我形象、个性品质、内驱力社会动机等隐性特质不易被发现，但这些因素恰恰是求职者在将来的工作中取得高绩效的必备条件。因此，在招聘过程中，企业应该针对隐性特质的考察设计考察工具。

6.3.2 胜任力模型构建路径与方法

前面提到，隐性特质是实现高绩效的必备条件，但有一个前提，就是员工的隐性特质必须与企业的发展战略、岗位特征及职位要求相契合。考察求职者的隐性特质本就困难，判断其隐性特质与企业的发展战略、岗位规划是否契合更加困难。

企业的招聘工作主要由人力资源部门负责，这就要求人力资源部门的全体成员具备敏锐的洞察力，能够发现求职者的隐性特质，甄别求职者的个性特征和合作能力，同时可以借助一些工具与方法考察求职者的动机、社会角色、自我态度、驱动力等隐性特质。只要做到上述几点，企业就可以实现基于胜任力模型的员工招聘。具体来看，胜任力模型的构建路径如下：

◆确定不同岗位的胜任力要求

HR首先要确定不同岗位的胜任力要求。麦克利兰教授在那份关于胜任力研究的报告中指出："从第一手资料直接获得，能真正区分拟研究的生活成就或工作绩效方面优劣的个人条件和行为特征就是胜任素质。"由此可见，HR在确定不同岗位的胜任力要求时，收集第一手资料非常重要。在这个过程中，HR首先要构建胜任力模型，明确不同岗位在企业中的定位，明确不同岗位工作的特性，明确企业需要什么类型的人才。HR可以通过与企业的管理层的交流获取这些信息。

◆确定胜任力模型的标准体系

企业确定胜任力模型标准体系的主要目的是为员工招聘划定一个大致的范围。基于这一体系，HR可以对求职者的绩效水平等级做出相对准确的判定。企业在构建胜任力模型标准体系的过程中，要保证各项标准是客观的，可以量化评价的。如果最终构建起来的标准体系非常模糊，必然会导致胜任力模型无法应用、不可实施，无法科学、准确地衡量求职者的特质，对招聘结果造成不良影响。

◆**评估与完善胜任力模型标准**

为了保证胜任力模型的可应用性，HR要利用实际数据对理论上总结出来的测量标准进行评估、完善，具体来说就是将胜任力模型的标准体系与招聘岗位现有员工的绩效水平等数据进行对比分析，对现有员工的绩效水平进行评估，用量化标准对评估结果进行标注、分类、统计，以评估结果为样本对胜任力模型进行分析，最后将胜任力模型标准与员工的主要特质进行对比，判断胜任力模型标准体系是否科学，不断地对模型进行完善，最终投入使用。

◆**胜任力模型构建的方法**

胜任力模型构建可以采用三种方法，分别为行为事件访谈法、问卷调查法与岗位分析法（见表6–20），从行为、知识、技能、经验四个维度对某个岗位的胜任力进行判定。

表6–20 胜任力模型构建方法

方法	具体应用
行为事件访谈法	HR通过对某个岗位表现优异的员工的行为进行开放式回顾，总结出想要在这个岗位上取得优异成绩需要开展怎样的行为，从而发现该岗位的胜任特征。在行为事件访谈中，HR既要了解员工的成功经历，也要了解其失败经历，增加挖掘深度，总结出可能对目标岗位绩效产生影响的各种细节行为，对这些行为进行汇总分析，并对不同访谈对象的行为进行对比，最终找到目标岗位的核心素质
问卷调查法	HR向该岗位的管理者、工作者、服务对象等发放调查问卷，对问卷进行统计分析，总结出该岗位应该具备的关键职责与能力需求，确定该岗位的胜任能力特征
岗位分析法	HR全面收集岗位信息，对信息进行分析总结，得出完成该岗位工作需要具备的行为能力。岗位分析法主要从工作内容、工作职责、工作方式三个方面切入，对岗位的胜任能力特征进行挖掘。在岗位分析过程中，HR可以开展工作日志调查，采用访谈法对收集到的资料进行观察、分析，甚至可以亲自参与到实际工作中去。在上述方法中，使用一段时间的工作日志进行调查分析是最常用的一种方法

6.3.3 基于能岗匹配的胜任力模型

在岗位胜任力模型中，能力贡献对薪酬等级的确定有着直接影响。而要确定能力贡献的大小，HR首先需要对求职者的能力进行评估，或者对人岗匹配度进行分析。具体来看，HR如何对求职者进行能力评估呢？

能力评估要建立在岗位胜任力模型的基础上，要明确了解完成岗位工作需要的每一项能力，在岗位工作地图上发现有能力缺项时，为其匹配具体的岗位工作要求。

◆**能力级别的简单分类**

求职者的能力级别可以简单地分为三大类，分别是低配、标配和优配，如表6–21所示。

表6–21　求职者的三大能力级别

能力级别	具体表现
低配能力	低配能力指的是岗位员工只具备完成岗位主体工作的能力，这是对岗位员工的最低要求。例如，文员岗位对员工的最低要求是能够快速打字，会使用办公软件，可以操作打印机等
标配能力	标配能力指的是完成岗位全部工作需要具备的绝大部分能力，即便有所缺失，也是一些不会对工作造成影响的辅助能力。仍以文员岗位为例，标配能力包括图样编排能力、名片设计能力、Photoshop等平面设计软件的操控能力等
优配能力	优配能力指的是员工不仅具备完成岗位所有工作的能力，还可以做一些开发管理工作，对本岗位工作进行开拓建设。仍以文员岗位为例，如果文员在具备标配能力的基础上，还能够对图片进行设计、修改，修理电脑、打印机，延长这些设备的使用寿命，减少油墨消耗，这些能力就是优配

虽然这种分类看起来比较简单，但能力评估原本就无法做到完全定量，只能在设计胜任力模型时尽量向定量的方向靠拢。但在实际工作过程中，绩效表现好的员工和绩效表现差的员工必然存在行为差异，HR如果能找到绩效表现好的员工的关键行为，并对其进行描述，就能制定出更直观的评判标准。这种标准不仅可以为员工能力评价提供依据，还可以为员工提升能力、提高绩效指明方向。

◆**能力评估的概念**

★能力要项

根据岗位胜任能力模型与任职资格，能力评估对象可以分为四大类，分别是知识、经验、行为和技能。在能力评估模型中，知识所占权重为10%，经验所占权重为20%，行为所占权重为30%，技能所占权重为40%，如表6–22所示。

表 6–22　能力评估模型分值分配

能力评估对象	主要内容	所占分值
知识	具体包括专业知识、相关知识、公司知识等	基本分为10分
经验	具体包括专业经验、专业资格等	基本分为20分
行为	注重诚信和法理、追求利益最大化、客户至上、跨职能协作、创新意识、挑战高目标	总分30分，五项分值分别为6分、6分、6分、5分、4分、3分
技能	具体包括业务运作能力、业务变革能力、指导和影响他人能力等	基本分为40分

★能力基本分

能力评估要设置一个基本分，也就是根据能力模型的各项要求，按照特定的计分机制，对岗位设置基本分。能力基本分是能岗匹配分析的一个重要依据。

- 能力评估分：根据能力模型中各项目的要求，对任职者在这些项目中表现出来的能力水平进行评估所得到的结果。能力评估分与岗位能力基本分一样，是人岗匹配分析的重要依据。
- 人岗匹配度：人岗匹配度的计算公式是员工能力评估分 / 岗位能力基本分，可以用来分析任职者与任职岗位的匹配程度。

◆能力评估的方法

能力评估要进行分级评估，评估结果由公司核心管理层确认。具体来看就是由被评估者的上级、下级、隔级领导对其进行评估，或者组建专家小组对其进行评估，评估结果提交给公司核心管理层审核，审核通过才能生效。

根据岗位类别与层级，能力评估具体分级构成及权重如下：

★行政管理类

行政管理类岗位的员工可以由分管领导、直接下级和专家小组进行能力评估，最终按照30%、30%、40%的比例计算总分。如果员工申请行政管理类及专业岗位主任（含）以上的非现任岗位，要先为其安排答辩，通过之后再安排分管领导评估和专家小组评估，评分权重分别为30%和70%。

★专业岗位类

在专业岗位类别中，主任（含）以上层级员工要接受分管领导评估和专家小组评估，分别按照30%和70%的比例计算总分；主管层级的员工由该岗位所在部门的领导进行评估，再加上专家小组评估，分别按照30%和70%的比例计算总分；其他层级的员工由该岗位所在部门领导、分管领导和总经理进行评估，分别按照30%、30%和40%的比例计算总分。

◆能力评估流程

员工能力评估要经历三个阶段，分别是评估准备阶段、评估实施阶段、评估结果审定与反馈阶段。

（1）能力评估准备

★Step 1：人力资源部门制订员工能力评估计划，在公司内部进行宣传，准备员工能力评估所需的各种表单，制定相关的规则和标准。

★Step 2：成立能力评估专家工作小组。

- 公司核心管理层确定评估专家工作小组的成员，成员数量最好是单数，成员必须了解公司业务链、价值链各个环节的工作职责及相关价值。
- 专家工作小组的成员确定后要在公司内部进行公示，如果被评估员工认为某个专家小组成员需要回避，可以以书面的形式提交回避申请，阐明理由。综合管理部统一收集回避申请，交由公司核心管理层审核，管理层同意后，在对申请人进行能力评估时，被申请人应该回避。如果因回避导致评估小组成员不足，要及时补足。
- 专家工作小组的主要职责是对员工的能力进行审核与评估。

★Step 3：确定直接下级评估人员。人力资源管理部门根据被评估人申请的岗位确定评估人，一般从被评估人所在部门选择，人数不少于3人。如果人数不足3人，可以从业务关联部门中选择。

（2）能力评估实施。

如果是企业发起的能力评估，要面向企业所有拟评估岗位统一进行。

员工个人也可以申请进行能力评估，在评估之前要准备好《员工能力评估表》《员工能力评估申请表》等表单，由人力资源部门组建评估小组，对其进行上级评估、下级评估和专家小组评估，按照相应的权重计算评估结果，按照能力评估计分规则，得出人岗匹配结果。

6.3.4　胜任力模型在招聘中的应用

胜任力模型应用于招聘，需要重点关注以下几项内容：

◆招聘信息的发布

在招聘信息发布环节，招聘信息中的学历、工作经验等属于显性特质，并不能将企业真正的人才诉求体现出来。基于胜任力模型的招聘信息必须体现企业对求职者隐性特质的要求，例如知识技能的等级、个性特征等，将特定的岗位要求明确地表示出来。

◆对应聘登记表的特殊设计

常见的应聘登记表主要包含以下内容：求职者的姓名、年龄、性别、籍贯、现所在地，以及求职者的个性特征、工作经验等。基于胜任力模型的应聘登记表可以根据具体的招聘岗位对上述内容进行增删，以获取更多与求职者有关的隐性特质信息，初步确定人选范围，有针对性地组织招聘。

◆面试环节的设计

传统的面试流程大体相同，问题设计也没有太多变化，评估标准大体一致，无法对人岗匹配度做出相对准确的判断。基于胜任力模型的面试环节设计采用结构化面试。虽然结构化面试与传统的面试看起来大体相同，有固定的面试流程，提前设计好了问题，并有统一的评价标准，但是基于胜任力模型的结构化面试会将胜任力模型标准体系中的各项要求应用于面试流程、面试题目以及评价标准的设计中，还会综合运用多种评估手段对员工与岗位的契合度做出准确判断。

随着对岗位胜任力研究的不断深入，越来越多的企业开始研究岗位的胜任力模型，并将其应用于员工招聘、员工评价，辅助员工进行职业生涯规划，都取得了不错的效果。

第7章
入职培训管理

7.1 入职管理：为员工打造最佳入职体验

7.1.1 新员工入职管理的实战流程

招聘流程结束后，紧接着便是新员工的入职流程。入职是新员工正式接触企业的首个环节，为了给新员工留下一个良好的初印象，企业需要为新员工打造良好的入职体验。新员工入职管理流程如图7–1所示。

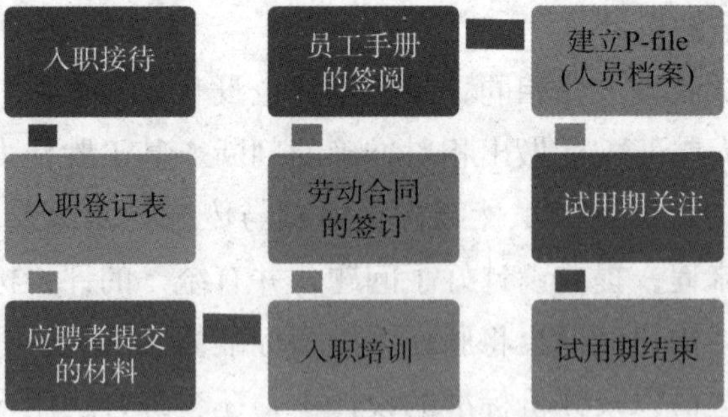

图7–1 新员工入职管理流程

（1）入职准备

HR向通过面试、确定录用的求职者发送《录取通知书》，向新员工确定入职时间，提醒新员工来公司报到时应该准备的资料、物品，安排新员工进行入职体验。明确入职时间之后，HR要通知人事助理提前准备好新员工入职需要填写的表单，并通知用人部门为新员工安排办公位置，申领电脑并做好调试，为新员工准备好纸、笔、文件夹等办公用品，并为新员工开通邮箱与账号。

（2）入职接待

新员工在入职环节往往需要与企业的多个部门接触，例如接受保安的询问后进入公司，与前台沟通后得到所在部门的具体位置，向人力资源部门提交相关材料等，整个过程都需要HR事先进行协调。只有协调顺畅，才能保证入职接待有条不紊。

（3）入职登记

新员工入职时需要填写《入职登记表》，包括姓名、手机号、家庭住址、紧急联系人等。HR应该保证所有登记信息完整无误，因为这部分内容是企业联系员工所需的必要信息。《入职登记表》非常重要，对于公司来说，假如公司发现员工提供了虚假材料，例如学历造假、学位造假等，可以将《入职登记表》作为解除劳动合同的重要依据，无须支付经济补偿金；对于员工来说，如果没有签署劳动合同或者劳动合同遗失，《入职登记表》就可以作为入职时间的证明，方便员工计算工作年限和经济补偿金。为了方便填写，公司可以制作一份标准的电子版《入职登记表》，如表7-1所示。

表7-1　入职登记表范本

<table>
<tr><td>姓名</td><td></td><td>性别</td><td></td><td>民族</td><td></td><td rowspan="5">照片</td></tr>
<tr><td>身份证号</td><td></td><td>籍贯</td><td></td><td>婚否</td><td></td></tr>
<tr><td>最高学历</td><td></td><td>学制</td><td></td><td>专业</td><td></td></tr>
<tr><td>户籍地址</td><td colspan="5"></td></tr>
<tr><td>联系地址</td><td colspan="5"></td></tr>
<tr><td>入职时间</td><td></td><td>入职岗位</td><td></td><td>试用期</td><td colspan="2"></td></tr>
<tr><td>员工工资</td><td>基本工资</td><td></td><td>岗位工资</td><td></td><td>奖金补贴</td><td></td></tr>
<tr><td rowspan="4">教育经历</td><td>教育时间</td><td>学校</td><td>学历</td><td colspan="2">专业</td><td>证书</td></tr>
<tr><td></td><td></td><td></td><td colspan="2"></td><td></td></tr>
<tr><td></td><td></td><td></td><td colspan="2"></td><td></td></tr>
<tr><td></td><td></td><td></td><td colspan="2"></td><td></td></tr>
</table>

续表

工作经历	工作时间	工作单位	职称	离职原因	证明人及电话
紧急家庭成员及联系人	姓名		关系		联系方式
员工签名				登记人签名	

（4）新员工提交的材料

一般情况下，新员工入职需要提交多份材料，具体如下：

- 毕业证、学位证原件，学信网的学历证明。
- 身份证、社保卡原件，户口簿首页和本人页。
- 新单位工资卡。
- 原单位离职证明。
- 相关职业资格证书和其他证书，例如四六级证书、中级经济师、CPA等。
- 个人照片或电子相片。

HR可以通过这些材料对新员工的基本情况进行验证。另外，这些材料在员工离职时也十分重要。此外，如果公司允许，新员工还可以准备一些个人物品，例如水杯、本子、笔、个人的办公装饰品等。

（5）入职培训

一般情况下，新员工在正式开始工作前都需要经过企业的入职培训。企业开展入职培训有两个目的：其一，让新员工尽快熟悉公司文化、规章制度以及安全操作规划，加深新员工对企业的了解；其二，让新员工能够尽快了解自己的工作内容，能够更加顺畅地投入工作，缩短初期磨合需要的时间。新员工入职培训的内容主要是企业概况、企业文化、发展历史、规章制度、员工守则以及必备的岗位技能等。入职培训结束，需要员工签字以作证明。

（6）劳动合同的签订

新员工入职必不可少的一个环节就是签订劳动合同，这是员工和企业确保自己的权利不受侵害的重要措施。《中华人民共和国劳动合同法》第十条规定："企业与员工建立劳动关系，应当订立书面劳动合同。"并且劳动合同的签订应该具有一定的时间限制，因为它与试用期紧密相关。《中华人民共和国劳动合同法》第十九条规定："劳动合同期限三个月以上不满一年的，试用期不得超过一个月；劳动合同期限一年以上不满三年的，试用期不得超过两个月；三年以上固定期限和无固定期限的劳动合同，试用期不得超过六个月。"劳动合同签订后，企业与员工方面都应该留有备份。

（7）员工手册的签阅

员工在企业中的工作涉及方方面面，为了便于对员工进行统一管理，企业往往会制定员工手册。新员工入职时需要学习和签阅员工手册。员工手册一般包含三块内容，分别是公司简介、企业文化、员工须知，具体包括企业形象、员工管理规程、人事管理规则、员工出勤管理办法、员工教育培训规程、新员工考选办法等。学习、签阅员工手册可以让新员工尽快了解公司，熟悉企业的管理制度，尽快形成规范的工作行为，维护自身权益。

（8）建立P-file（人员档案）

一般情况下，人力资源部门需要在新员工入职时收集其所提交的资料建立员工的个人档案，并统一管理。一般来说，员工个人档案主要包括劳动合同、履历材料、培训材料、岗位技能和学历材料、异动材料以及岗位职责等。建立员工个人档案可以为人力资源规划及人员管理决策提供原始的资料支持；可以为企业制定人力资源战略以及招聘、培训等决策提供支持；可以让员工清晰地认识到自己的成长与发展，产生成就感；可以让员工感受到来自企业的尊重与关爱，帮助企业与员工建立良好的关系；可以为企业处理员工问题提供必要的凭证和依据。

（9）试用期关注

对于刚刚进入企业工作的新员工，企业的人力资源部门应该给予特别关注。关注的内容主要体现在两个方面：其一，员工的心理状态，比如是否适应工作节奏、与部门同事的相处情况等；其二，员工的工作状态，综合同部门领导、其他同事以及员工个人的反馈，得出其基本的工作表现。如果发现新员工的心理状态或工作状态存在问题，HR需要立刻采取措施进行干预，不能视而不见。

一般来说，HR需要与新员工在入职一周和一个月内进行两轮面谈，了解新员工对工作内容以及工作环境的感受，比如与同事相处是否融洽，在工作中遇到了什么问题，需要什么帮助等；在新员工转正前，HR需要与新员工的帮带师傅及其他同事面谈，了解帮带师傅及其他同事对新员工的评价。面谈结束，HR要整理出一些有价值、有意义的信息反馈给新员工的直属领导，请直属领导帮助新员工更好地融入公司。如果发现直属领导没有尽到应有的责任，HR要及时指出，并根据具体情况给出意见与帮助。

（10）试用期结束

新员工经过试用阶段，企业对其表现进行考核可能得出两种结果：试用期通过，转正；试用期不通过。如果试用期通过，HR应该根据企业的相关流程为新员工办理正式的入职手续；如果试用期不通过，HR应该谨慎处理，与新员工深入沟通交流，决定延长试用期还是辞退，整个过程要注意操作的规范化。新员工转正后，HR的角色应该有所转变，开始承担起员工绩效考核、帮新员工做好职业发展规划、组织新员工参加培训等任务，以帮助新员工更好地成长与发展。

7.1.2 新员工入职体验的优化策略

企业要在激烈的市场竞争中取得优势、获得长远发展，必须以人才为支撑，但人才流失问题已经成为阻碍企业发展的一个主要原因。

为了吸引优秀人才，企业往往会在人才招聘工作中投入大量人力、物力。但实际上，招聘的结束并不意味着招聘任务的完成。如何将招聘到的人才留在企业，是企业的人力资源部门必须考虑的问题。如果新员工在入职时就发现企业的实际情况与自己的设想存在较大差距，往往会在短时间内决定离职，给企业带来较大损失。

◆新员工流失原因分析

新员工流失的原因多种多样，主要表现在以下几个方面：

（1）新员工入职时期望较高，现实落差较大。例如，HR在员工入职前许诺了高薪资、绩效奖金、各种补贴及福利等，但新员工入职后并没有获得相应的待遇，从而产生巨大的心理落差，产生了离职的念头。

（2）工作缺少支持。新员工经过简单的入职培训被分配到既定的工作岗位之后就变得无人问津，部门没有安排老员工帮带，部门经理也对新员工不闻不问，以致新员工在工作中遇到困难求助无门，承受了巨大的压力，最终因为无法适应工作被迫离职。

（3）无法融入团队。新员工进入一个新的工作环境，对周围的一切都不熟悉，本身就会产生一定的恐惧心理，如果此时受到老员工的排挤，必然会萌生退意。此外，还有一些公司或部门形成了一些不成文的规定，新员工可能因为不熟悉这些规定而产生被疏远的感觉，从而产生心理落差，感觉自己无法融入团队，进而选择离职。

（4）个人能力无法满足岗位要求。新员工进入公司一段时间，发现自己的工作能力有限，无法很好地应对各种任务，绩效考核频频不达标，最终只能选择离职。

（5）工作枯燥无味。新员工进入公司之后，发现工作的强度较大，经常需要加班，个人时间不断被挤压，而且工作单一，又学不到新东西，未来晋升空间有限，不利于职业发展，于是选择离职。

（6）个人问题。搬家导致通勤时间过长，或者受家人、朋友的影响决定换工作，或者受到其他公司的高薪诱惑等，都有可能导致员工离职。

◆提高新员工留存率的六大方法

总而言之，新员工离职的原因有很多，HR应该如何提高新员工的留存率呢?

一般情况下，新员工入职的前提是经过企业的招聘过程，在招聘过程中对企业的文化、业务范围等有了基本了解。之所以入职后不久便快速离开，一个重要原因是未能获得良好的入职体验。反之，如果企业能够为新员工提供完善的入职流程和良好的入职体验，就能保证新员工进入正式的工作环节，不仅可以降低企业的招聘成本，还可以在一定程度上提高生产效率。

那么，企业应该怎样制定高效、完善的入职流程呢？

从员工的角度看，能够带来较好体验的入职流程应该包含员工期望获得的所有内容，例如顺畅无阻的入职步骤、高效透明的沟通等。具体到员工入职流程的设计方面，企业可以采取六种策略，如图7–2所示。

图7–2　员工入职流程优化策略

（1）精心设计员工入职流程

在很多企业，新员工无法获得良好的入职体验的一个重要原因是企业将入职流程和入职培训混为一谈。企业的入职流程应该是一个持续的过程，目的是帮助员工顺利度过开始的磨合阶段，更顺畅地投入工作；而入职培训是一个相对较短的过程，企业通过入职培训帮助员工了解企业文化、相关规定或具体的工作内容等，是入职流程的重要组成部分。

企业精心设计员工的入职流程应该从两个方面入手：其一，是在入职阶段为员工提供其所希望了解的相关内容；其二，是在新员工的过渡阶段给予必要的支持。

（2）组织一对一交流

新员工入职的磨合阶段虽然是双向的，既包括新员工对部门其他同事和工作内容的熟悉，也包括部门其他同事对新员工的了解，但从优化新员工入职体验的角度看，企业需要尽可能地为新员工组织一对一交流。

在有条件的情况下，部门的主要负责人或企业的管理人员需要与新员工进行一对一交流，给予其必要的引导和支持。在新员工尝试工作的过程中，企业也可以安排老员工与新员工“结对帮扶”。根据领英（LinkedIn）发布的一项调查报告，有96%的新员工认为在入职阶段与经理进行一对一的交流非常重要，约有87%的新员工认为老员工“结对帮扶”可以帮助他们更快地适应工作。

（3）与新员工保持交流

在招聘流程结束或签署offer后，招聘人员便认为自己的任务完成了，其实不然。因为高素质人才是市场上的稀缺资源，即使候选人已经与企业签署了相关协议，仍然可能面临其他的选择机会。因此，企业招聘人员或相关部门的负责人应该定期与新员工保持交流，一方面解答新员工关于工作的困惑，另一方面增加其对企业或部门的了解。必要情况下，企业可以在新员工正式入职之前就完成相关手续。

（4）入职流程自动化

由于新员工入职过程可能涉及很多烦琐的内容，因此将入职流程自动化不仅能够有效提高新员工入职效率，也能够在一定程度上改善其入职体验。自动化的入职软件能够向新员工发送入职文件包、员工手册、安全须知及其他提醒和通知；能够将所从属部门的任务分配给新员工；能够及时追踪员工的入职进度，并就其未完成的事项进行提醒。

（5）规划员工的未来

对于新入职的员工而言，由于其对工作环境和工作内容比较陌生，可能无法形成明确的未来发展规划，在这种情况下，HR应该为员工提供一些辅助，帮助其做好未来发展规划。

HR辅助员工规划未来时需要注意，规划的依据应该既包括企业以及部门的发展规划，也包括员工个人的发展目标，帮助员工做好未来发展规划，不仅会让员工感受到被认可和重视，也能让其保持更强的动力和决心去完成设定目标。

（6）新员工定期反馈会议

新员工入职后，与部门同事之间有了基本了解，此时如果召开新员工反馈会议，不仅能够加强新员工与团队之间的联结，还有助于企业进一步了解新员工的需求。而且，主题明确的反馈会议也会使新员工获得强烈的被需要感，从而激发其工作积极性和主动性。

以上六点从不同侧面反映了新员工进入企业的期望，能够有效优化新员工的入职体验。也就是说，高效、完善的入职流程可以保证新员工顺畅入职；反之，无效的入职流程不仅会降低员工留存率和离职率，还会给企业雇主品牌建设带来负面影响。

7.1.3 新员工入职引导的操作步骤

互联网时代的到来不仅催生了新的产业形态和商业模式，也使得企业中的雇佣关系发生了变化。全球职业社交网站领英（Linkedin）创始人之一和执行总裁里德·霍夫曼（Reid Hoffman）与本·卡斯诺查（Ben Casnocha）以及克里斯·叶（Chris Yeh）合著了一本名为《联盟》的书籍，通过“联盟”对企业与员工之间的关系进行重构，探讨了一种与互联网时代相适应的全新的工作模式。

“联盟”就是通过一个阶段的探索后，让员工与企业能够保持长期的雇佣关系，在促进企业发展的同时，也有助于员工的成长。与传统的雇佣关系相比，“联盟”能够更好地解决员工敬业度、忠诚度、安全感等方面的问题，帮助企业以较低的成本留住优秀人才。

那么，在现实的环境中，企业面临怎样的状况呢？

在大企业工作十几年后，A已经积累了丰富的人脉，于是决定辞职创业。为了激发员工的积极性，A承诺：入职后每个员工都有公司期权和利润分红，还会定期举办各种团建活动。可以说，与同行业的大多数企业相比，A提供的待遇非常有吸引力。即便如此，半年之后，公司所有初创时期进入的员工基本全部离职。新员工入职之后，不仅不能顺畅地融入团队，还对加班有强烈的抵触情绪。

A想起自己之前的工作经历，虽然经常加班，但却干劲十足。面对这样的差距，A深感困惑，究竟怎样才能让新员工迅速适应工作并且留在公司呢?

上述案例中的问题不仅仅出现在创业型公司中。当公司因为某种原因发生人员变动时，往往需要经过一段时间才能重新步入正轨，这种情况非常不利于公司实现健康长远的发展。那么，当新员工入职时，企业应该如何进行引导，确保新员工能够快速与企业合拍，并在后续的过程中提高员工的留存率呢?

◆招聘期：从各个维度呈现任职岗位

对大多数工作而言，工作的难易繁重程度与能够获得的薪资待遇成正比。也就是说，当一个工作工作量大、技术含量高、操作困难时，该岗位的工作人员就能够获得较高的薪资和优厚的福利；反之则反是。只有这种合理的薪酬制度才能够推动公司发展。

企业在招聘过程中，需要将所招聘岗位的各个维度进行充分呈现。例如工作性质、具体内容、薪资待遇、加班情况等，以便应聘者能够在获得所有信息的基础上做出理性选择。此外，企业的HR还可以就关心的问题进行提问，例如是否介意加班、能否适应团队合作等。

◆培训期：对当前目标及未来愿景进行明确规划

新员工的入职培训和入职管理不仅与企业的人力资源部门有关，还与所从属的部门有关，该部门的管理者应该在培训期与新员工充分沟通，对当前的目标和未来的愿景进行规划。

这里所提到的“当前目标”和“未来愿景”可以从两个方面来看，从企业的角度来看，员工能够帮助企业实现哪些当前目标以及未来规划；从员工的角度来看，企业能够帮助员工实现怎样的个人目标和愿景。优秀的管理者应该善于将员工的个人规划与企业规划进行融合，在企业与员工之间建立“联盟”式的互惠互利关系。

◆适应期：预先准备岗位说明书和评价办法

新员工入职后，面对新的企业、部门、同事和领导，需要经过一段磨合期。如果磨合过程中出现问题，新员工很有可能选择离职。因此，在新员工适应阶段，企业的人力资源部门或所从属的部门应该给予新员工较多的关注，一方面帮助其熟悉公司的文化和环境，另一方面评价其工作表现。在这个过程中，HR可以使用两个工具：工作岗位说明书和试用期评价办法。

工作岗位说明书可以对新员工的工作岗位进行比较全面的介绍，让新员工能够尽快了解该岗位的工作内容、业绩指标等。试用期评价办法是对新员工试用期的表现进行评价的参考依据，直接决定了新员工能否顺利转正，具体内容包括员工的工作态度、专业能力、与岗位的匹配度等。对于评估内容和评估结果，HR应该及时与被评估对象沟通，以便其进行调整和改进。

7.1.4 新员工入职风险及防范对策

新员工入职风险指的是新员工进入企业后受各方面因素的影响可能给企业带来损失的一种风险，是企业在用工过程中面临的主要风险。对于企业的人力资源部门而言，新员工入职是一项重要的工作内容，需要通过完善入职流程尽可能地规避新员工突然离职给企业带来的风险。

实际上，无论在国内还是国外，无论什么类型和规模的企业，都无法完全规避新员工入职风险。即便是非常成熟的巨头型企业，也只能尽可能制定完善的入职流程，将新员工的入职风险控制在一个比较小的范围。对于大多数企业，尤其是小微型企业或初创企业来说，受企业自身存在漏洞与社会大环境的影响，可能面临比较高的新员工入职风险。

随着我国居民受教育程度越来越高，员工所具有的维权意识也越来越强。当遭遇不公正对待时，员工会主动诉诸法律，以维护自己的合法权益。这就要求企业应该在规章制度、劳务合同等方面尽可能完善。不过，从整体情况来看，导致新员工入职风险的因素比较复杂多样，为了防范这些风险，企业有必要对新员工入职风险的类型进行分析，制定相应的防范对策，尽可能将问题消灭在萌芽状态。

◆做好员工入职体检，杜绝带病入职

不同性质的工作对员工的身体条件有不同的要求，员工入职体检能够对员工的身体状况进行检查，以保障企业利益。根据岗位不同的要求，员工入职体检可以大致分为特殊体检和普通体检。

（1）特殊体检

特殊体检针对的是某些有特殊要求的行业和岗位，如与食品相关的行业。根据我国的法律法规，与食品相关的行业，员工需要满足相关的健康标准才能够上岗。

特殊岗位指的是可能会带来职业危害的岗位。根据《中华人民共和国职业病防治法》的规定，员工从事可能带来职业危害的岗位时，企业应该在员工入职、在岗和离职的阶段进行特定范围的体检。在员工入职体检阶段，如果发现员工已经患有相关职业病或存在健康问题，其不能继续从事相关工作，用人单位应将其调离原工作岗位，并妥善安置。

（2）普通体检

大多数企业并非特殊行业，员工所从事的工作也并非特殊岗位，因此只需要接受普通体检即可。对于员工入职体检，我国法律法规没有做出强制性规定。不过，为了尽可能规避新员工入职带来的风险，企业应该将入职体检纳入新员工入职流程。

◆制定详细、具体的书面录用条件

根据相关的法律法规，对于不符合录用条件的员工，企业有单方面解除劳动合同的权利，前提是企业需要就详细的录用条件进行说明。

企业在运行过程中，可以根据所处行业的性质以及不同岗位的特点制定详细的书面录用条件。企业在制定录用条件时需要注意以下要点：

（1）录用条件要具体、详细

由于员工录用条件是企业规避风险的重要参考，因此录用条件的书面描述应该尽可能具体、详细，可量化的指标尽可能量化。

（2）录用条件的制定不与法律法规相违背

虽然企业制定员工录用条件具有一定的自由度，但所制定的内容不能与国家的法律法规相违背。假设企业制定录用条件时指明“员工怀孕后，企业有权予以开除”，这样的内容就违反了国家的法律法规，不具有法律效力。

（3）需经过员工签名确认

书面的录用条件应该在员工入职时由员工进行查看，无异议后便可以签名确认。经过员工签名后的文件具有一定的法律效力，能够在一定程度上帮助企业规避风险。

◆及时签订劳动合同及保密、竞业限制协议

有时，企业的招聘计划可能比较分散，一次招聘的员工数量比较少。为了减少工作量，企业HR可能组织一个阶段内招聘的新员工统一签订劳动合同，这样会导致漏签的情况出现。因此，从避免企业风险的角度出发，HR应该按照既定的流程在新员工入职后便签订劳动合同。

如果新入职员工是中高层管理人员等可能掌握企业机密的人员，还需要在入职时签订保密、竞业限制协议等，以免其离职后从事同类的工作，给企业带来比较大的风险。

◆做好入职审查工作

对新员工进行入职审查也是避免新员工入职风险的一项重要措施。岗位性质不同，需要审查的内容也不同。

如果新员工处在普通岗位，只需要对基本信息进行审查，例如姓名、身份证号等个人身份信息，以及相关资历、劳动关系解除原因等相关工作经历等。

如果新员工所处的是比较关键的职位，例如企业的财务人员、高级技术人员、高级管理人员等，为了尽可能规避风险，企业除了进行自主审查外，还可以委托专业的第三方机构对其背景进行调查。调查的内容要全面，除了身份信息、工作经历等基本内容外，还应该审查其相关资格证书、学历信息的真伪、有无犯罪记录、工作经历是否属实，是否受竞业限制协议制约等。

7.2 培训管理：新员工入职培训实战流程

7.2.1 入职培训的目的与主要内容

HR的一项工作职责就是让录用的员工尽快适应工作、融入企业。想要做到这一点，企业要对新员工进行入职培训，增进员工对企业的了解，增强员工的归属感。具体来看，HR应该如何做好新员工的入职培训呢？

◆新员工入职培训的目的

据研究，新员工入职两周内的离职率最高。如果新员工入职后在很短的时间内离职，说明此次招聘活动是失败的。即便新员工不离职，也难免因为工作不顺利、对工作环境不适应而萌生退意。随着时间的推移，新员工逐渐适应了工作岗位与工作环境，与同事建立了良好的关系，了解了部门领导或者公司领导对其的期望，才会慢慢进入工作状态，逐渐稳定下来。

为了让新员工尽快进入工作状态，融入工作环境，降低公司离职率，公司应该对新员工进行入职培训。具体来看，新员工入职培训要达到以下几个目的：

（1）使员工了解公司的情况

员工对公司了解得越全面、越细致，越能快速适应工作岗位、融入公司。新员工了解公司的渠道比较少，只能通过网络、媒体获取一些信息，或者在面试过程中由面试官对公司进行简单介绍。因此，在入职培训中，为了增进新员工对公司的了解，可以为其讲述公司的发展历史、业务布局、未来的发展方向、竞争策略、发展目标等，让新员工明确未来的发展方向，同时也获得一些荣誉感。

（2）使员工融入组织文化中

新员工融入公司，成为公司一员的标志不是办理入职手续，走上工作岗位，而是从意识层面到行为层面全面融入公司，接受公司文化。每家公司都有自己的文化，员工入职培训的一个重要任务就是让新员工认同公司文化，确定与公司发展方向相一致的目标，以便在将来的工作中为公司发展做出贡献。

（3）使员工掌握工作中所需的规则和工具

新员工想要顺利地融入公司，必须遵守公司制度与工作流程。为此，在入职培训时要向新员工介绍公司制度、工作的基本要求、操作守则以及工作中可能用到的各种工具与方法等，以便新员工能够快速适应工作岗位。

研究发现，新员工入职培训的效果越好，新员工的保留率就越高。因此，企业必须重视新员工入职培训，完善培训内容，优化培训方式，让新员工感受到公司的温暖与专业，对公司产生良好的印象，从而长久地留在公司。

◆新员工入职培训的内容

新员工入职培训的内容如表7–2所示。

表7–2　新员工入职培训的内容

培训项目	具体内容
企业文化	对于新员工来说，他们最关心的首先是企业的发展历史、组织架构、各部门的职责划分与主管领导；其次是各项规章制度；最后是企业文化。因此，企业文化部分的培训内容要尽量简洁，聚焦新员工最感兴趣的内容进行讲解
公司行业特点、产品知识	在新员工入职培训中，培训者要向其介绍公司所属的行业、行业的发展前景、公司在行业中所处的地位及公司的竞争优势、核心产品、基础业务等。如果条件允许，培训者还可以带领员工到工厂参观，让员工了解产品的生产过程，还可以请市场部门或者生产部门的负责人进行讲解，让新员工尽快了解公司的产品和业务
安全生产基础知识	在新员工入职培训中，安全生产基础知识是必讲内容。对于企业来说，安全问题是重中之重，必须在入职培训中向新员工讲解安全生产的相关规定，以及遇到安全问题之后的处理办法
其他内容	如果新入职员工是应届毕业生，还要在新员工入职培训中增加社交礼仪、人际关系、沟通与谈判、科学的工作方法、职业生涯规划、压力管理与情绪控制、团队合作技能等内容，帮助他们快速完成角色转变，使其成为真正的职场人

◆建立员工入职培训评估方式

为保证入职培训效果，提高入职培训水平，HR要对入职培训进行跟踪管理，对入职培训成果进行考核，判断入职培训是否达到了预期的目的。入职培训评估要覆盖培训的各个环节，通过入职培训前的评估保证入职培训需求的科学性。入职培训评估的注意事项如表7–3所示。

表7–3　入职培训评估的注意事项

序号	注意事项
1	保证入职培训资源得到合理分配
2	使用科学的方法和工具对入职培训效果进行测评
3	在入职培训的过程中进行评估，保证入职培训活动按计划进行

续表

序号	注意事项
4	对入职培训的执行情况进行反馈，对入职培训计划进行调整
5	对入职培训过程进行检测和评估，对入职培训效果做出合理解释

通过对入职培训效果进行评估，HR可以了解新入职员工的学习情况和培训目标的完成情况，对入职培训方案进行优化完善，确保新入职员工能够快速掌握学习内容，在自己的岗位上释放才能。

7.2.2　制订明确的新员工培训计划

从企业的立场看，企业在新员工入职时对其进行入职培训，不仅能够有效地传播企业文化和核心理念，还能够帮助新员工更快地适应工作环境，与其他同事展开互动。从新员工的立场看，有效的入职培训可以帮助其顺利度过在新公司的磨合阶段，为日后的职业生涯打下坚实的基础。

◆做好新员工的需求分析

企业要制订新员工的入职培训计划，首先要对新员工的需求进行分析。

（1）营造团结和谐的企业氛围

对新员工而言，进入一个新的企业，需要面对一个陌生的工作环境和不熟悉的同事。为了帮助新员工更快地适应环境，融入企业大家庭，HR应该从多处细节入手营造团结和谐的企业氛围。

（2）与新员工经常沟通

新员工在入职之初开始工作时往往会经历很多挫折，例如对工作内容不熟悉、不能按时完成工作任务等，这些都可能让新员工产生强烈的受挫感，在这种情况下，企业人力资源部门的工作人员或部门管理者要与新员工经常沟通，为其提供一些具有指导性的建议。

（3）定期组织新员工开展工作交流会

为了让新员工更快地适应环境，很多企业将新员工直接引入全部是老员工的团队，让新员工自己在摸索的过程中学习。这种做法虽然容易快速见效，但同时也可能使新员工产生被排挤的感觉，在一定程度上降低新员工的留存率。

因此，当同一阶段入职的新员工比较多时，企业可以将所有的新员工组成一个团队，并由新员工推荐团队管理者，当新员工基本适应了公司的环境后，再将新员工安排到公司原有的团队中，尽可能减少新员工的流失。

（4）鼓励新人多提问、多发言

很多企业对新员工的入职培训往往是单向的，也就是采取类似学校课堂讲授的方式，导致新员工参与度不高，培训效果不好。为了解决这一问题，在入职培训时，企业可以鼓励新员工多提问、多发言，将头脑风暴或民主研讨式的互动方式应用于入职培训过程中。

◆制订新员工的入职培训计划

综合新员工的需求和入职培训目标，企业可以制订明确的新员工入职培训计划。为了确保入职培训顺利进行，入职培训计划应该尽可能明确、具体，例如对入职培训的具体时间、讲师、场地以及后勤保障等都要做出合理安排。

（1）企业文化相关内容

与企业文化相关的内容，包括公司的发展历史、核心理念、价值观等，既是企业需要传达给新员工的，也是新员工感兴趣的。此外，企业的组织架构、职能划分以及基本的管理流程等也需要列入入职培训内容。需要注意的是，企业在进行这方面的培训时应该实事求是，切忌过分渲染和夸大。

（2）公司的业务范围、生产流程

新员工入职后，需要在比较短的时间内投入工作，因此入职培训的一个重点就是与企业业务相关的内容，例如企业所处的行业、业务范围、市场优势等。在条件允许的情况下，企业也可以组织新员工现场观摩产品的生产过程。

7.2.3 培训计划的实施与评估方式

企业进行新员工入职培训的主要目的是帮助员工更快熟悉企业的运作

流程、了解工作内容并尽快融入企业的团队当中。因此，制订科学合理的入职培训计划，并进行有效的实施和评估十分重要。

◆入职培训计划的内容

新员工入职培训主要包括岗位技能培训、认知入职培训和职业角色培训三项内容。

（1）岗位技能培训

一般情况下，岗位技能培训由新员工所属部门的主要负责人主导，培训的主要内容为该部门的业务范围、新员工的工作内容、该部门工作需要具备的专业资质等。岗位技能培训可以让新员工对接下来的工作内容有基本认知，并制定未来的成长目标。

（2）认知入职培训

一般情况下，认知入职培训由公司的主要管理者或HR主导，培训的主要内容为企业概况、企业文化、发展历史、规章制度、员工守则、企业主要管理者等。认知入职培训可以加深员工对企业的了解，并将个人价值观与企业文化相契合。

（3）职业角色培训

一般情况下，职业角色培训由HR主导，培训的主要内容包括社交礼仪、部门的人际关系、工作中的压力管理、沟通与谈判的技巧等。职业角色培训可以让员工更快地适应在企业中的角色，成为一名合格的员工。

◆建立切实可行的培训评估方式

入职培训是新员工入职时的必要环节，为了保障入职培训的效果，企业可以建立切实可行的培训评估方式。

在正式的入职培训开始之前，企业要对入职培训计划进行评估，从各个维度对其进行考察，确保即将实施的入职培训计划与企业需求相契合。培训结束后，企业可以从入职培训的目标出发对新员工的表现进行持续跟踪，以评估和反馈此次入职培训的效果。

新员工入职培训的关键点如表7–4所示。

表 7-4　新员工入职培训的关键点

序号	关键点
1	充分调动各项资源，保证入职培训的资源能够得到合理配置
2	测定入职培训效果，并确保测定过程的科学性
3	评估入职培训流程，并保证既定流程按计划进行
4	反馈入职培训的具体执行情况，并调整入职培训计划
5	通过整个入职培训过程的检测和评估，对入职培训的实际效果给出科学解释

通过建立切实可行的培训评估方式，HR可以在培训前、培训过程中以及培训完成后的任何一个环节了解新员工的学习情况，对入职培训效果进行评估和把握。在评估过程中，如果HR发现入职培训存在不合理之处，可以及时进行调整，采取有针对性的措施进行改进。

新员工入职培训是企业开展人员资源管理工作的重要内容，能够提高员工的整体素质和专业能力，带动企业竞争力的提升。新员工进入企业后需要尽快地转变角色、适应环境，接受入职培训就是一项有效措施。对企业而言，新员工到岗后需要尽快地融入企业，留下来成为企业的人才资源。在这个过程中，入职培训就成了不可或缺的一环。因此，HR需要将新员工的入职培训发展成为企业的一种长效机制，深入持久地开展下去。只有为企业培养出具有较强素质和能力的新员工，企业的后续发展才能拥有不竭动力。

7.2.4　新员工培训需要注意的问题

在知识经济时代，人才早已成为企业非常重要的资源，是企业持续增值的核心动力。鉴于此，越来越多的企业开始注重员工培训，有些企业不惜在员工培训领域投入巨大的人力、物力，但培训效果却差强人意，尤其是新员工培训。作为员工培训中最不好把握的一个环节，新员工培训会经常出现各种问题。

新员工培训不到位，很有可能导致新员工的工作适应期无限延长，工作积极性下降，拒绝与领导沟通交流，导致企业的离职率提高。通过对过去很多企业的新员工培训实践进行总结发现，在新员工培训开始前做好准备可以降低后期返工培训的风险。因此，在新员工培训开始之前，企业要设计好新员工培训体系，在具体操作过程中要注意以下几点：

◆把握新员工的培训关注点

新员工入职培训的第一个问题就是如何设计培训内容。如果企业只有一套培训方案，有些HR可能会直接用这套方案开展新员工培训，导致培训效果不佳。因为新员工入职培训具有一定的特殊性，企业常规的培训方案并不适用。在新员工入职培训中，HR要将关注点放在人身上，而不是培训系统上。为此，HR要明确培训系统的适用范围，不能用一套培训系统应对所有的培训活动。

一般来说，新员工指的是应届毕业生或者只拥有一年工作经验的员工。目前，新生代员工已经成为新员工的主力军，除员工普遍关心的试用期与薪资待遇的问题之外，这类员工表现出一些独有的特点，例如喜欢挑战，不善妥协，关心工作的创新性以及自主性；渴望认可，藐视权威，愿意通过工作实现自我价值，但不愿意为了工作放弃自己的时间；有明确的职业发展目标，关心个人成长空间等。

如果企业在新生代员工关心的问题上不能给出明确的答案，就无法取得新员工的信任，无法让新员工感受到薪酬的激励，会让其逐渐丧失工作的积极性，甚至有可能因为转正无望而提出离职。因此，新员工入职培训方案要结合新生代员工的特点，加入新生代员工关心的问题，给出明确的答复，并结合新员工的特点制订培训方案，因材施教，保证培训效果。

◆科学安排新员工的培训强度

有些企业对新员工的工作安排不合理，例如工作强度大、经常加班，导致新员工感觉非常疲惫；不给新员工安排正式的工作，以致新员工每天都在端茶倒水，做一些完全和岗位不相符的工作，完全感受不到自己的价值；还有一些企业随意将新员工拉去应急；某些管理者将自己不愿意做的工作强行塞给新员工等。这些行为会让新员工产生不良情绪，甚至提出离职，导致之前的招聘工作功亏一篑。因此，在新员工入职培训期间，管理者要合理地为新员工分配工作，控制新员工的工作强度，尽量避免夜间加班等情况发生，引导新员工适应工作节奏，并为新员工安排固定的老员工进行一对一帮扶，帮助新员工顺利度过最初的迷茫期，使其尽快适应工作。

◆关注新员工培训中的情感变化

企业对待新员工可能出现两种情况：一种是忽视新员工，不安排培训，也不分配工作；另一种是组织开展高强度的培训，强迫新员工将自己的利益与企业利益绑定。这两种情况都会引发新员工的不满，严重的情况下还可能导致新员工离职。为了避免这种情况发生，管理者在新员工入职培训的过程中要了解新员工的真实想法，关注新员工的情感变化，具体方式如表7–5所示。

表 7–5　关注新员工情感变化的四种方式

基本方式	具体内容
工作日志	采用工作日志的方式，让新员工对一天的培训内容或工作成果进行总结，将自己的所思所想写下来
无记名日志	采取无记名日志的方式，让新员工毫无顾虑地将内心真实的想法写下来
入职面谈	HR可以与员工进行入职面谈。据研究，新员工的敏感期是在入职后的第2～6个月，在此期间，HR可以与新员工进行入职面谈，了解新员工在工作中遇到的问题，为新员工提供一定的帮助，让新员工感受到公司对其的关心，从而降低新员工的离职率
同质化管理	企业可以对新员工进行同质化管理，向新员工讲解公司的制度规范，将公司想要向新员工传达的思想、态度、情感等融入新员工的工作态度与工作行为中，在潜移默化中得到员工的认同，提高员工对企业的忠诚度

此外，公司氛围也会对新员工情绪造成影响。如果公司气氛压抑，员工之间没有沟通，彼此之间漠不关心，工作节奏极快，工作气氛非常紧张，很容易导致新员工产生消极情绪；反之，如果公司气氛活跃，员工之间沟通互动频繁，工作节奏虽然快但让人感觉很轻松，这种工作氛围可以让新员工卸下防备，快速融入公司。

◆持续做好新员工培训工作

在很多企业的新员工入职培训中，课程结束就代表培训完成。事实上，课程结束之后还有很多工作要做，例如了解新员工的培训效果，根据培训效果判断是否需要补充培训等。为了明确这些问题，企业需要建立一套切实可行的后续跟踪制度，对新员工入职培训情况进行跟踪调查。在这个过程中，HR可以采取以下措施：

（1）将新员工的学习情况记录下来，形成培训档案。随着档案越来越多，企业可以建立一个资料库，对新员工的培训情况进行跟踪管理。

（2）新员工资料库还可以应用于之后的核心人才选拔。HR对新员工入职培训进行跟踪，等新员工适应工作，稳定下来之后，可以结合新员工的能力、性格等帮其制定职业生涯规划，制定职业晋升路线，让新员工对今后的工作充满期待，充分释放自己的才华与能力，向着对公司与个人都有利的方向稳步前进。

第8章 招聘效果评估

8.1 招聘绩效考核的实施流程与实战策略

8.1.1 绩效考评的作用与存在的问题

如今，国内经济发展已经进入了新时期，原有的绩效考评体系已经无法满足企业的发展需求。在这种情况下，无论什么类型的企业，都应该根据企业的具体情况实施改革，增强绩效考评体系的适应性，通过实施高效的绩效考核推动企业发展，这也是许多企业关注的焦点。

◆绩效考评体系对企业的作用

企业在实施员工管理的过程中，会对员工的绩效完成情况进行评估。在企业发展过程中，绩效考评的价值主要体现在三个方面，如表8–1所示。

表 8–1 绩效考评的三大价值

价值	具体内容
提升员工绩效能力	企业希望通过实施绩效考评来提升员工的绩效能力，促使员工更加努力地工作，从而达到更高的绩效标准。企业想要发挥绩效考评对员工的激励作用，就要在经营与发展过程中逐步调整、优化绩效考评体系，充分考虑员工的绩效能力
提高企业绩效	企业通过实施绩效考评，能够真实地掌握员工的绩效完成情况，按绩效考评结果对优秀员工给予相应的奖励，发挥其示范作用，促使员工在工作中投入更多热情。另外，企业在实施绩效考评的过程中，还能发现当前绩效考评体系的不足，在后续发展过程中逐步进行调整与优化，从而提高企业的整体管理能力

续表

价值	具体内容
提升企业的竞争实力	企业的核心竞争优势能够通过人才优势集中体现出来，绩效考评是企业进行员工管理的重要一环，能够对企业的整体竞争实力产生很大的影响。所以，企业想要在发展过程中积累更多竞争优势，就要注重完善绩效考评体系

◆绩效考评指标体系存在的问题

国内很多企业的绩效考评体系都不完善，问题主要表现在以下几个方面：

（1）缺乏完善的绩效考评指标，有些绩效考评指标不符合企业的发展战略，导致绩效考核的效果不理想。很多企业设置了过多的定性考核指标，缺乏足够的定量指标，考核标准比较笼统，最终使得绩效考核信度较低。另外，有些企业在绩效指标组成方面，存在各个指标权重相同的情况，无法突出绩效考核的重点。

（2）考核方法缺乏科学性。目前，企业主要运用强制分步法与排序法来实施绩效考核。在具体操作过程中，由管理者给不同员工的工作表现进行评估并打分，依据考核分数将员工划分成不同的等级，得分较高的员工被划分到优秀等级，分数偏低的员工被划分到良好等级。虽然这种绩效考评方法能够筛选出优秀员工，但难以体现员工绩效水平较低的原因，无法帮助员工提升自身的绩效能力，无法促进企业绩效考评目标的达成，所以，企业要对这种绩效考评方式进行改革。

（3）缺乏对考核结果的应用。企业通过执行绩效考核得出结果，在这个过程中投入了很多成本，而要达成绩效考核的目的，企业要对最终的考核结果进行应用。现阶段，企业在调整员工的绩效工资时会用到绩效考核结果，参考员工的绩效完成水平设置薪酬系数。当绩效结果较好时，管理者会相应地提高薪酬系数；绩效完成水平较低，则会降低薪酬系数。然而，在企业的总体薪酬中，绩效工资所占比重通常比较低，绩效结果对员工工资的影响也十分有限，因此难以体现绩效考核在企业薪酬发放中的价值。

8.1.2 关键业绩指标考核操作流程

关键绩效指标（Key Performance Indicator，KPI）是对被考核者绩效进行管理、考核的可量化、可行为化的标准体系。从本质上来看，关键绩效指标就是一个标准的考核体系，要么实现量化，要么实现行为化，否则就不是关键绩效指标。具体来说，KPI绩效考核具有以下三个方面的作用：

（1）关键绩效指标可对员工的工作表现进行量化评价，是绩效计划的重要组成部分。

（2）对于组织目标来说，关键绩效指标具有一定的增值作用。

（3）管理人员与员工可凭借在关键绩效指标方面达成的承诺就工作期望、工作表现、工作未来的发展等内容进行沟通交流。

◆关键绩效指标的意义

（1）关键绩效指标是公司战略目标分解后的结果，该指标的制定有利于各部门有条不紊地执行公司战略。

（2）通过关键绩效指标，各岗位员工对自己的工作职责、关键绩效要求有了明确的认知，促使各类员工可以向着同一目标努力奋进。

（3）通过关键绩效指标，企业的绩效管理有了科学、客观、透明、可衡量的依据。

（4）关键绩效指标反映了企业关键经营活动的绩效情况，使员工有针对性地集中精力处理对公司发展最有利的业务。

（5）管理人员可以通过定期计算关键绩效指标执行情况获取经营领域的关键绩效参数，及时发现问题并改进。

◆KPI绩效考核操作流程

KPI绩效考核流程如表8–2所示。

表8–2 KPI绩效考核流程

流程	具体操作
明确企业总体战略目标	以企业的战略发展方向为依据，从增加利润、提高盈利能力、提高员工素质三个层面切入，确定企业的战略重点，并利用关键业绩指标对设计方法进行分析，确定企业的总体战略目标

续表

流程	具体操作
确定企业的战略支路目标	按照业务流程对企业的总体战略目标进行分解，生成几项主要的支路目标
内部流程的整合与分析	以内部流程整合为基础的关键业绩指标设计，可以帮助员工明确自己所负责的工作服务于哪一个业务流程，会对部门工作、其他部门工作乃至整个企业的运行产生什么影响。从某种程度上说，内部流程的整合与分析是关键业绩指标细化的重要前提
部门级关键业绩指标的提取	基于组织架构与部门职能对企业战略支路目标进行分解，在这个过程中要根据各部门职能对分解指标进行调整、补充，兼顾与上级指标的关联度，形成部门的关键业绩指标
形成关键业绩指标体系	以部门关键业绩指标为依据，结合业务流程与各岗位工作说明书对部门目标进行分解，然后根据岗位职责梳理个人关键业绩指标，将企业目标、业务流程、岗位职能与个人职位相结合，创建一套统一的关键业绩指标体系

8.1.3　目标管理考核法的操作步骤

目标管理考核法指的是按照一定的指标或评价标准对员工的工作完成情况以及工作标准的执行情况进行衡量，根据衡量结果给予员工一定的奖励。目标管理考核法是在企业实行目标管理的制度下对员工进行考核的一种方法。

目标管理法的实施程序如图8-1所示。

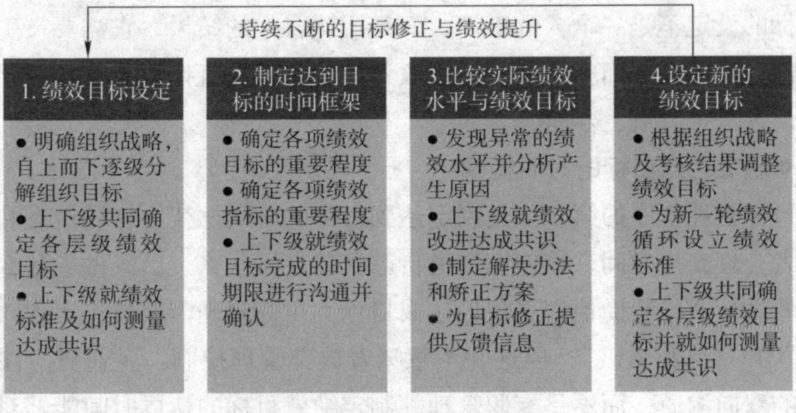

图8-1　目标管理法的实施程序

◆绩效目标设定

目标管理程序的第一步是绩效目标设定。在设定绩效目标时，需要企业上下级共同参与，即通过企业所有成员的集思广益确定各个层级所要达到的绩效目标。例如，一家企业在实施目标管理时，往往需要由上级考核者与被考核者共同制定绩效目标。这里的绩效目标是指上下级期望达到的结果，包括为达到这一结果所采取的方法。

现代管理学之父彼得·德鲁克认为“每一项工作必须为达到总目标而展开”。在德鲁克看来，这是每个管理组织都应该遵循的一个原则。我们可以这样理解这一原则：一个员工是否称职可以通过其对总目标的贡献情况来衡量；反过来说，称职的员工需要明确自己的目标是什么，以防止自己走错方向、浪费资源、给组织造成损失。

企业采用目标管理法时，由组织高层负责起草绩效目标，包括提出组织使命和战略目标，然后通过部门主管向下传递到部门的每一位员工。员工完成个人绩效目标就代表其为组织战略目标的实现做出了最有帮助的绩效产出。一般来说，员工及其上级主管会通过协商共同制定个人目标，在目标设定时，他们还需要就绩效标准和测量目标完成方法达成共识。

企业基于目标管理进行绩效考核时必须为每个员工设立绩效目标。一个成功的目标管理系统往往能贴切、清晰地阐述绩效目标。也就是说，绩效目标的设定不是一个人的事情，而是团队合作的结果，它需要员工及上级、部门及上级部门努力配合。绩效考核的有效性直接取决于各级绩效目标的设置是否清晰、合理。

◆制定达到目标的时间框架

目标管理程序的第二步是制定达到目标的时间框架，这样做有利于被考核者合理安排时间，让他们知道自己目前在做什么、已经做了什么和下一步要做什么，帮助他们更快地达成目标。目标管理需要员工实现“自我控制”和“自我突破”，但这并不意味着放弃管理控制。企业更应注重上下级的双向沟通，而不是专职管理。制定绩效目标的达成时间能够对员工进行有效约束，保证组织目标有效实现。

观察绩效管理的第一步和第二步，有些员工可能会认为目标管理是绩效考核的一种监督工具。基于此，部分员工可能在填写目标时将主要目标设定为那些容易完成的目标，同时在确定绩效目标的时间框架时故意延长目标达成时间，以牺牲组织利益来满足自身利益。另外，这种认知还可能产生更有害的结果，例如员工或部门可能用简单、短期见效的目标代替重大且长期见效的目标，以此来体现自身业绩。

因此，管理者在设计绩效考核指标和利用目标管理进行绩效考核时，一定要把握好绩效目标的权重，例如可以根据工作的重要性和紧迫性将绩效指标分为四类：重要又迫切的目标、重要但不迫切的目标、迫切但不重要的目标、既不重要又不迫切的目标。管理者需要协调好各方面的工作，减少企业资源的浪费，特别是减少时间资源的浪费。

◆比较实际绩效水平与绩效目标

目标管理程序的第三步是比较实际绩效水平与绩效目标。对考核者来说，这样做有以下好处：

（1）找出员工未能达到既定绩效目标的原因。

（2）找出员工实际绩效水平超出预定绩效目标的原因。

（3）有助于决定是否需要对员工进行培训。

（4）有助于确定下一阶段的各级绩效指标。

（5）有助于了解组织环境对员工工作表现可能产生的影响。

目标管理的考核是考核员工的绩效，而不是考核员工的行为或其他。企业想要简化考核过程，就需要确立具体的、可验证的绩效目标。管理者需要与员工讨论目标完成的具体情况，包括是否完成了既定目标、哪些目标可以完成或为什么不能完成等，同时要将这些内容记录下来用以开展正式的绩效考核。

◆设定新的绩效目标

目标管理程序的第四步是设定新的绩效目标。如果被考核员工成功实现了绩效目标，就可以继续参与下一考核周期的绩效目标设置工作。部分未达成既定绩效目标的被考核者若想参与下一个考核周期的绩效目标设置，就需要先与上级沟通，判断困难的出现是否属于偶然现象，找出阻碍目标达成的原因，同时制定合理的解决办法和行动矫正方案。

企业在进行绩效考核时，目标的合理应用可以激发员工的工作热情，提高员工的工作表现。但很多时候，管理者无法制定员工产出的衡量标准。例如，领导者不应该只重视工作结果，还应该重视工作过程和工作行为，有时候工作过程、工作行为与工作结果是同等重要的，一个员工若是通过不道德或非法手段达成了目标，会严重损害公司的利益，阻碍公司发展。因此，企业在实行目标管理的过程中不能仅仅以既定目标作为绩效考核的依据，还要在一定程度上考虑员工的技术、知识和态度等。也就是说，员工的绩效水平应该是员工多个方面综合作用的结果。

8.1.4 绩效面谈沟通的流程与技巧

绩效沟通是绩效考核产生实际作用的重要保障，因为只有通过面谈沟通才能让被考核者了解自己的优缺点，在未来的工作中放大优点、改进缺点，将企业目标、价值观以及对员工的期望传递下去，为企业发展做出突出贡献。绩效面谈沟通不是简单地将绩效考核结果告知被考核员工，而是需要掌握一些技巧与方法。

◆绩效面谈沟通的两种方法

（1）正式沟通

正式沟通指的是事先计划、安排好的沟通方式，可以细分为三种，分别为书面报告、会议沟通和面谈沟通，如表8-3所示。

表 8-3　正式沟通的三种方式

沟通方式	具体操作
书面报告	直接领导以书面形式将业绩考核结果告知员工，员工以书面形式做出回复，解释问题出现的原因，阐述未来的工作改进计划等
会议沟通	绩效考核结束后，部门经理组织员工召开内部会议，就绩效考核过程中发现的问题进行公开讨论。会议讨论不仅可以满足员工交流需求，也方便上级领导直接传达信息，提高绩效沟通的质量与效率
面谈沟通	对于绩效考核结果不理想的员工，领导可以与之进行面谈沟通，围绕工作中遇到的问题进行深入讨论。面谈沟通可以让员工产生被尊重的感觉，有利于领导与员工形成和谐融洽的关系，保证绩效沟通效果

（2）非正式沟通

非正式沟通有三种方式，分别为走动式管理、开放式办公、非正式会议，如表8–4所示。

表 8–4 非正式沟通的三种方式

沟通方式	具体操作
走动式管理	领导在工作期间不定时地走到员工身边，告知其绩效考评结果，询问员工在工作过程中遇到的问题，为员工提供指导与帮助
开放式办公	领导的办公室呈开放状态，员工可以随时进入，与领导讨论绩效考评结果，寻求领导的帮助
非正式会议	非正式会议指的是企业举办的联欢会、年会等，领导可以借非正式会议营造的轻松气氛与员工沟通绩效考评事宜，倾听员工在过去一段时间取得的成绩和遇到的问题，为员工接下来一段时间的工作提供有益建议

◆绩效面谈沟通的流程与技巧

为做好绩效面谈与沟通，相关人员要掌握以下技巧：

（1）面谈准备要充分

在面谈开始前，面谈人员要做好以下两个方面的准备工作：第一，心理准备，具体来说就是要先了解被沟通者的性格特点、工作状况，对被沟通者在沟通过程中可能出现的情绪与行为做出预判，思考应对策略；第二，准备好相关数据与资料，包括工作业绩、计划总结、管理台账等，在面谈沟通的过程中用数据、事实证明自己的观点，消除上下级之间的分歧。

为了做好这一点，在日常工作过程中，部门主管或经理要建立管理台账，将员工的行为表现记录下来，及时对员工的计划、总结、报告等进行批复，在面谈时要做到言之有物，让员工信服。除此之外，在绩效面谈的过程中，主管要尽量营造轻松的气氛，先向员工说明面谈程序、面谈目标和面谈原则，再切入正题。

（2）双向沟通，多问少讲

面谈是一个双向沟通的过程，发起面谈的主管要改变自己的角色，从发号施令的主管转变为下属的工作伙伴、帮助者、问题解决者，让下属充分表达自己的想法，增进对下属的了解。在面谈过程中，主管可以先感谢下属为部门、公司所做的贡献，然后引导下属诉说在工作过程中遇到的问题、对问题的看法等。如果主管对某个问题有疑问，可以让下属做出解释。

主管要善于发现下属的优点，将下属成功的经验分享出去。如果下属在绩效考核中没有获得很好的成绩，主管更要发现其优点，帮助其树立信心，同时帮助其找出问题、解决问题，以在下次绩效考核中取得进步。同时，主管给下属的所有反馈都应该具体，列举出具体的行为或事实，尽量避免出现“你的工作态度不好”“这段时间的工作做得不错”这类的表达。因为这种空泛的表达不仅无法产生激励效果，还有可能让员工感到困惑。

（3）问题诊断与辅导并重

主管发现下属绩效下降之后要积极与下属沟通，寻找原因。如果是目标制定不合理等客观原因导致绩效下降，主管要积极协调解决问题；如果是下属工作态度不端正、能力不足等主观因素导致绩效下降，主管可以安排下属参加培训，提升个人技能，这个过程的目的是让下属感受到主管的存在，产生安全感与信心，更坚定地践行自己的想法，从而改善绩效。

在诊断辅导的过程中，主管一定要严格遵循“对事不对人”的原则，只阐述问题，不攻击人格，不要将员工与其他员工放在一起进行比较，可以将员工现在的表现与过去的表现进行对比。如果员工犯错或者做了一些不恰当的事情，主管要就事论事，阐述事实与自己的判断，不要盲目地给员工贴“没能力”等标签。

8.2 招聘效果评估标准及招聘流程评价

8.2.1 招聘效果评估

在招聘过程中，招聘效果评估是非常重要的环节，不仅可以对招聘工作的开展效果进行检测，还能提高招聘质量，减少招聘费用，推动招聘工作持续完善。在人力资源管理的各项工作中，员工招聘工作非常重要。员工招聘工作成功，新引进的员工质量就比较好，可以带动企业经营效率有所提高。所以，从某种程度上说，员工招聘效果对员工绩效、企业绩效有着直接影响。

◆招聘工作流程的评价标准

招聘工作流程评价要遵循五大标准，如图8-2所示。

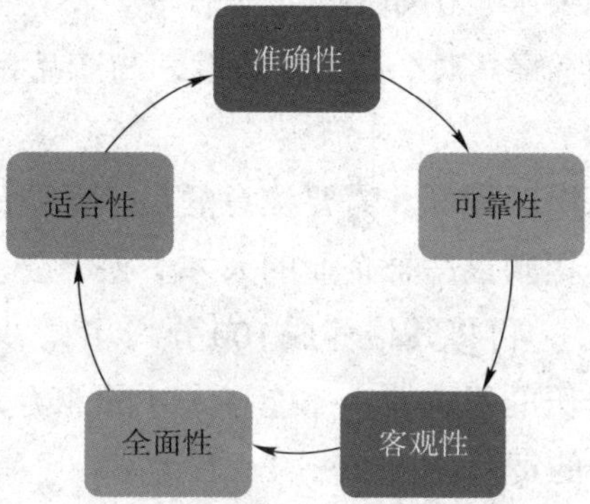

图8-2 招聘工作流程评价标准

（1）准确性

评价招聘工作的准确性，HR需要对选用的测评工具的测试内容、合理程度、与工作性质的契合度等因素进行综合考虑。此外，招聘人员必须对招聘岗位做出充分了解，只有这样才能合理设计招聘内容，例如招聘人力资源部门的主管，需要对候选人的管理知识、管理能力、人力资源开发方面的知识与能力进行测评，将候选人的专业素养全面体现出来。

（2）可靠性

可靠性指的是评判结果可以准确反映求职者的实际情况，测试成绩可以反映求职者各项能力的高低。例如，求职者在管理领域的测试成绩为90分，就表示其管理理念、管理技能、管理水平应该能够达到90分的标准。

（3）客观性

客观性指的是招聘效果评估不受主观因素的影响，评估结果客观真实，具体表现在两个方面：第一，招聘人员可以对求职者做出客观评价，不受情感、价值观、个人喜好等因素的影响；第二，招聘人员不会根据宗教、民族、性别、籍贯等因素将求职者划分为不同的等级。为了保证评价的客观性，招聘人员必须克服主观偏见的影响。

（4）全面性

全面性指的是测试内容要覆盖招聘岗位要求员工具备的每一种能力，并且测试题目应该丰富。为了保证测评内容的全面性、完整性，HR要先明确各个岗位的任职要求，例如招聘业务代表，不仅要考察其人际沟通能力、销售技巧，还要考察其对产品的了解度，与产品相关的专业知识等。

（5）适合性

适合性指的是人岗匹配度。需要注意的是，企业的招聘目标不是招聘最优秀的人才，而是招聘最适合企业的人才。松下公司的一个招聘理念就是“招聘70分的人才，再将其培养成100分人才”。只有招聘到合适的人才，才能保证人才队伍的稳定性，才能将人才的能力充分发挥出来，让其为企业发展做出应有的贡献。

一般来说，招聘效果评估主要涉及招聘结果评估、招聘成本评估和招聘方法评估等，具体需要对数量、质量、时间以及其他内容进行综合考察。下面我们首先对招聘数量评估进行简单分析。

对录用的员工数量进行评估，可以对招聘工作的开展效果做出直接判断。如果录用的员工数量没有达到预期目标，要深入分析原因，对招聘方案进行改进。同时，人力资源管理部门可以将录用的员工数量与计划招聘的员工数量进行对比，据此修订企业的人力资源规划。具体来看，招聘数量评估需要计算应聘比、录用比和招聘完成比，计算公式如下：

应聘比＝应聘人数 ÷ 计划招聘人数 ×100%。

录用比＝录用人数 ÷ 应聘人数 ×100%。

招聘完成比＝录用人数 ÷ 计划招聘人数 ×100%。

通过应聘比，HR可以了解招聘信息的发布效果。一般来说，应聘比越大，招聘信息发布效果越好。录用比低，说明企业选择人才的空间较大，人才招聘效果较好。招聘完成比可以反映招聘任务的完成效果，如果招聘完成比超过100%，说明录用员工数量达到或者超出了预期，从数量上看，员工招聘任务圆满完成。

在实际招聘过程中，招聘任务超额完成的情况比较少，因为大多数企业都是按计划招聘员工，不会轻易增加招聘指标，除非遇到非常优秀的求职者。在这种情况下，HR一般会经过讨论临时决定增加招聘指标，将其作为储备人才，或者让其直接替换工作表现较差的员工。

8.2.2　招聘质量评估

招聘质量评估是对员工入职后的工作绩效行为、实际能力、工作潜力进行评估。HR可以根据评估结果改进招聘方法，为员工培训、绩效评估提供一定的依据。事实上，招聘质量评估延续了员工招聘过程中对人才能力、潜力以及各项素质的考核与测试，可以根据招聘要求或者通过工作分析得出结论，对录取员工的等级进行排序，以确定招聘质量。

招聘质量评估所采用的方法与绩效考核相似，考核指标主要包括录用合格比、基础合格比和录用合格比与基础合格比之差，计算公式如下：

录用合格比＝录用人员胜任工作人数 ÷ 实际录用人数 ×100%。

基础合格比＝以往平均录用合格比。

录用合格比与基础合格比之差＝录用合格比－基础合格比。

计算录用合格比时一般用通过试用期考核之后转正的人数除以当期录用的总人数。基础合格比可以反映招聘的有效性，取过去录用合格比的平均值。通过录用合格比减去基础合格比，HR可以判断当前招聘的有效性是否高于过去招聘有效性的平均水平，从而判断招聘的有效性是否有所提高。

在实际操作过程中，有人在计算基础合格比时用到这样的公式：现有人员胜任工作人数 ÷ 实际聘用人数 ×100%，这种计算方法显然不太合理。

首先，胜任工作的判定标准是员工绩效是否达到了要求。如果员工已经在公司工作了多年，工作能力、工作态度以及价值观必然会发生一定的改变，而决定最终工作绩效的恰恰是这些因素。因此，企业不能根据员工现在的绩效水平判断当初招聘决策的成败。

其次，录用合格指的是新招聘的员工的素质符合岗位要求。但人岗匹配度不是固定不变的，而是会随着时间的推移发生改变的。而且，员工岗位会不断调整，很有可能接受评价时所任岗位早已不是入职时的岗位，所以不能用现在的人岗匹配度判定招聘质量。

所以，目前关于到底应该以多长时间为限对新员工能否胜任工作进行考察，业界还没有形成统一结论，具体的考察期限应该参考工作性质、员工个性特点等因素来确定。一些生产操作性与事务性岗位可以在很短的时间内完成一项工作，考察期限可以短一些；但一些管理类与技术研发类岗位，无法在短时间内完成一项工作，考察期限应该长一些。

8.2.3 招聘时间评估

招聘时间评估又称为招聘及时性评估或者招聘周期评估。招聘周期指的是从提出员工招聘需求到员工到岗之间的时间，简单来说就是岗位空缺时间。岗位空缺时间越短说明招聘效果越好。但岗位的类型不同，劳动力市场的供求情况不同，招聘的难易度不同会导致招聘周期出现较大差异，这些都需要结合具体情况具体分析。

有的企业将评估周期定为三个月，在每个季度刚开始时提出招聘需求，主要新员工能够在三个月以内到岗，就证明满足了招聘及时性要求。这种判定方法虽然操作起来比较简单，但却忽略了岗位招聘的难易度，不太合理。因为有些岗位人才稀缺，无法在三个月内招聘到合适的人才；而有些岗位人才充沛，可以很快招聘到合适人员。

另外，企业只允许在每个季度开始时提出招聘需求也不太合理，如果在季度中期某关键岗位的员工离职，此时用人部门又无法提出招聘需求，只能等到下一个季度，必然会导致岗位空缺期过长，影响部门工作的正常开展。

有些公司将考察招聘及时性的标准定为平均职位空缺时间，计算公式为（职位空缺总时间/补充职位数）×100%。通过这个公式可以得出每个空缺职位新员工补缺到位所用的平均时间。

例如，某家企业招聘8个基层岗位，1个高级岗位。8个基层岗位招聘用时为15天，1个高级岗位用时3个月，平均岗位空缺时间为22.3天。显然，这个时间对于后续的招聘没有多大的参考价值，HR也不可能以此为指导缩短招聘周期。而且每次招聘的职位不同，平均职位空缺时间也不同，相互之间不具备对比性和参考性，根本无法作为衡量招聘效率的标准。

目前，在评估招聘时间方面一个比较妥善的做法是以岗位的分类分层为基础，参考同行业的标准，结合本企业的实际情况以及过去不同岗位招聘所用的时间，为每一类、每一个职级的岗位确定一个职位平均空缺时间，将其作为标准对招聘的及时性进行评判。招聘效率与指标大小成反比，指标越小，招聘效果越好。

8.2.4 招聘成本效益评估

招聘成本效益评估指的是对招聘所用费用与招聘预算进行对比、核实、评价的过程。通过招聘成本效益评估，招聘人员可以明确招聘费用的支出情况，将所有费用划分为应支出项目与不应支出项目，在以后的招聘中减少不应支出，降低招聘成本。另外，招聘成本效益评估也可以用来对招聘效率进行评估。

招聘成本效益评估起源非常早。1997年，美国人力资源管理协会提出“标准驱动招聘模式”的构想，认为企业招聘不能不计成本地随意进行，必须遵循一套标准。但在我国，评定招聘工作效率的标准有很多，例如招聘数量、招聘质量、职位填补的及时性等，就是没有招聘成本。调查发现，大部分企业不会核算招聘成本，少数企业核算招聘成本使用的方法非常简单，核算结果不太准确，无法说明问题。那么，企业究竟应该如何做好招聘成本评估与核算呢？

◆招聘成本

招聘成本主要由招聘总成本与招聘单位成本组成，其中招聘总成本指的是人力资源获取成本，主要包括直接成本与间接成本。

（1）直接成本，主要指直接以金钱的方式花费的成本，包括招聘费用、选拔费用、招聘人员差旅费、应聘人员招待费、录用员工的家庭安置费及工作安置费等，这些费用可以直接计算并计入账簿。

（2）间接成本，主要指以时间等形式消耗的成本，包括招聘专员工资、福利、其他参与招聘工作的人员在招聘工作中消耗的时间、管理费用等，这些费用无法直接计入账目。

在这两类成本中，直接成本的核算比较简单，间接成本核算主要考虑招聘工作参与者所花费的时间成本。在实际招聘过程中，间接成本占比较大，在进行招聘成本核算时不能忽略这一部分。如果在招聘中，一次招聘没有招聘到合适人员，又举办了第二次、第三次招聘，在核算招聘成本时更不能忽略这些间接成本。

招聘单位成本指的是招聘总成本与实际录用人数之比。如果招聘成本较少，录用的人数比较多，说明单位招聘成本低；反之，则说明单位招聘成本较高。需要注意的是，选用的招聘渠道不同，招聘成本的构成也不同，单位招聘成本也会不同。因此，企业在核算单位招聘成本时必须考虑招聘渠道的一致性，这也为招聘渠道的选择提供了科学依据。

除此之外，招聘单位成本也受岗位类别、层级的影响。即便岗位类别、层级相同，招聘单位成本也会受到地理位置、工作类型、人力资源供求状况等因素的影响。因此，HR在计算单位招聘成本时要考虑多种因素。

也就是说，招聘对象不同，使用的招聘工具不同，单位招聘成本也不同，这种情况下很难得出一个统一的计算单位招聘成本的公式，HR只能根据历史数据计算各个岗位的单位招聘成本，并将岗位平均单位招聘成本作为标准进行核算。

◆成本效用评估

成本效用评估是对企业投入招聘成本之后产生的效果进行分析，包括招聘总成本效用分析、招聘成本效用分析、人员选拔成本效用分析和人员录用成本效用分析，计算公式如下：

总成本效用＝录用人数 ÷ 招聘总成本。

招聘成本效用＝应聘人数 ÷ 招募期间的费用。

人员选拔成本效用＝被选中人数 ÷ 选拔期间的费用。

人员录用成本效用＝正式录用的人数 ÷ 录用期间的费用。

其中，招聘成本指的是为吸引企业所需人才产生的费用，包括招聘人员的直接劳务费用、直接业务费用和其他相关费用等；选拔成本指的是对求职者进行鉴别选拔，决定录取对象所投入的费用总和；录用成本指的是经过招聘选拔，录取合适人才所产生的费用总和，包括录取手续费、调动补偿费、搬迁费和旅途补助费等。成本效用越大，招聘效果越好。

◆招聘收益成本比

招聘收益成本比可以用来对招聘工作的有效性进行评价，招聘收益成本越高，招聘工作的有效性越高。招聘收益成本比的计算公式为：招聘收益成本比=所有新员工为组织创造的总价值 ÷ 招聘总成本。在实际操作过程中，总价值往往很难确定。所以迄今为止，这一指标很少用到，但不代表可以被忽略。

上述三个指标是考察招聘成本效益常用的指标。一般情况下，在开展招聘工作之前，企业应该根据自身情况，结合历年的招聘成本，参考当地同行业企业的招聘成本制定招聘标准成本制度，并根据该制度制定招聘预算，并以此为依据控制招聘成本。

对于企业来说，招聘预算应该纳入企业每年的人工成本总预算，具体包括招聘广告预算、招聘测试预算、体格检查预算和其他预算，这四项预算可以按照4：3：2：1的比例分配，也可以按照招聘的职位类别与层次进行细分，但要随着时间推移与招聘成本的变化不断调整。

8.2.5　招聘信度与效度评估

招聘方法的信度与效度评估指的是对招聘过程中使用的测评方法进行评估，对其正确性与有效性做出科学判断。在招聘过程中，只有信度与效度达到一定水平，测试结果才能为录用决策提供科学依据，否则将误导招聘人员做出错误的录用决策。

◆信度评估

信度评估就是通过重复做某一个测试，判断多次测试的结果是否一致，可以用来表示测试结果的可靠性与一致性。结果一致，就表示测评方法的信度比较高；结果不一致，就说明测评方法的信度比较低。

一般来看，信度可以划分为稳定系数、等值系数和内在一致性系数。

稳定系数指的是选择两个不同的时间用同一种方法对同一组应聘者进行测试，对测试结果的一致性进行表示，一致性大小可以用两次测试结果之间的相关系数进行表示。相关系数的大小受测试方法与测试因素的影响。因为要使用同一种方法对应聘者进行测试，所以应聘者很有可能会记住第一次测试的题目，导致在第二次测试中获得更高的成绩。因此，如果某项测试深受熟练程度的影响，就不能使用这种方法。

等值系数指的是使用两种对等的、内容相当的测试方案对同一位应聘者进行测试，对两次测试结果的一致性进行表示。从理论上讲，这两次测试的结果应该大体相同。

内在一致性系数指的是将对同一位应聘者进行的测试划分为不同部分进行考察，对各部分考核结果的一致性进行表示，可以用各部分考核结果之间的相关系数进行判断。

除此之外，还有评分者信度，也就是不同评分者对同一对象进行评定时所给分数的一致性。例如，在一次面试中，多名考官使用同一种工具给求职者打分，如果分数相同或相近，就说明这种工具的评分者信度比较高。

◆效度评估

效度指的是有效性或者准确性，具体来说就是实际测试到的应聘者的相关特征与想要测试的特征的契合度。效度可以划分为三种类型，分别是预测效度、内容效度和同侧效度。

预测效度指的是测验对预测某种行为的有效性程度，主要用来考察人员选拔方法是否有效。具体操作方法是将应聘者在选拔过程中的得分与入职后的绩效分数进行比较，两个分数的相关性越大，说明选拔方法的有效性越高。在面试过程中，HR可以利用这种方法对求职者的发展潜力进行预测。反之，如果两个分数的相关性不大，就说明这种方法无法对求职者的发展潜力做出准确预测。

内容效度指的是测试方法能够测试出想要测试的内容的程度，主要用来考察所用方法与想要测试的特性的相关性，例如招聘打字员要对求职者的打字速度与打字的准确度、手眼协调性与灵活性进行测试，如果能够测试出这些特性，就说明内容效度较高。一般来讲，内容效度主要用于知识测试与实际操作测试，不适合用来进行能力与潜力测试。

同侧效度指的是对企业现有员工进行某种测试，将测试结果与员工绩效考核得分放在一起进行比较，如果二者的相关性比较大，就说明测试效度较高。这种测试方法的优点是节省时间，可以在最短时间内对某种测试方法的效度做出检测；缺点是如果应用于人员选拔，可能会受其他因素干扰而无法对求职者的工作潜力做出准确预测。

例如，同侧效度主要适用于对企业现有员工进行测试，而现有员工对企业的了解程度、工作经验的丰富程度都是求职者缺乏的。在这种情况下，求职者可能会因为经验不足无法在测试中取得高分，从而被判断为能力不足或者潜力不足。这种判断结果不准确，因为求职者经过一段时间的训练有可能获得某种能力，成为一名合格的员工。

8.3 建立企业文化为价值导向的招聘策略

8.3.1 企业文化与人才招聘的关系

广义的企业文化包括企业物质文化、精神文化、组织文化和行为文化等。其中企业价值观作为企业文化的核心，是指作为一个具有独立人格的企业所奉行的关于“企业的价值在于什么，以及企业应当追求哪些价值”的思想观念。企业价值观在企业发展中具有导向、指导决策和精神激励的作用，体现了企业成员对企业精神的认同与归属，是组织文化认同感的源泉，在组织中发挥着基础黏合作用，可以增强企业的凝聚力，塑造和控制员工的态度和行为，体现企业的形象和竞争力。

招聘是企业获取合格人才的重要渠道，是组织根据组织人力资源规划和工作分析的数量与质量要求，通过信息发布和科学甄选，获得本企业所需人才，并安排他们到企业所需岗位工作的过程。人力资源招聘是企业人力资源管理中的一项重要内容，既是人力资源管理的前提条件，又是人力资源管理活动的关键环节。

在现代企业制度下，企业的竞争转变为人才的竞争，人力资源竞争更是处于白热化阶段。人力资源招聘作为企业人力资源管理开发的基础，一方面直接关系到企业人力资源的集合，另一方面又直接影响企业人力资源管理其他工作环节的开展。

因此，企业只有吸引到高素质的员工才能保证产品和服务质量，才能实现高质量的管理和运作。企业价值观作为企业的灵魂，无时无刻、无所不在地影响着企业的大小事务。而作为企业人力资源管理关键环节的人力资源招聘工作，不仅影响到企业的核心价值观，还影响着企业价值观的继承和深化。因此做好企业人力资源管理招聘工作，能让企业如虎添翼，反之，则会使企业举步维艰。

◆企业文化对人才招聘的影响

（1）企业文化不同，招聘途径和方式不同

企业的招聘途径有内部招聘和外部招聘两种，二者各有利弊，互为补充，大多企业是两者并用，但存在一个主次问题，这就需要根据企业的文化来确定。一般来讲，强调创新和学习的企业文化要求以外部招聘为主，因为这类企业一般外部环境和竞争情况变化迅速，选择外部招聘能够为企业带来新的观念和思维方式，增强企业的活力。强调稳定的企业要求以内部招聘为主，因为这类企业外部环境比较稳定，企业需要的是平稳发展，选择内部招聘能够让企业内部更加稳定。

即使企业采用相同的招聘途径，在招聘方法的选择上也会因企业文化的不同而有所区别。例如同样是采用外部招聘，国有企业和民营企业可能更多地选择利用媒体信息资源招聘和校园招聘，欧美企业则可能更多地选择就业代理机构和猎头公司招聘。

（2）企业文化不同，招聘对象不同

企业所需的人才类型直接取决于企业文化，这主要体现在不同行业的企业。例如，IT行业的企业更喜爱有技术、抗压能力强、善于学习和创新、思维活跃的人才；餐饮行业的企业则更喜欢细致、严谨、主动、敬业、责任心强的职员。

（3）企业文化不同，招聘策略不同

企业进行招聘前要制定一些决策，主要包括招聘人数、类型、预算、途径及方法的确定。企业文化对招聘策略的制定有着举足轻重的作用。例如外资企业人才招聘手段与招聘对象都呈现出多样化的特点；国有企业则方法单一，多雇佣固定职员；私营企业则任人唯亲，随意性较大。

◆人才招聘对企业文化的影响

（1）招聘是宣传企业文化的工具之一。招聘过程中有意识的宣传，可以让潜在职员了解企业文化，达到招聘和宣传的双重目的。

（2）招聘是执行企业文化的战略手段。现代企业招聘和企业文化建设息息相关，企业能够建设有自身特色的企业文化。招聘是治理的入口，也是执行企业文化的重要一环，对可能承载企业理念的应聘者有着筛选大权，并为企业文化整合带来深远影响。

（3）招聘是更新企业文化的必定选择。企业文化需要随企业发展与时俱进，以适应外部环境的变化。企业文化的人才招聘能给企业文化带来新鲜“血液”，促进企业实现阶梯式发展。

8.3.2　招聘：以企业价值观为原则

著名管理学大师杰克·韦尔奇在GE 2000年年度报告中把GE的员工分为三类：第一类是既能为公司创造价值又符合公司文化精神、价值标准的员工，对于这样的员工，企业要提拔重用；第二类是目前不能为公司创造价值，但其思维方式、价值观符合公司的文化精神、价值标准，对于这样的员工企业要对其进行培训，为其创造发展机会；第三类是能够为公司创造价值的人，但其思维方式、价值观不符合公司的文化精神和价值标准，对于这类员工企业要坚决予以开除。

杰克·韦尔奇的话恰恰说明了员工内在特征与企业价值观匹配的重要性。企业价值观作为一种精神导向能够统领企业内部员工的思想和行为，充分开发员工的人力资源优势，使之为实现企业发展目标而努力。因此，企业必须树立以企业价值观为导向的招聘理念，将认同企业核心价值观作为企业招聘的根本准则。只有这样，招聘而来的人才才能促进企业发展，同时企业也能满足员工价值实现的要求。

企业文化价值体系一旦确立，就会坚持自己的主张，对未来的发展目标非常明确，根本不容纳不愿或不符合其标准的人。因而，企业理想的招聘首先必须有理念的牵引，以企业文化价值观为导向，让企业价值观贯穿并体现在招聘的全过程中。

企业在制定招聘战略时必须将企业使命、企业文化及企业的竞争战略考虑在内。HR战略作为企业战略的一部分，管理者必须决定公司目前和未来的人员需求，即公司未来的发展需要什么类型的人才，尤其要对冰山之下隐藏的动机、特质等胜任特征做出明确的定义。

例如微软的“聘用聪明人”原则与日本西武集团“不用聪明人”原则，就是两种不同企业价值观下诞生的招聘原则。企业要明确地将其价值观通过各种招聘渠道、媒体资源乃至员工、候选人口口相传，吸引志同道合的人前来，让价值观不匹配的人自动绕道而行，从而起到自动分离的作用。

宜家是一家有鲜明价值观的公司。以成本主义为例，虽然宜家创始人坎普拉德曾被《商业周刊》评为全球首富，但其坐飞机仍然选择经济舱。宜家的这种风格吸引了同样有“成本主义”情结的人。

在宜家，即使是管理层员工，也鲜有人开奔驰宝马、穿着昂贵服装上班。从创始人到员工，让他们表现一致的纽带就是价值观。据宜家中国人力资源部经理常扬介绍：“曾在招聘一位高管时，一位应聘者满足了企业所有的技能要求，但他三次面试过程中都穿着特别好的西服，打着精致的领带，我们觉得很难抉择。宜家的风格比较随意，无论高管还是普通员工，一律都是T恤、牛仔裤之类装扮。不过后来他自己选择了放弃，这就是宜家价值观作用下的结果。”

8.3.3　选拔：明确招聘的评价标准

企业在发展过程中将经历无数次的招聘，每一次招聘都要明确两个黄金法则，如表8–5所示。

表8–5　员工招聘的两大黄金法则

法则	具体内容
个人—组织匹配原理	企业在选拔过程中采用各种方法，目的就是为了招聘到与组织文化相匹配的员工，使之取得在价值观上的认同
能岗匹配原理	人的能力与岗位要求的能力完全匹配。企业要在坚持能岗匹配原则的基础上，着重强调员工与企业的匹配度，关注员工个人的价值观、日标、态度等内在品质与企业价值观的吻合程度

如何做到这一点呢？首先，企业要在企业价值观的视角下思考企业招聘的创新。人力资源管理者在招聘环节不能为了招聘而招聘，应该在企业价值观的指导下把握选才标准。

做过招聘工作，特别是面试工作的人都知道，在招聘过程中实际使用的评价标准有两个：一是招聘评估表中罗列的标准；二是招聘人员自己把握的标准。

◆招聘评估表中罗列的标准

在第一个标准中，招聘人员关注的是在制定评价标准时应如何体现企业的核心价值观。例如宝洁公司的核心价值观是“领导才能、诚实正直、责任、积极性、主人翁精神”，因此它们的八个核心面试题目中有四个与此有关：

- 请你举一个例子，说明你是如何设定一个目标，然后达到它。
- 请你举一个例子，说明你在一次团队活动中如何采取主动性，并且起到领导者的作用，最终获得你所希望的结果。
- 请你举一个例子，说明你是怎样通过事实来履行你对他人的承诺。
- 请你举例说明在完成一项重要任务时，你是怎样和他人进行有效合作的。

这几个问题评价标准的核心都是围绕人的自身品质特征和企业内在精神的适配度上，个人的价值观是否适合企业的文化、价值观，在设置问题时，标准也同样给予了设定。

◆招聘人员自己把握的标准

第二个标准关键在于招聘人员的个性化选择以及招聘人员的经验选择。在面试过程中，面试人员应把重点放在对应聘者的基本素质和综合能力的考查上。例如美国投行巨头SG Cowen的招聘主管奇普·雷说："我试着让人像企业一样行动。"因此他在招聘面试时会着重观察应聘者的耐心，经常让面试者现场填写一份测试表，表的内容和笔试的大致一样，借此来验证应聘者的品质和态度，看其是否喜欢他们将来的工作，能否适合公司的文化和价值观。

SG Cowen总裁芬内布雷斯克曾说："如果你不喜欢你正在做的事情，不喜欢你所处的环境，即使是你最擅长的事情，最终你和上帝都会发现它不适合你。"不符合、不认同企业价值观的应聘者，即使很有能力，在短期内能够为企业创造价值，但从长远看他们也会对企业发展产生不利影响。在人才测评和面试中，HR要把认同企业价值观作为人才考察的一项重要标准，将符合企业价值观作为录用的前提。

此外，HR充分利用试用期，对员工与企业价值的匹配性进行实地考核与验证。试用期间，HR邀请准员工参加企业内部各种体现企业文化的活动，帮助他们直接感受企业文化，在认同中融入企业文化。最终，部门主管根据试用期的跟踪调查结果判断员工与企业的匹配系数。

8.3.4 评估：与员工建立心理契约

传统意义上的招聘到录用即宣告结束，即便有总结评估也仅局限于招聘成本及新员工绩效方面。但在以价值观为基础的招聘模式中，企业更强调对整体招聘环节中企业文化和企业理念的传播效果进行评估，特别是企业与人才的价值观碰撞，如加大对本企业经营理念、企业文化、企业价值观的宣传，引起应聘者的内心共鸣，选择认可、接受和适合企业价值观的人才。

当然企业的全员匹配不太可行，有时候适当的异质性能让企业保持活力和创新性。但企业文化不是一成不变的，社会处于不断发展变化之中，企业的管理实践不断受到变革创新的挑战，企业员工追求的意义和价值也在变化。企业文化要适时做出变革，创造出更高工作满意度和价值的生产方式与管理模式。同样，企业文化也不是万能的，但企业价值观一旦确立，公司的一切行为都必须遵循。在关键时刻，企业可以为核心价值观赋予新的意义。

《财富》杂志曾指出：世界500强企业成功的根本原因，就在于这些公司善于给它们的企业文化注入活力，凭借企业文化的力量，这些公司保持了百年不衰。例如GE公司前首席执行官将60%以上的时间用在亲自物色并培养管理骨干，着力于更新与培养GE的价值体系上，使其紧跟历史发展步伐，保持着持久的生命力，实现了持续发展的梦想。因而在评估阶段，企业应适时对本企业的文化UI价值观的内涵进行评估与更新。

此外，在以价值观为基础的招聘体系中，“90后”“00后”职场主力军已经摆脱了基本的物质需求，上升到自我实现层面。这些员工有创新思维，更愿意承担责任，迎接挑战。因而企业应当在招聘中将员工与企业关系从法律契约提升到心理契约的高度，在企业价值观的指导下，强调企业哲学和核心价值观在招聘环节的体现。

招聘环境、招聘设施和招聘者是传递企业文化的重要载体，直接影响着求职者对企业的判断和定位，所以招聘环境和招聘设施要诠释企业文化。作为企业文化的实践者，招聘者要将企业文化真实地展现给求职者，对求职者产生视觉和听觉激励效应。

例如，宝洁很少采用试用期。一些公司会利用试用期招聘超出用人指标的试用者，然后让他们互相竞争甚至“自相残杀”。宝洁认为与员工的雇佣合同就像是一纸婚书，相互之间应该尽快进入角色，实现身份认同。宝洁希望公司与员工能维持像婚姻一样的关系，而不是随时可以不负责任地放弃对方。

当然这是基于其前期科学完善的招聘考核体系，宝洁的书面测试是印刷精美得几乎可以与托福试卷相媲美的厚厚一本试题，应聘者做完这套试题要花一整天的时间。通过第一轮面试的应聘者，宝洁公司将出资邀请其来公司总部参加第二轮面试。

为了表示对应聘者的诚意，宝洁公司除了为应聘者提供免费的往返机票外，还会将面试安排在最好的酒店或宝洁总部进行，富有温情的招聘沟通使应聘者从“良禽择良木而栖”的彷徨状态迅速转变为“非他不嫁”的心态。一次招聘过程往往要持续两三个月，即使只招两三个人，这套程序也丝毫不会省略。宝洁的一位执行官曾经说过，在公司内部，他看不到比招聘更重要的事。